人を活かし組織を変える

インターナル・コミュニケーション経営

経営と広報の新潮流

Internal communication management

清水正道 編著

柴山慎一
北見幸一
中村昭典
佐桑徹
池田勝彦
佐藤浩史 著

経団連出版

目次

表紙カバーデザイン――矢部竜二

序章
ベネフィットを求めて

時代が大きく動いている。二〇一八年十二月の国会で「改正出入国管理法」が成立し、これまで以上に多くの外国人が日本にやってくるという。職場には異なる文化や習慣を持つ人が増えていくだろう。その一方で、厚生労働省が試算した二〇四〇年の就業者推計では、一七年に比べて一二八五万人減の五二四五万人になる。いまから約二十年先には二〇％もの労働力が減る見込みなのだ。これを反映するかのように、大学での人材マネジメントに関する授業から「労務管理論」「人事管理論」は姿を消し、「人的資源管理論」に変わっている。このことは何を意味するのだろうか。

経営者がコミュニケーション行動をする時

本書は、グローバル化や情報技術革新が急速に進むいま、企業の経営活動から職場生活まで大きな影響を及ぼすインターナル・コミュニケーション活動（主として組織内部の多様なコミュニケーション活動）に携わる経営者・リーダーや社員の方々に向けてまとめたものである。

序章では、「インターナル・コミュニケーション経営」とは何か、なぜ私たち執筆者が、よく知られている「社内広報」「社内コミュニケーション」ではなく、インターナル・コミュニケーション経営という用語を用いるのかについて説明する。そして、日本企業の具体的事例として、第1章から第3章までで十二社を取り上げた。また、日本企業と比較する意味で第4章ではアメリカ企業九社の事例を紹介した。第5章は企業事例にも登場するインターナル・コミュニケーション活動のツールを解説している。章ごとに独立した構成をとっているので、一つの章だけ、あるいは企業事例だけを取り出して読むこともできる。幅広く活用いただければ幸いである。

『サイロ・エフェクト』という翻訳書をご存じだろうか。ソニーやニューヨーク市庁、ＵＢＳ銀行など、著名な大組織が、専門家たちの縦割組織となって組織内連携がとれず、経営環境の変化に対応できない現象がリアルに描かれている。文化人類学の視点から組織硬直化への対処法を説くものだが、広報・コミュニケーションの実務経験を持つ私たち執筆者は、どうしたら社内コミュニケーションが活性化できるのかを課題とした。

そこで、大企業経営者からベンチャー・中小企業のトップ・役員、広報部長などさまざまな方々を訪ね、経営環境が非常に複雑になっている今日、経営の担い手であるトップがインターナル・コミュニケーションに関してどのような意見や気持ちを抱いているのか、その本音を伺った。何人もの会長や社長、役員の経験、思いを知れば知るほど、これまで使ってきた「社内広報」という言葉では十分表現できない何かがあることに、われわれは驚きを禁じえなかった。

そして私たちが導き出したのが、イギリスで刊行された何冊かの書籍に記された「インターナル・コミュニケーション」（Internal Communication：ＩＣ）という言葉だった。

◆ＩＣとは経営そのものでもある。ＩＣの活性化によって組織のエントロピーが上昇し、イノベーションにつながる。イノベーションが活発になると組織が活性化して、それにつれてＩＣも活性化する。そんな好循環のきっかけをつくるのがＩＣの役割ではないか（ＮＴＴデータ 山下徹 元社長（現シニアアドバイザー））

◆創業の精神は、ＩＣを通じて時を経て受け継がれていくものである。当社においては、「易きになじまず難きにつく」という理念を経営の核に据え、常に原点を見失わないことを心がけている（ＡＧＣ 石村和彦会長（前社長））

◆社長室にずっといるのでは、わからないことがたくさんあるので、いろんなところへ行ったり、社員とも一緒に飲んだりしてよく話をするわけです。そこで出てくる話には、なるほどと思うことがたくさんあります（伊藤忠商事　岡藤正広社長（現会長））

◆経営で一番大切なことは、ビジョンの浸透だといっても過言ではないと本気で思っている（西武ホールディングス　後藤高志社長）

ヒアリングを終えた時に聞いた話も印象的だった。

ＡＧＣの石村会長は、社長時代を振り返ってみて、もっとやっておきたかったこととして「人のマネジメントは手間のかかるものと認識すべきである。社員の声にもっと耳を傾けるべきだった。社員からのインプットが足らなかった」と言っている。この反省は申し送りされ、後任の島村社長は五千人の社員と直接の対話をしたという（日本広報学会『広報研究』第二二号、二五～二六頁）。

グローバル化やガバナンス改革と社内広報

企業の社内広報活動は、印刷物であれイントラネットであれ「社内広報制度」を核として取り組まれてきた。その中で社内報は現在、大企業はもちろん中小の企業でも発行されているが、マスコミでも話題になり専門書が何冊も発行されたのは、一九六〇年代の日本経済の高度成長期である。

その頃の経営スタイルは、一般的に「日本的経営」といわれる。政府の経済財政白書（平成十八年度）では日本的経営の特徴として、①終身雇用と年功序列賃金制に代表される企業内部組織、②企業内部から昇進した経営者と銀行を中心とした企業統治、③企業グループや系列といった企業間の長期的な取引関係の構築という三点があげられている。これら三点セットを支えていたのが「社内広報制度」でもある。

日本的経営のもとで大きく成長した日本企業が、一九七〇年代から海外進出を活発化させ、それにより進出市場でのシェアを高めたり現地企業の経営に打撃を与えるようになると、さまざまな規制がかけられ、各国から日本市場の開放が要請されるようになった。今日では、グローバリゼーションが進む一方、国内市場の透明化とともに市場開放もさらに進んでいる。

その結果として、脱「日本的経営」傾向が進み、世界各国と共通の経営システムが導入されつつある。経済の血流ともいわれる金融の自由化はすでに前世紀に大きく変化し、前世紀末から順次導入がはかられてきた代表例が「コーポレート・ガバナンスの仕組み」であり、国際標準化機構による品質や環境、労働などの「マネジメントシステム」の導入・普及も進められてきた。

われわれが検討しようとする、より経営と連動しつつ、企業自体の経営改善にも役立ち社員自身の仕事や生活にも役立つ社内広報制度は、国が決める法制度でも国際規格でもないことから、個別企業によって多様なスタイルがみられる。一律に論じるわけにはいかないが、少なくとも日本的経営のもとで培われてきた制度であることから、日本的経営と同じ枠組みの中で培われてきたことは間違いない。

言い換えれば、グローバリゼーションが進み、コーポレート・ガバナンスが変わり、マネジメントシステムが一新される、そういう状態になれば日本的経営は大きく革新されざるをえず、そこで運営される社内広報活動の進め方も「インターナル・コミュニケーション」へと変わることになるはずである。

問題は「何がどう変わるのか」である。

「社内広報」概念を拡張するインターナル・コミュニケーション

まず最近の調査データやわれわれの調査から見えてきた日本企業の社内コミュニケーション制度の現状を確認しておきたい。

経済広報センターの「第13回企業の広報活動に関する意識実態調査報告書」（二〇一八年三月）によると、九三・九％の大企業に社内広報やブランド戦略の活動があり、ほぼ共通して「社内報」や「社内誌」に相当する印刷物やデジタルメディアを活用している。しかし、いったいどれくらいの企業や団体、官公庁などが社内報等を発行し、多様な広報コミュニケーション活動を進めているのかに関しては、適切な調査がないため実態は不明のままである。

日本広報学会「経営コミュニケーション研究会」では、国の既存資料をもとに推定値の算出を試みた。少し古い資料になるが、総務省経済センサス（二〇一四年）によれば、従業員三十人以上の企業は全国で約二一万一七〇〇社ある。また厚生労働省労使コミュニケーション調査（二〇〇四年）によれば、調査対象企業の四四・四％が「社内報あり」と回答している。これに基づいて推計してみると、日本の約七万事業所が社内報を発行していると推定できる。わが国には想像以上の社内報があり担当者もいるのである。

一九六〇年代の「社内報の定義」は、以下のようになっていた。かつて指導的立場にあった日経連社内報センター（現在は経団連事業サービス社内広報センターに引き継がれている）の説明は以下のようになっていた。「経営者、管理者、各種従業員およびそれらの家族など、企業に直接的に関係をもつあらゆる人びとに、①その地位、役割に応じて必要な情報を伝達し、②自然発生し、乱飛するコミュニケーションを企業の理念、経営の意思ないしはその進むべき方向にむかって整理し、③従業員の経営に対する態度（モラール）、従業員相互の態度を決定し、築き上げていくための役割を分担する」（日経連社内報センター編『社内報活動の考え方・進め方』日経連弘報部、一九七〇年）

この文章には三つの内容が含まれている。

◆コミュニケーション対象者は「経営者」「管理者」「各種従業員」「従業員の家族」であり、その地位、役割にふさわしい情報を伝達する

◆企業内で生まれる多様な情報を、「経営理念や経営意思」「経営方針」に沿って整理する

◆従業員の「態度」（モラール）や「従業員相互の態度」を決定し、築き上げていく役割を、他の経営機能と分担して担う

翻って今日、各社の社内報はどのような状態にあるのだろうか。当時とまったく同じという場合もあるだろう。一方、グローバリゼーションが大きく進展している企業では、第一に、対象となる社員は外国籍も含めてもっと拡大しているだろう。第二に、経営環境も経営の仕組みも複雑になってきている現代では、「経営理念」や「経営意思」「経営方針」に沿って企業の多様な情報をうまく整理することは結構むずかしい作業になる。広報部門だけで処理するのではなく、経営企画や人事、財務、法務、ＣＳＲなど経営スタッフとの協働ないしは協力を仰ぐ必要があろう。

そして第三項がポイントにもなるが、従業員の態度（モラール）を向上させていくだけでなく、従業員相互の態度（関係性ともいう）もアドバイスし、築き上げていくことが期待されている。当時の定義を今日の社会

状況で言い換えるなら、仕事の効率を上げるのは当然のこと、コンプライアンスやＣＳＲにもかかわるセクハラ、パワハラから性差別、人種差別、ＬＧＢＴ差別など、企業という組織に持ち込まれる「社会問題」をも活動対象にすることが期待されているのである。

このような状況の中で、印刷物や電子版の「社内報」を配布する活動だけでよいのだろうか。

新しい時代への胎動とインターナル・コミュニケーション経営

本書のタイトルである「インターナル・コミュニケーション経営」は、五十年以上前の社内報の定義を現代の経営環境に合わせて深化させようという意図を表わしている。それは、企業不祥事が相次いだ一九九〇年代や、「失われた十年」に後戻りさせないこと、よりポジティブにいえば「コーポレート・ガバナンス」の深化とその効果的な運用を支え、グローバル化や多文化共生のもとで外国籍を含む多様な社員と机を並べて仕事をし、社員それぞれの能力を企業価値にも社会価値にもつないでいく「新たなコミュニケーションの仕組み」づくりを想定している。

われわれが参照したのは、バーツ・スタースとフランク・ホフマンによる以下の定義だ。

“The planned use of communication actions to systematically influence the knowledge, attitude and behavior of current employees.” (Stauss and Hoffmann, 2000)

仮訳すれば、企業・官公庁・非営利法人など「現有組織成員の知識や態度、行動にシステマチックに影響を与えようと計画されたコミュニケーション活動」となる。

そして本書で取り上げる事例なども加味し、インターナル・コミュニケーション（ＩＣ）を「経営戦略の効果的な実行に向けて、組織で働く人々の知識、態度、行動を継続的に強化するために計画された組織的なコミュニケーション活動」と定義することにした。

また「インターナル・コミュニケーション経営」（ＩＣ経営）については、経営的視点から「トップマネジメントがインターナル・コミュニケーション活動を経営の中核的企業行動の一つとして捉え、日常的な経営の仕組み（仕掛け）に組み込み、経営戦略を効果的に実行すること」とした。

この定義のポイントは、コミュニケーションのコンテンツに言及していることである。

■インターナル・コミュニケーションの三つのコンテンツ

インターナル・コミュニケーションのコンテンツとしては、「知識」（Knowledge）、「態度」（Attitude）、「行動」（Behavior）の三つがあげられる。

知識（Knowledge）には、暗黙知と形式知の両方が含まれる。本書第3章第1節でも紹介する『知識創造企業』では、西洋の「形式知重視の文化」と東洋の「暗黙知重視の文化」の優れた点をダイナミックに連動させて経営することが日本企業の卓越しているところだと説明する。本書第1章の、トップと社員の失敗経験の共有事例や、社員グループによる経営理念の実践活動事例、第3章の、さまざまな場の共有を通じた多層的なコミュニケーション活動や企業文化を体現するための制度設計事例などは、その具体例といえる。

このような「場」を通じた暗黙知の共有、暗黙知の形式知化を促すコンセプト設定などは、昨今の第四次産業革命期に求められる新事業創造タイプのＩＣ経営事例でも見られる。

また、態度（Attitude）とは、「人や物事に対する考え方・姿勢、感じ方」などの意味を持つとされ、行動ではなく、人や物事に対する考えや姿勢など目に見えない態度を表わす、と説明されているものである。アティテュードはその人の態度の良し悪しだけでなく、周りの雰囲気を良くしたり、ムードメーカー的な存在になることを意味するという。アティテュードにかかわる事例は、第2章で紹介する中堅・中小企業でもよく観察できる。インターナル・コミュニケーション経営を実践する企業を訪問すると、接客を含む社員の態度にたびたび感心させられるものである。

そして行動（Behavior）は、アティテュードと似ているが、実際に見える動作、動きである。「ほかの人に対する行動や立ち居振る舞い」とされる。

このように三要素の意味をよく考えていくと、従来のようなメディア主体のコミュニケーションだけでは、それらを社員が身につけることはむずかしいことがわかる。なぜなら、人事・研修部門との協働にとど

図表1　インターナル・コミュニケーション経営（IC経営）と従来型社内広報との違い

	インターナル・コミュニケーション経営	社内広報
対象	インサイド・アウト：社員→ステークホルダー（社員を多様な個人・表現者として捉える）	インサイド・イン：社員＋社員家族、退職者（社員を集団として捉える）
目的	企業価値（ベネフィット）の中長期的向上	経営情報の伝達／共有、参画意識の向上
目標	数ヵ月から数年程度（ビジョン）： 年計／中長期計画にかかわる長期的スパン	毎日〜数ヵ月
評価	アウトカム（意識／行動変化率、量など） ※代替指数の「企業イメージ」「採用倍率」「社員満足度」など	アウトプット（例：情報量／伝達効率など）
経営機能	経営行動の促進＋伝達（報道）、解説、アーカイブ	伝達（報道）、解説、アーカイブ
技術	組織コミュニケーション技術とマネジメント技術の活用	報道、解説、アーカイブ等にかかわるコミュニケーション技術
メディア	対面・各種パフォーマンスと映像・言語メディア	言語＋映像メディア
担当組織	経営戦略により編成： 経営企画、総務人事、広報、CSR、IRなど、スタッフ組織で編成するトップ直属組織	管理系役員に統括される広報部ないしは総務系組織

まらず、多様なステークホルダーとの接触・対話であれば、ＣＳＲ部門との協働が求められる。あるいは全社活動を展開しようとしたら経営企画部門との連携や各部門のエースによる事務局づくりも必要になるだろう。

これだけの説明だけではわかりにくいので、本書の事例を参照しながら、従来型社内広報との比較を図に表わしてみた（図表１）。

■これまでの社内広報と何が違うのか

大きな違いはいくつかある。まずコミュニケーション対象が社員とその関係者に限定されないことである。同じ職場に違う会社の社員が何人もいることも珍しくない。会社組織がグローバル化などを通じて多層化し、組織形態も業務に合わせて柔軟に編成されるようになると、個人の能力・志向を軸として構成されるようになる。

また個人の情報発信力が高まり、経営への社員参画が重視される傾向を考慮すると、これまでの経営情報を社内限定で伝達するという常識は通用しなくなる。新聞報道などによると、イギリスでは、二〇一九年一月以降の決算期から社員を企業のステークホルダーとして明確に位置づけるコーポレート・ガバナンス・コードが始まる。これは①社員から取締役を選ぶ、②公式な社員諮問パネルを設ける、③社員担当の非業務執行取締役をおく、のいずれか一つ以上の実施を企業に義務づけるとされている。

最初から社外のステークホルダーを想定して社内広報を考える必要が出てくる。さらに、経営との連動を考慮すれば、企業価値を向上させる具体的な成果が求められ、さまざまな経営改革の活動も要求されるだろう。広報部門の仕事イメージも様変わりするだろう。

では、その具体的施策はどういうものなのか。

ＩＣ経営の創造

これからのインターナル・コミュニケーション施策あるいはＩＣ経営（インターナル・コミュニケーション経営）に求められる考え方について、いくつかの点を指摘しておきたい。

■電子メディアの活用の際に考慮すべきメディア特性の検討

近年のＩＣＴの進展で、私たちの仕事や生活に不可欠の情報環境は大きく変化している。しかもそのスピードは、これまでの常識をはるかに超えるものである。

総務省情報通信政策研究所の「平成二十九年情報通信メディアの利用時間と情報行動に関する調査報告書」によると、スマートフォンの利用率が年々高まっており、二〇一二年に全年代の三二・〇％だった利用率は一七年には八〇・四％、タブレットの利用率も三四・三％に達した。フィーチャーフォン（通話機能主体の携帯電話端末）利用率は二五・二％に落ち込んだ。またＬＩＮＥの利用率は七五・八％に達し、Facebook三一・九％、Twitter三一・一％、Instagram二五・一％となっている。ソーシャルメディアの行為者率はすべての年代で増加しており、若年層に限らず高い年齢層においてもソーシャルメディアが重要なコミュニケーション手段となりつつある。

このような情報環境の激変ともいえる変化が起こっているが、だからといってこれまでのメディアが衰退することはない。それは「メディアリッチネス」という概念からも説明されている。メディアリッチネスとは、企業や家庭で使われている多様なメディアの能力を評価する尺度のことで、一般に、一人ひとりの受け手に情報をどれほど多く、より深く伝達できるかの程度を表わす。これと対比されるのが「リーチ」で、どれほど多数の対象に情報を伝達できるかという概念である（図表2）。

図表2では、対面関係（対話のような情報のやりとり）がもっとも情報としてリッチであることが示されている。このような情報は、経営学では「知識」あるいは「暗黙知」として認識され、経営理念やビジョン、または創業者の思いなど、抽象的な概念として表われる。

すなわち「知識は、基本的に目に見えにくく、表現しがたい、暗黙的なもの」であり、「非常に個人的なもので形式化しにくいので、他人に伝達して共有化することは難しい。主観に基づく洞察、直観、勘が、この知識の範疇に含まれる」[*1]とされるのである。

■人的資源管理とIC経営

冒頭でも指摘した人的資源管理という言葉は、アメリカで命名されたHuman Resource Management（HRM）をそのまま翻訳したもので、今日の状況を考えると「人材マネジメント」とすべきだったのかもしれない。もっと

図表2　メディアリッチネスの特性

メディアリッチネス	メディア	フィードバック	情報経路	情報源	言語
高	対面関係	その場	視覚・聴覚	人的	身体・自然
↑	電話	迅速	聴覚	人的	自然
	私信	遅い	制限された視覚	人的	自然
↓	文書	非常に遅い	制限された視覚	非人的	自然
低	数値記録	非常に遅い	制限された視覚	非人的	数学

出所：Daft & Lengel（1984）をもとに犬塚作成（犬塚篤「組織とコミュニケーション」（『経営行動ハンドブック』中央経済社、2011年、137頁））

＊1　野中郁次郎、竹内弘高『知識創造企業』東洋経済新報社、1996年、8～9頁

も、日本では人材マネジメントでもＨＲＭでもピンとこないので、企業の中には、「人事部」という名称に代わって「ヒューマンリソース部」とか「ＨＲ部」「人材開発部」「人財部」などと名づけられている。

図表3は、これまでの「人事労務管理」と「人的資源管理」（ＨＲＭ）を比較した資料である。ただし、イギリスでの実態をもとに作成されたものなので、日本の企業の実態を反映するものではないが、この図表3の「ライン管理」と「主要な管理手法」の部分に焦点を当てて見てみたい。

まず注目したいのは、人事労務管理における管理手法である。人事選抜の「重要度が低く」、報酬は「職務評価」に基づき、「労使対立」を前提とした労使交渉を行ない、職務設計は「分業」「最小限の教育訓練投資、学習機会はなし」などの文字が目にとまる。最近

図表3　人事労務管理と人的資源管理

次元	人事労務管理	人的資源管理
戦略的側面		
カギとなる関係	労働者ー経営者	企業ー顧客
イニシアチブ	断片的	統合化
事業計画との整合	小さい	大きい
意思決定の速さ	遅い	速い
ライン管理		
管理の役割	業務処理が中心	常に変革・革新をめざす
主要な管理者	人事労務・労使関係の専門家	経営トップ、部門長、ラインの各管理者
求められる管理技能	交渉	支援
主要な管理手法		
選抜	企業の全体目標から分離されて行なわれ重要度が低い	企業の全体目標と統合されて行なわれ、重要度が高い
報酬	職務評価：多数の固定的なグレード	パフォーマンスと連動：グレード固定はほとんどなし
組織的状況	労使対立を前提とした交渉	労使協調を前提とした調和
コミュニケーション	限定的な流れ・間接的	増大した流れ・直接的
職務設計	分業	チームワーク
人員の訓練・育成	最小限の教育訓練投資、学習機会はなし	大きな教育訓練投資、「学習する組織」

出所：上林憲雄「人的資源管理論」（『日本労働研究雑誌』2012年４月号、40頁）から一部を引用、元図表はＪブラットン、Ｊゴールド著、上林憲雄ほか訳『人的資源管理ー理論と実践』文眞堂、2009年、41頁

の日本の企業は教育訓練投資を再び増やす傾向にあるものの、かつてに比べると最小限に近いレベルまで落ち込んでいる。

コミュニケーションの項目には、「限定的な流れ・間接的」とある。コミュニケーションとはインターナル・コミュニケーションのことを指していると思われるが、社内報にしてもイントラネットにしても、基本的には広報部などが主体となって、経営情報や社員情報を収集し、多くの情報はトップや経営スタッフから流されているはずである。もちろん社内報担当者は、社員からの情報を集めようと努力しているものの、筆者が知りうるかぎり、残念ながら多くの企業ではその努力は実を結んでいない。

それはなぜか。誤解を恐れずに言えば、多くの企業ではまだ社内広報とは「社内報やイントラネットを制作すること」だと思い、「制作・配布したら仕事は終わり」としているからではないだろうか。しかも企画・制作時に「人事労務管理的な発想」に陥っていないだろうか。

広報は企業の顔であり、常識はもとより企業や商品の知識も十分にあり、仕事の処理能力も高い人が多い。しかし人事労務管理的な発想にとらわれていると、これからの時代にはその能力を十分に発揮することはできないだろう。

■HRMはマーケティング発想で人材を見る

先に取り上げた人的資源管理には、人事労務管理の発想が戦略面で表われるのは「企業と顧客との関係ではなく企業内部の関係」であり「全社戦略より個別課題での対応」が多く、「事業計画との整合もあまりなく」「意思決定は遅い」などの特徴が示されている。これはあくまでもイギリス企業の場合だが、日本企業でも見かけることがある。また図表3のライン管理の項目に目を向けると、人事労務管理の発想では、管理者は「業務処理が中心」「人事労務・労使関係が専門」であり、「社内各部門との交渉」が得意という特徴が見られる。

一方、HRMでは「顧客との関係を重視」し、全社課題や戦略との連動のもとに事業計画と整合した活動を行ない、その意思決定もすばやい。そうした仕事のやり方の中で、管理者は「常に変革・革新をめざす人」、業務のリーダーは「トップ、部門、ラインの各管理者」であり、「社員の仕事や成長への支援」を得意とする。

ここで注目したいのはHRMの「主要な管理手法」である。選抜、報酬、組織的状況は人事的機能にかかわる側面だが、「コミュニケーション」「職務設計」「人員の訓練・育成」は広報機能にも関係する側面となる。

まずコミュニケーションについて見ると、「増大した流れ・直接的」とある。本書第1章~第3章で取り上げた日本企業だけでなく、第4章で紹介したアメリカ企業も含めて、いずれもさまざまなコミュニケーションの仕組みを持っている。もちろん各社には、正式な社内報もイントラネット（e-news）もあるが、そのほかにもさまざまな仕組みのコミュニケーション活動が行なわれている。

たとえば本書には、トップと社員の直接対話（オムロン、NTTデータ、西武ホールディングス、YKKをはじめ全企業で実施）、上司による部下の優れた活動評価（西武ホールディングス、シンコーメタリコンなど）、社員チームによる新たな活動・事業の提案・コンペ（オムロン、西武ホールディングス、リクルートほか）、毎日記入する日報と日刊社内報によるトップと社員の意見交換（アイワード）、毎月社員を一人ずつ特集した広報誌を発行（フジテック）などのさまざまな事例を収録している。

詳しくは各事例で確認いただきたいが、社員一人ひとりの思いを共有し、形にしていくことが企業価値の向上にもつながるはずである。

■人間にこだわる三つの理由とIC経営

最後に、IC経営は、会社のヒト（人材）にまず焦点を当てて、経営目的を達成するためのコミュニケーションをどのように進めていくかを考える。なぜヒトに焦点を当てるのかについて、上林憲雄 神戸大学大学院教授は、人的資源管理（HRM）という用語は「ヒト＝企業にとってのコスト要因としてとらえるのではなく、ヒトの持ち合わせている諸能力をプラス思考でポジティブにとらえ、それを積極的に経営戦略に活用していこうとするマネジメントスタイルを含意している」[*2]という。

つまり、かつての人事部や労務部のような、経営者と労働者の対立を前提として、明確な規則を設定してその遵守を要求し、職務評価や全員同一処遇で管理したりするのではなく、いかに上手に「ヒト」を処遇し、その知識や能力を最大限発揮してもらうかが企業業績を左右すると考えるようになってきたのだ。

上林教授は三つの理由を提示する。第一に、ヒトは他の経営資源（モノ、カネ、情報など）と違って、それらの経営資源を操作したり、活用したりすることで価値を生むことができるからである。一方、モノ（たとえば機械や石油など）やカネ（たとえば一万円札）であったとしても、ヒト＝人間が上手に操作し活用しないかぎり、すなわち、それが単に存在するだけでは、なんの価値も生んでくれないのである。

第二に、ヒトはさまざまな感情を持ち、非常に高度な思考もできる。仕事の成果を認められたり褒められたりすればうれしくなり、やる気も増してより大きな成果をもたらしたりする。逆に些細な失敗をあげつらわれ、叱責されたり束縛されたりすると嫌気が増す。さらにパワーハラスメントを受けたりすると、能力の何分の一かの力しか発揮しない。営業所などで所長が替わると、売り上げが何倍にもなったり、その逆に大きく落ち込んだりするのは、人間だけの特性であり、モノやカネ、情報と大きく異なる点である。

＊2　上林憲雄「人的資源管理論」（『日本労働研究雑誌』2012年4月号、38頁）

第三に、企業という組織の中で社員が悲喜こもごもの感情を持つのは、言語や非言語（人体の姿勢、動作、目の使い方、声の性状、対人的空間の使い方など）をどのように受け止めるかによる。けっして一方的なものではなく、お互いの相互作用によって影響を受ける。

このようなヒトの持つ特性を理解し、傾聴や対話、ストーリーテリングといったノウハウも活用し、経営戦略の効果的な実践に結びつけていく営みが、インターナル・コミュニケーション経営といえるのだろう。またインターナル・コミュニケーション経営では、経営者と社員、生産者と消費者など、それぞれのダイナミックな交流や意見交換、切磋琢磨が行なわれることになるだろう。そこから容易に想像もしなかった新たな製品・サービスが生まれ、企業価値が形成されるのだろう。

ここでいう企業価値とは、金銭的な利益や利得だけでなく、人や社会の幸福につながる便益や恩恵という意味も持つベネフィット（Benefit）と解釈したい。ベネフィットの語源は、ラテン語の benefactum とされており（『ランダムハウス英和辞典』）、金銭的な利益に限定される profit と異なり、状況の向上に資するもの（便益一般）を指す幅広い意味がある。

第1章
「理念・ビジョン」の浸透を核にしたＩＣ経営

第1節 理念・ビジョンの共有から実践へ仕掛けるインターナル・コミュニケーション——「自分ごと」化をターゲットに

第1章では、理念やビジョン（企業によっては、社是、社訓、経営哲学、企業理念、経営理念、使命・ミッション、バリュー、ブランド価値、経営方針、経営目標、行動指針などの言葉で表現されるが、本章では、これらを総称して「理念・ビジョン」とまとめて表現する）がインターナル・コミュニケーション（以下ICとする）の仕掛けを通じて企業内に、そして企業の構成員たる社員一人ひとりに広くかつ深く浸透していき、日々の業務にポジティブに影響を及ぼし、理念・ビジョンに基づいた的確な判断や行動に移されていることに焦点を当てて、解説および事例紹介を行なう。第1章で取り上げる企業は、大企業が中心だが、企業の規模にかかわらず、理念・ビジョンを核にして組織のベクトルの方向性を合致させ、社員一人ひとりの働く誇りを高めることを通じて組織風土の活性化に成功し、安定した業績向上を果たしている。

理念・ビジョンの浸透を成功させる共通のプロセス

理念・ビジョンは、それに基づいた社員の判断や行動が導かれ、日々の実践がなされていて初めて意味を持つ。共有されているだけ、すなわち社員が知っているだけでは意味がない。

本章で紹介する先進的な事例企業各社の理念・ビジョンの浸透施策を眺めてみると、一つの共通項が見えてくる。それは、それぞれの浸透のプロセスにおいて、最終目標である理念・ビジョンの「実践」の一歩手前の目標として、「自分ごと」化のステップが強く意識されていることである。

西武ホールディングスでは、「でかける人を、ほほえむ人へ。」というグループスローガンに象徴されるグループビジョンに基づいた成果をあげたチーム、あるいは個人に対して「報奨」[*1]（Recognition）がなされている。それは、会社からの「チームほほえみ大賞」の表彰であり、上司からの「Good Job カード」の授与という形をとる。Good Job カードは、報奨される側はもちろん、それ以上に評価する側に、ビジョンを自分ごと化していることが求められている。ビジョンが自分ごとになっていないかぎり、他人を評価することはできないからである。報奨を社員一人ひとりが意識することで、ビジョンの中身が自分ごととして意識されている。また、「ほほえみ Factory」では、選抜された社員がビジョンの実践アイデアを企画提案することを通じて、ビジョンの自分ごと化を深めることにつながっている。

オムロンの「TOGA」（The OMRON Global Awards）においては、全社員がそれぞれ「自分ごと」とし

＊1　報奨：英語では recognition。ほかに承認、評価、称賛などの訳語があるが、本章では報奨とする。

て企業理念の実践目標を期初に掲げ、一年間を通してそれを意識して活動する。その成果がグローバルの各地域の現場レベルでの選抜大会で評価されていき、その勝ち抜き最終戦は創業記念日のファウンダーズ・デイ(Founder's Day)のイベントの中でのプレゼンテーションで評価される。会社からの表彰が「報奨」とはなるものの、勝ち抜き戦途上におけるプレゼンテーションでは各地域、各事業部門での盛り上がりを背景にして、「どんな仕事をすることが企業理念を反映した仕事になるのか。そして評価されるのか」を目の当たりにする。これが、社員一人ひとりの日々の活動自体において、企業理念を意識することにつながり、理念の自分ごと化に寄与している。

ＮＴＴデータの山下徹 元社長は、ビジョンの構築のプロセスにおいて、「部課長自らが自分の部下たちに対して、自分の言葉で新ビジョンを説明する段になって初めて部課長自身にとっての「自分ごと」化がはかられ、そこからの浸透はそれ以前とは比較にならない高いレベルになった」と語っている。理念・ビジョンを部下たちに解説するには、その内容を深く理解することはもちろん、それを自分の言葉で語れないと迫力がない。そのためには、自分の実体験と結びつけたり、顧客や社員との接点で耳にしてきた言葉を活かすことが求められる。理念・ビジョンだけに限らないが、他人に何かを語った瞬間にその内容が深く理解されるには、聞き手よりも語り手の能力が大きく左右すると言われる。この事例では、ビジョンを語る役割を担うことになった部課長にとっての「自分ごと」となる瞬間が大切に設計されている。

世界七十三ヵ国六極体制で事業展開しているグローバル企業のＹＫＫでは、「善の循環」と呼ばれた経営理念を、創業者の逝去を踏まえ、かつ環境の変化を反映し、新経営理念へと見直した。その際、約四万五千人の社員のうち、一万五千人以上にアンケートとヒアリングを実施した結果を踏まえて、社員に身近な言葉でコアバリューを定めた。これにより、社員から発せられた自分たちの言葉は、彼らにとって「自分ごと」となり、日々の行動に落とし込まれていった。また、創業八十周年の一年間を通じて四万人フォーラムが開催され、全世界の全拠点において理念共有のための催しが繰り広げられた。このような半端ない大規模な巻き込みによって、同社の理念は自分ごととして根づいている。

また、第2章で紹介する、札幌で高度な印刷業を営む中堅企業のアイワードでは、ほぼ日刊の社内報「フォーラム」を核にして経営指針を浸透させ、その実践にまでつなげている。この社内報では、企業の日々の活動が記録され、その情報が毎日、全社員に共有されることを通じて、経営指針の持つ意味を、理屈だけでなく実体験として浸透させている。自分の仕事から遠く離れた別の部門での苦労や成果が毎日、タイムリーに共有できることが、他の社員の業務の見える化につながり、全社業務の「自分ごと」化を推進している。

理念・ビジョン浸透のＳＵＰＰモデル

第1章で紹介する事例からは、理念・ビジョンの浸透プロセスにおいて、その実践の一歩手前に「自分ごと」化という段階があることが共通点として浮かんでくる。ここで、一連の理念・ビジョンの浸透プロセスを改めて整理すると、以下のようなステップが見えてくる（図表1‐1）。

①共有（Share）のステップ

理念・ビジョンを伝達するにあたって、社員という個人それぞれに対して、まずは「耳で聞く」状態、すなわち情報としてインプットされる状態をめざすということから、ＩＣ施策はスタートする。これは、個人の集合体である組織としては、「共有」されている状態を表わす。トップから、会議体や通達、社内報などを通じて、理念・ビジョンが発信され、その内容を社員一人ひとりがインプットしている段階である。ここでは、トップからの頻度の高い働きかけが重要なのはいうまでもない。

西武ホールディングスでは、後藤社長が社内外のイベントなど、事あるごとにグループビジョンについて言及し、メディア取材などにおいても同様の発言が多々見受けられる。

ＮＴＴデータでは、新ビジョンの草稿をイントラネット上に提示し、広く社内にパブリックコメントを求めるステップを設けている。

アイワードでは、経営理念を策定するにあたって、社員の議論を重視した。何度も繰り返された議論から出てきた言葉は「お客様の期待にお応えします」というような単純なメッセージだったが、自分たちでつくったものであることから、でき上がった時点ですでに「共有」はなされていた。

②理解（Understand）のステップ

次のステップでは、「聞いている」だけでなく「わかって

図表1-1　理念・ビジョンの浸透プロセス

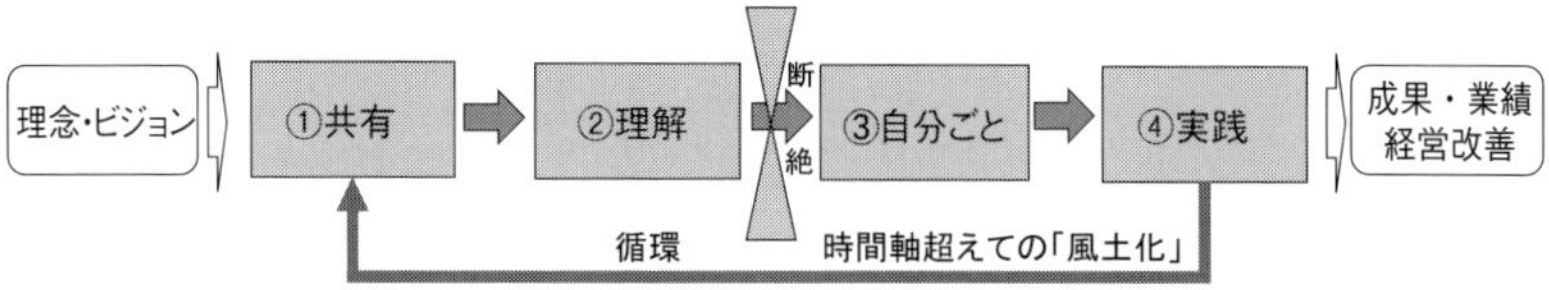

	S	U	P	P
組織のステイタス	Share	Understand	Personalize	Practice
個人のステイタス（わかりやすい例え）	耳で聞く	頭でわかる	腹に落ちる	体が動く
IC施策例	社内報、発表会 会議体などで 発表	対話の機会 ワークショップ 報奨の仕組み	企画・提案の機会 自らストーリーテリング	企画の実践 実践結果への 報奨
本論の事例より	ビジョンブック（西武） ビジョン案の発表会（NTTデータ） 社員での経営理念策定（アイワード）	社長の現場巡回（各社） KURUMAZA（オムロン） ビッググループセッション（NTTデータ）	ほほえみFactory（西武） TOGAのエントリーステージ（オムロン） 職場セッション（NTTデータ） 自主的な目標・計画（アイワード）	チームほほえみ大賞の表彰（西武） Good Jobカード（西武） TOGAの表彰（オムロン） 日々業務への落とし込み（アイワード）

出所：筆者

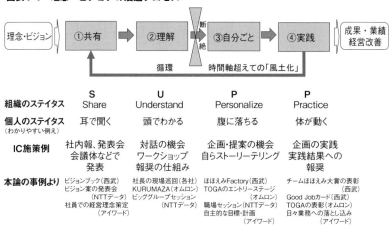

いる」状態が求められてくる。ここでは、個人として理念・ビジョンを理解しているのはもちろんのこと、個人の集合体である組織全体としても「理解」が進んでいるレベルへと進化が求められる。トップとの直接の「対話」や「報奨」（Recognition）の仕組みを通じて、「耳で聞いている」状態から「頭でわかっている」状態に進化していく。このステップにおいては、トップはそれなりの覚悟で、これまでにないくらいの多くの時間を投入し、ミドルをうまく活用しながら、ボトムまでを含めて社員のコミットメントを高める工夫が求められる。

事例の各企業ともに、トップ自らが現場に出向き、ミドルやボトムとの対話を重視し、報奨の仕掛けも活用して、理念・ビジョンの理解を深める施策を展開しているが、これらはいずれも「理解のステップ」を固める活動といえる。

オムロンでは、企業理念について、経営陣と社員との車座での対話を通じて、組織体としての理解が深まっている。上席の経営陣が地方や海外へ出張する際は、現地の社員との車座での対話が頻繁に行なわれており、車座は「KURUMAZA」として、グローバルにも通用する社内キーワードになっている。

③自分ごと（Personalize）のステップ

徹底した対話や継続的な報奨の仕掛けを通じて、理念・ビジョンに対する個々人の「理解」は、ある臨界点を超え、共感のレベルにまで達していく。ミドルは自ら伝道師やアンバサダーの役割を果たし、自らの実体験、エピソードをネタにしたストーリーを語るようになってくると、ミドル自身にとっての共感も高まり、ボトムも理念・ビジョンの身近さや現実味を実感できるようになる。すなわち、自分ごと化が進行していくのだ。ボトムの主体的活動も始まり、まさに「頭でわかる」から「腹に落ちる」状態になる。

上述②（「理解」のステップ）から、いきなり「実践」に進むという考え方も成り立つが、先進的な事例から共通点を探ると、「実践」の一歩手前に、この「自分ごと」というステップがあると考えられる。

西武ホールディングスでは、グループビジョンを実現する企画を経営陣に提案するイベント「ほほえみFactory」を通じて社員の「自分ごと」化を促進している。

オムロンでは、TOGAの仕掛けを通じて、全社員を巻き込みながら企業理念の実践をめざした「自分ごと」化を推進している。

NTTデータでは、部課長が自らの経験をネタにして、自らの言葉で部下たちに新ビジョンについて語るというプロセスを経て、部課長自身の「腹に落とす」ことに成功し、ミドルとボトムにとっての「自分ごと」化につなげている。

アイワードでは、「自主的な目標と計画」を掲げることを通じて、経営指針と日々の業務とのつながりを「自分ごと」として捉えられる仕組みになっている。

④実践（Practice）のステップ

個人のレベルで共感され「腹に落ちた」理念・ビジョンは、やがてミドルやボトム個人の行動につながっていく。すなわち「体が動く」ステップである。「自分ごと」とされた理念・ビジョンに合致した行動を、「やってみる」「やらせてみる」ことが自然体で日常化している状態である。理念・ビジョンが、しっかりと「自分ごと」になっていれば、組織としての「実践」が形になっていく。さらに、理念・ビジョンの「実践」の成果は、組織内外への拡散を経て、理念・ビジョン自体の進化をともなって、二巡目のステップへの循環につながっていくことも期待できる。

西武ホールディングスでは、後藤社長が現場に足繁く通い、チームほほえみ大賞など恒例イベントを継続するとともに、グループビジョンの浸透度の定点観測を毎年行なうなど、ビジョンの浸透プロセスの進展をしつこいくらいに追い求め続けた。後藤社長自身も、「社長就任から十年間、ＩＣに相当の時間を投入した」と言っている。

オムロンでは、毎年実施しているＴＯＧＡの仕掛けを通じて、数万人規模にのぼるグローバルの全社員を徹底してＩＣに巻き込んで企業理念を実践させることに成功している。

アイワードでは、営業が顧客から聞いてきた声を日刊の社内報を通じて知ることで、印刷現場において顧客のニーズを反映することにつなげている。また、「非価格競争力を重視する」という経営政策を反映して、同社独自の「文字情報処理システム」の開発が実践された。

これらの活動では、いずれも、理念・ビジョンが「自分ごと」とされた状態のうえに、半端なくしつこく、徹底したＩＣ施策を継続して展開しており、その結果として「実践」の成果が次々と生まれてきている。

「理解」から「自分ごと」への進化と二巡目のＳＵＰＰモデル

ここに整理した「理念・ビジョンの浸透プロセス」は、四つのステップそれぞれの英語の頭文字を拾って、理念・ビジョンが浸透していくＩＣの「ＳＵＰＰモデル」として提示したい。ＳＵＰＰモデルの四つのステップで、もっともハードルが高いのは、「理解」から「自分ごと」へと進化させる部分である。単に、対話や報奨の仕掛けをつくって、それで終わりではない。それらの仕掛けを、トップ主導で継続的に展開し、社員一人ひとりの共感を獲得し、ミドルが自らの実体験を活かしたストーリーテラー、あるいは伝道師となり、ボトムを巻き込んでいくような、しつこいくらいに徹底したIC施策が求められる。

ところで、この「理解」と「自分ごと」のステップの間には大きな断絶がありそうである。

一つのパターンが、「共有」と「理解」のステップだけを循環するような「実践なき理念：企画倒れモデル」、すなわちICの一時的なイベントや新制度などの企画はするものの、その継続性が担保されておらず、打ち上げ花火だけで終わってしまい「自分ごと」のステップに到達しないケースである。

もう一つが、「自分ごと」と「実践」のステップだけを循環するような「理念なき実践：馬車馬モデル」、すなわち理念・ビジョンそのものが共有されていない状態で、目先の案件対応、業績数字追求だけに翻弄されているケースである。本章で取り上げた先進企業の事例からは、後者のようなケースは見えてこないが、世間の多くの企業に散見されることに疑いはないであろう。

SUPPモデルにおいては、「理解」から「自分ごと」に抜けていくプロセスに大きなハードルがある。つまり、SUPPモデルをもとにすると、「自分ごと」をターゲットにすることが、理念・ビジョンを核にしたIC施策の成功の一つのカギになりそうである。

また、このSUPPモデルでは、「実践」のステップを超えていくと、一巡目のプロセスでの成功体験をもとに、「実践」成功事例の組織内外への拡散を通じて、二巡目の「共有」のステップに入っていくことも想定できる。本章の事例からは直接的な示唆はできないが、この「SUPPの循環モデル」を通じて、時間軸を超えたICが展開され、その延長線上には理念・ビジョンに基づいた「風土化」のようなものも見えてこよう(図表1 - 1参照)。

第２節

理念とは実践するもの
―全社員三万六千人が企業理念の実践度を競い合うことで「企業理念経営」を本気で推進する

［事例］オムロン

【ＩＣ経営のポイント】

◆山田社長は、「企業理念は実践されなければ会社の存在意義さえもなくなってしまう」との長期的な危機感を持ってＩＣ経営を展開している。トップマネジメントの本音ベースでのコミットメントが同社の企業理念経営のベースになっている。

◆企業理念の浸透を実践するために、ＴＯＧＡ（後述）や、経営陣と社員が対話する車座（KURUMAZA）という「場」が用意されており、同社のＩＣ経営の推進力を高めている。

◆企業理念の実践という大きな経営方針を推進するために、グローバルインベスター＆ブランドコミュニケーション本部、グローバル人財総務本部、サステナビリティ推進室、グローバル戦略本部という社内四つの部門横断の「連携チーム」が機能している。

◆企業理念の実践の中核に位置づけられているTOGAの活動のベースは、日常の業務活動そのものであり、社員一人ひとりの日常的な仕事を通じて、企業理念を「自分ごと」として実践することを後押ししている。

◆TOGAの活動において、職場における活動単位になる各プロジェクトでは、目標が明確に設定され、それに対する具体的な施策が明示され、その成果も測定しやすいものになっている。ここでは「報奨」(Recognition)の仕組みが機能している。

卓越した創業者立石一真と近年までのオムロンの成長

オムロンは、立石電機製作所として一九三三年に立石一真によって東大阪にて創業された。その後、四五年に京都の地に移転し、創業から二十六年たった五九年には会社の憲法である「社憲」が制定された。創業者の立石一真直筆の社憲の草稿(写真)はいまでも社内で共有されており、日本と中国の職場では毎朝、この社憲が唱和されている。

「われわれの働きで、われわれの生活を向上し、よりよい社会をつくりまし

オムロン株式会社　会社概要	
代表者	:代表取締役社長 CEO　山田義仁
本社所在地	:京都市下京区
設立	:創業1933(昭和8)年5月10日
資本金	:641億円(2018年3月末日)
社員数	:3万6193人(2018年3月期)
売上高	:8600億円(2017年度)
事業内容	:ファクトリーオートメーション、ヘルスケア、モビリティ、エネルギーマネジメント、コア技術はセンシング&コントロール+ Think

ょう」という社憲は、いまでもオムロンの企業理念の中核に据えられている。今日のＣＳＶ、すなわち事業活動を通じて社会的課題を解決し、企業価値を高めていくということを、半世紀以上も前から提示していたのである。立石一真は、卓越した技術者であり経営者であったと言われており、ピーター・ドラッカーは彼のことを以下のように評している。

「彼ほど技術について造詣が深く、その方向性とイノベーションについて明確なビジョンを持った人をほかに知らない。生命科学が医薬から医療用エレクトロニクスへと転じていくことを、一九六〇年頃にすでに見抜いていた最初の人物だった。また、七〇年代にはすでにインターネットの出現も予言していた」。五九年当時のオムロンの売り上げは約四億円、社員は約八百人だったが、社憲制定によって社内の一体感は一気に強まり、その後の成長につながったと言われている。

二〇一八年三月期の売上高は八六〇〇億円、グローバルの社員数は約三万六千人。グローバルに四つのドメインで事業を展開する日本を代表するグローバル製造業の一角を占めている。ＦＡ（ファクトリーオートメーション）、ヘルスケア、モビリティ、エネルギーマネジメントの四つのドメインの事業は、コア技術「センシング＆コントロール」

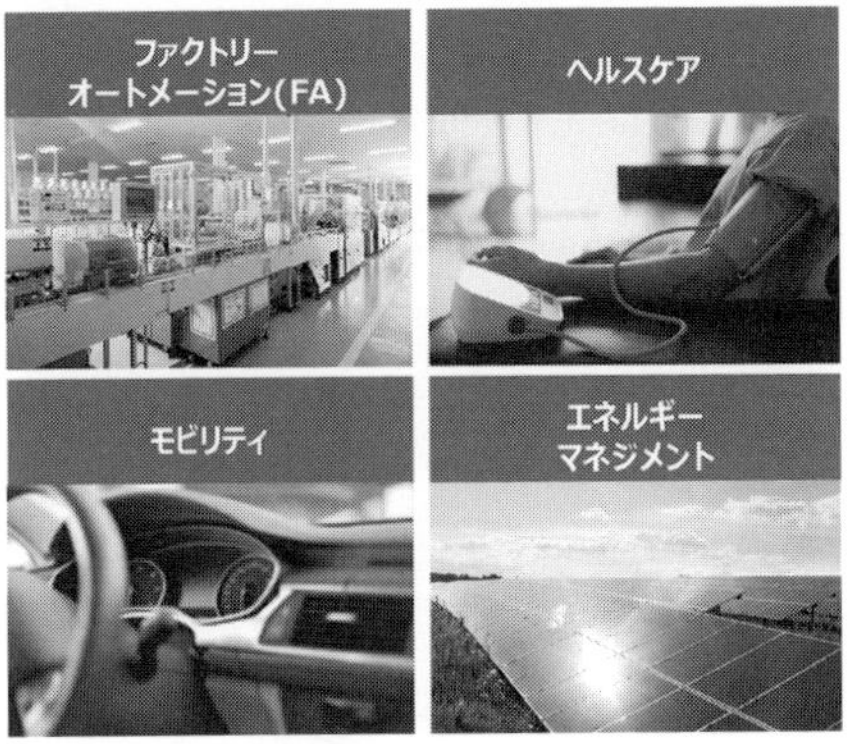

４つのドメイン事業（成長領域にフォーカス）

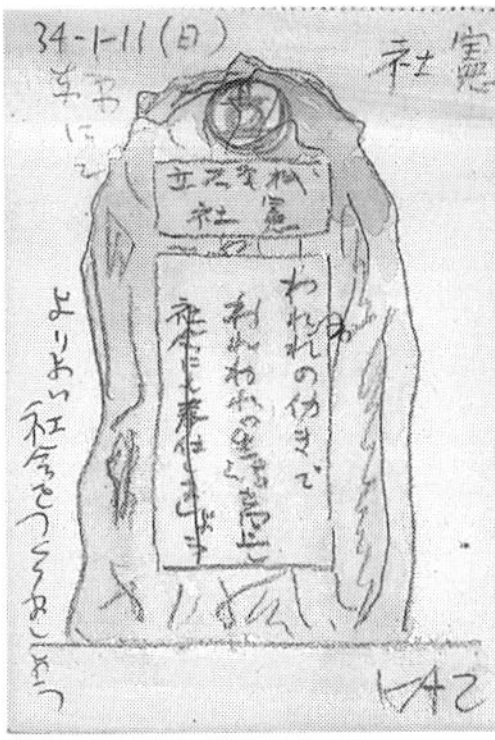

社憲の草稿スケッチ

に「人の知恵」（同社では「+Think」と呼んでいる）を加えて進化させ新たな価値創造を志向している。事業セグメントは約九十あり、世界市場シェアの二〇％を占めるリレー、同じく五〇％を占める家庭用電子血圧計、さらには国内市場の四五％を占める駅務機器（自動改札機など）などのユニークな高シェア製品を有している。

二〇一八年現在、世界百十七ヵ国で事業を展開しており、海外での売り上げが約六割を占め、約七割の社員が日本以外となっている。

オーナー経営から企業理念経営へ

オムロンでは、社名を立石電機（株）からオムロン（OMRON）（株）に変更した一九九〇年から、「企業理念」を経営の軸に据えてきた。同族企業でありがちな、創業家を軸に据えた経営から脱却していたという背景もあり、二〇〇三年には初めて非同族の作田社長が就任した。その後、一一年にあとを継いだ山田社長は、企業理念は実践されるもので

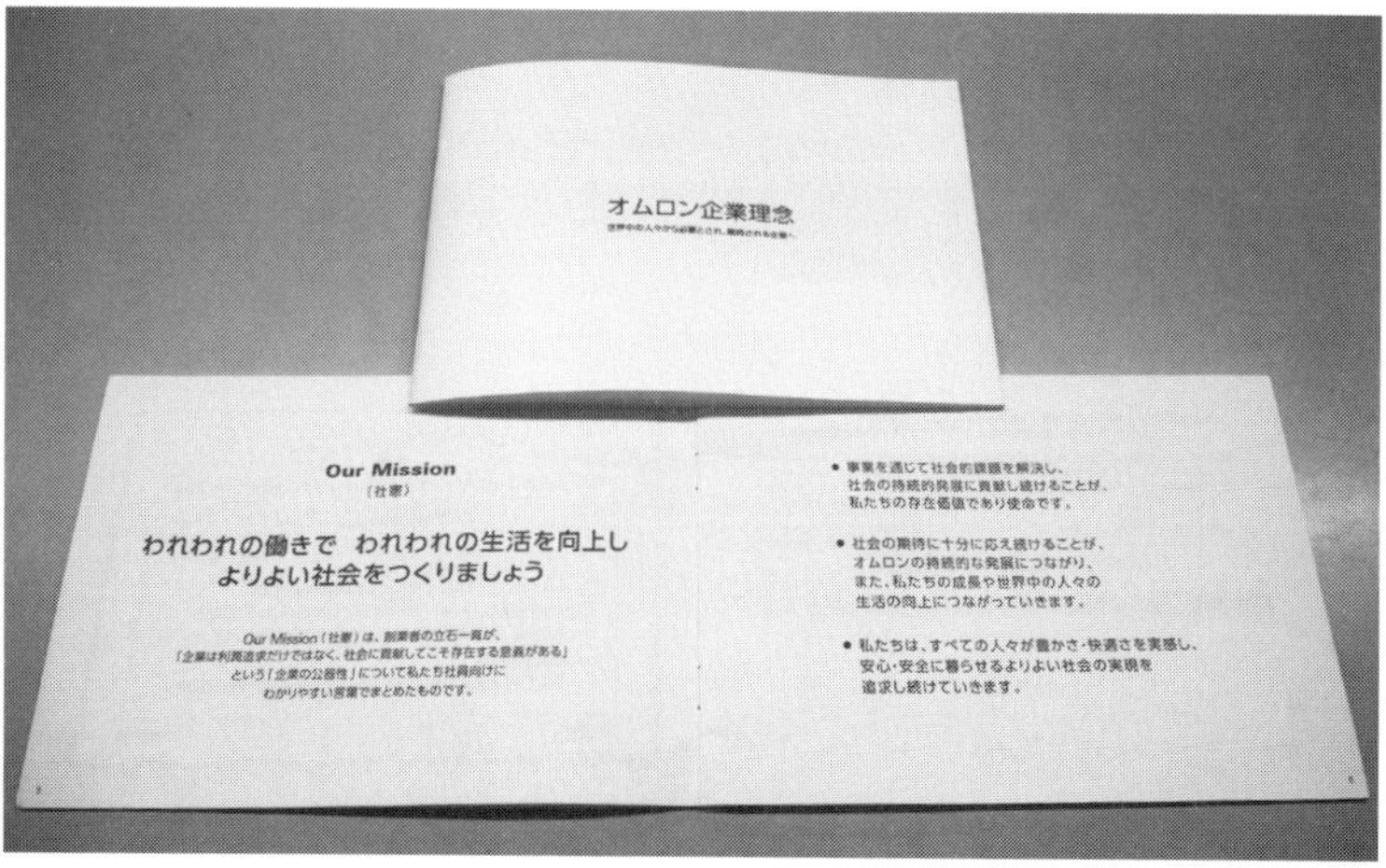

オムロンの企業理念

なければ創業者の思いも活かされず、会社の存在意義もなくなってしまうとの「長期的な危機感」を持って、改めて「企業理念経営」を強化すべく、企業理念の「実践」を推進するＩＣ戦略を展開した。

同社の企業理念はOur Mission（社憲）とOur Values（私たちが大切にする価値観）とで構成されている。創業から二十六年目にあたる一九五九年に制定された社憲の精神をベースに、九〇年に企業理念体系を制定。その後、九八年、二〇〇六年、一五年と、成長過程の節目ごとに、時代に合わせて企業理念の改定が行なわれている。現在の企業理念経営の構造は、図表１‐２のように、「企業理念」の下に「経営のスタンス」が位置づけられ、その下に「長期ビジョン」と「オムロングループ・マネジメントポリシー」が据えられている。

企業理念は実践されて初めて意味を持つ
—ＴＯＧＡの活動を軸に据えたＩＣ活動

「一般的な話として、企業理念は制定したけれど、床の間に飾ってあって、日々の仕事の中で意識することはあまりない、と

図表1-2　オムロンの企業理念構造

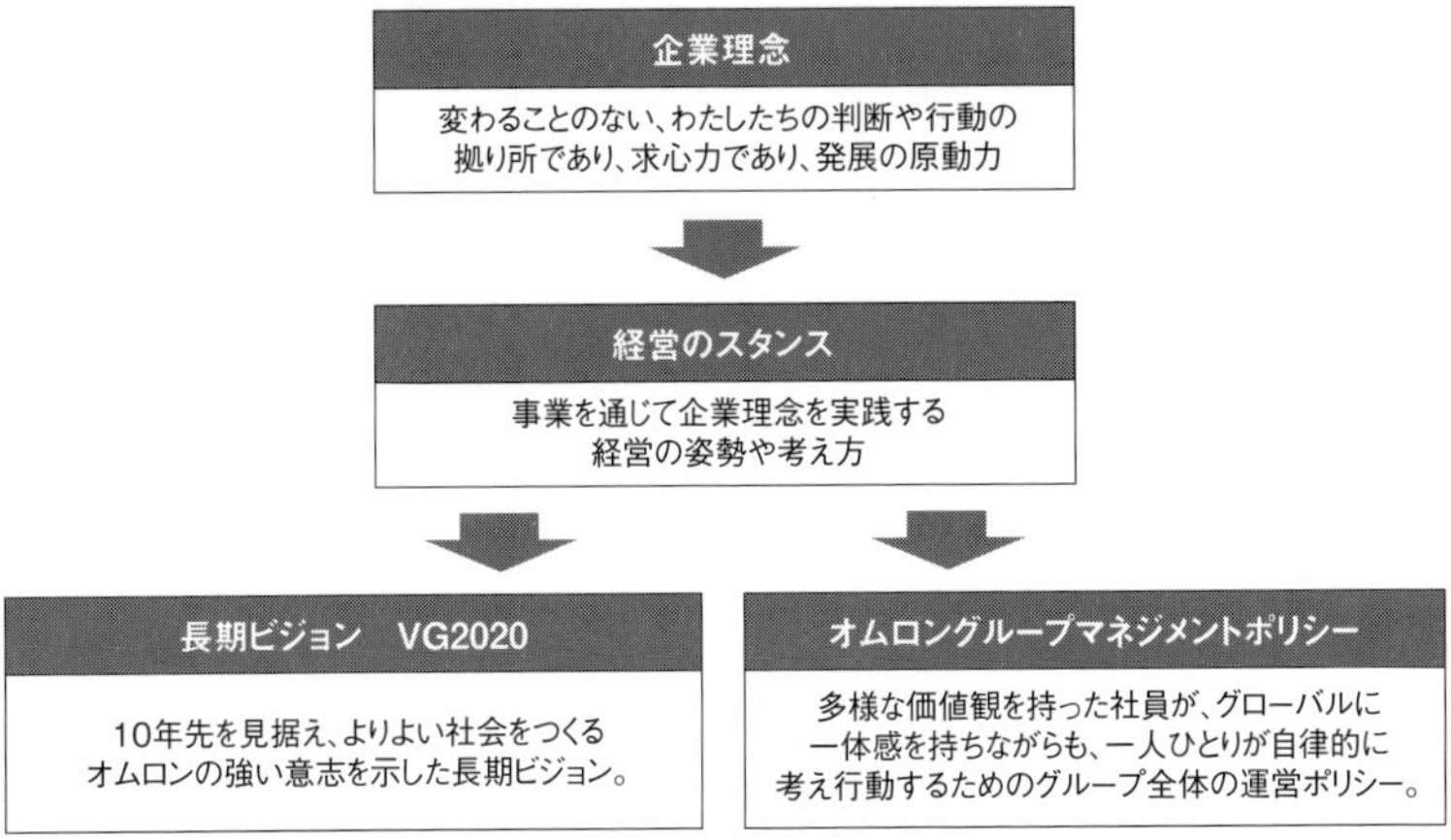
企業理念
変わることのない、わたしたちの判断や行動の
拠り所であり、求心力であり、発展の原動力
経営のスタンス
事業を通じて企業理念を実践する
経営の姿勢や考え方
長期ビジョン　VG2020
10年先を見据え、よりよい社会をつくる
オムロンの強い意志を示した長期ビジョン。
オムロングループマネジメントポリシー
多様な価値観を持った社員が、グローバルに
一体感を持ちながらも、一人ひとりが自律的に
考え行動するためのグループ全体の運営ポリシー。

いう傾向があると思うんです。オムロンの場合は、企業理念は実践するものであり、実践できなければ意味がない、という位置づけです。これこそ、当社が企業理念経営を標榜する真意です」と同社の安藤執行役員常務（肩書きは二〇一六年三月インタビュー当時）が語っている。

同社では、企業理念の実践を促進する社員参加型イベントとして「ＴＯＧＡ」（The OMRON Global Awards）と呼ばれる表彰イベントを実施している。通年で実施されるこの活動を通して、一人ひとりが日常的に企業理念を実践し、その優れた試みを評価すると同時に全社員で共有する仕組みにより、グローバルなグループ全体で企業理念の実践をはかっている。つまり、このような「場づくり」によって「自分ごと」化を進めているのである。二〇一二年から始まったこのイベントは、すでに世界三十八ヵ国約三万六千人の社員が参加して競う、全社員巻き込み型のプレゼンテーションイベントになっている。その特徴は、①チームでチャレンジを宣言して実行（有言実行）、②評価軸は、企業理念実践へのチャレンジ度合い、③実践したテーマ（＝価値創造）を全社で共有し、お互いに刺激を受け、学び合い、認め合う企業風土を醸成する場とする、の三点があげられる。

毎年、五月から八月にかけて、そこから先の一年間にわたって展開されるプロジェクトテーマのエントリーが行なわれる。これは、各プロジェクトにとっての、ＴＯＧＡへの「宣言」のフェーズにあたる。

その後、テーマごとに、日常業務における「企業理念の実践」活動が推進される。各テーマにかかわる社員一人ひとりの日々の業務において、「企業理念の実践」が意識されることを通して、同じ仕事をするのであっても、企業理念と強く紐づけされ、さまざまな気づきが得られる。そして、その気づきが、社内の縦に横にと展開されることとなる。これが、ＴＯＧＡの活動において、もっとも重要な「実行」のフェーズである。

十二月には、各事業部や各グループ子会社における選抜大会が開かれる。八月までにエントリーされたチームメンバーが、日々の業務を推進していく中で実践された企業理念についてプレゼンテーションを行ない、勝ち抜き戦での評価がされていく。この選抜のプロセスは、各チームの成果を評価することだけが目的ではない。グローバルな社内の各地で実施されるため、プレゼンテーションされる企業理念の実践内容そのものが、広く社内で「共有」され、「共感」されることが重要な目的となる。

その後、勝ち残ったプロジェクトテーマは上位の大会へと勝ち進んでいく。二〜三月のリージョン選抜大会ではグローバルなリージョン単位での代表テーマが選抜される。社内の各地、各事業部で「共有・共感」された企業理念の実践事例が社内に広く「共鳴」されるフェーズへと進行していく。

このように選抜大会が進められる一方で、選抜されたテーマはもちろんのこと、選抜から漏れたテーマの活動も継続され、その中で選抜で勝ち進むチームの高揚感は社内にも広く伝わり、全社員の日常においても、企業理念の自分ごと化が進んでいくことにつながっている。

五月十日の創業記念日は毎年、Founder's Day とされており、全社員が現場の仕事を離れて企業理念について振り返る時間となる。午前中はグローバル共通プログラムと位置づけられ、「記念式典」がグローバルに中継され、「仕事と理念をつなげる職場対話」がグローバルの全職場で開催される。そして午後は、京都本社においてＴＯＧＡグローバル大会が開催され、全世界から勝ち残ったチームが最終プレゼンテーションに臨む。これは、海外に向けても時差一時間でオンデマンドストリーミング配信される。まさに全世界

プレゼンテーションの様子

で、全社員が、ほぼ同時に、企業理念を振り返る時間が共有されているのである。[*1]

翌十一日には、TOGAオープンセッションが国内の六つの主要事業所（桂川、京阪奈、草津、野洲、綾部、山鹿）で開催され、企業理念の実践に向けてのワークショップやパネルディスカッションが各地で行なわれる。

TOGAは表彰がゴールになっているイベントではあるが、高い業績が必ずしも評価されるのではなく、企業理念の実践事例として共有したいものを表彰することを通じて、企業理念が浸透していき、社員全員の自分ごととして実践につなげることを促進するもので、目的を明確に設定し、具体的な成果を評価する仕組みといえる。六年目の一七年度は、エントリー数六二一六チーム、参加延べ人数五万一〇九三人（複数チームに参加する社員もいる）と、世界中にいるオムロングループのほぼ全社員が参加する総力イベントである。

最終選考のグローバル大会で表彰された過去の代表的なTOGA事例を以下に紹介する。

【事例1】フィリピン国民の健康増進への貢献

フィリピンにおける死因のトップは心疾患である。成人の二八％にものぼる高血圧患者がいるという実態がこの背景にある。このような社会的課題に対して、フィリピンとシンガポールの法人、そしてベトナムの工場とが国境を越えて取り組みを進め、同国政府とも連携をして、医療コミュニティ施設への血圧計配備を推進した。これによって、フィリピン国民における血圧測定の日常化がはかられたのである。

このプロジェクトの成果として、四万四千ヵ所の医療コミュニティ施設への血圧計配備が実現した。これにより、一億人を超えるフィリピン国民が日常的に血圧計を利用できるようになり、同国民の健康増進に大きく寄与することとなった。

＊1　Founder's Day 式典の映像の中継先は国内94拠点、海外は時差に配慮して各拠点の状況に合わせての視聴になっている。

「社会に貢献したい」というメンバーの強い思いが、顧客のきびしい要求仕様や納期に対応するエネルギーとなり、さらには政府とのパートナーシップをも実現させたもので、この点が成功のカギとなっている。

【事例２】偽造医薬品服用撲滅への貢献

世界に流通する薬の二四％が偽造医薬品といわれており、それを服用することで毎年、世界では約百万人もが亡くなっている。このような社会的課題に対して、「より良い社会をつくりたい」という共通の志を持った社内チームが組成され、このテーマへの取り組みが始まった。

薬の包装箱に記載されたシリアルコード認証によって、偽造医薬品を流通段階で発見するという課題解決策を立案し、その実現をはかるもので、当該企画を製薬会社に展開し、毎年百万人もの生命につながる課題解決に大きく貢献することとなった。

このプロジェクトでは、販売、マーケティング、製造、開発といった社内各部署のチームワークだけでなく、包装箱会社、コードプリント会社などの社外とのコラボレーションが活かされ、それぞれの強みを活用しながら課題解決へとつなげてきた。今後は、製薬会社だけでなく、食品や飲料業界へも展開していくことが計画されている。

KURUMAZAによる対話と本社横串の連携

同社の現在のグローバルインベスター＆ブランドコミュニケーション本部長である井垣執行役員は、「企業理念は、企業の成長過程において、時代に合わせて進化させてきました。ＩＣで共有するべきものはブランドであり、それはオムロンのコア・アイデンティティそのものなんです」と述べている。同社では、経営の考え方とは、社員と経営陣がタッグを組んで「車座」での議論を経てつくり上げられるもので、議論のプロセスの透明性、見える化がその先にある共感と実践につながっていくと考えられている。そして、グローバルに「KURUMAZA」という言葉が浸透しており、企業理念を核にした経営陣と現場の社員との対話の「場づくり」が日常的に推進され、仕事と企業理念をつなげる「企業理念の実践」が実現している。

このようなレベルにまで企業理念の実践が進展し、IC活動の展開も相まって、社員の意識が企業理念に収斂していくと、社員の意識や発想の多様性が失われるのではないかとの異論が出てくることもある。このような考え方に対して、井垣執行役員は次のように論じている。

「企業理念とは、社員の考え、態度、行動の中核になるものであり、これがブレていては企業として進んでいく方向がバラバラになってしまい、企業の存在意義が不明確になってしまいます。一方で、企業理念さえ守っていれば、その中での多様性は広く担保されていくものであろうし、そうあるべきだと思っています」

このような同社の企業理念の実践をめざすIC活動において、その中核をなすTOGAの活動は、グローバルインベスター&ブランドコミュニケーション本部、グローバル人財総務本部、サステナビリティ推進室、グローバル戦略本部の四組織の「社内連携チーム」の事務局によって推進されている。ICの機能はコーポレートコミュニケーション部門だけにとどまらず、社内の関係部署を横串に広く束ねて推進されていることになる。

オムロンの一連の企業理念を中核に据えたグローバルで全社一丸になったIC活動は、トップマネジメントがICを重視し自らコミットメントしていることからも、本書で提示している「IC経営」の原点でもあり、現時点では明らかにベストプラクティスの一社であるといえよう。

第３節

トップと現場の対話が生む企業再生と事業開発
―不祥事後の復活をＩＣに託す

［事例］西武グループ

【ＩＣ経営のポイント】

◆社長のリーダーシップとコミットメントをもとに、多くの「対話」の機会をつくり、繰り返しグループビジョンの浸透をはかっている。社長自ら司会を務めながら、現場社員と胸襟を開いて対話を続けている。

◆毎年四月をグループビジョン推進月間と定め、グループ社内報やイントラ・グループ報で特集記事を掲載。実践事例と社長メッセージを含むＤＶＤを各職場で視聴して、ビジョンについて改めて思い起こす機会を設けている。

◆グループビジョンの実践事例を各職場やチームでエントリーしてもらい、「チームほほえみ賞」を選考・表彰し、その中から、「チームほほえみ大賞」を決定している。この受賞者を中心に企業の枠を超えた横断チームを組成し、ビジョンに見合った新規事業を検討、立案し経営陣に報告する機会（ほほえみ Factory）を設けている。このような「報奨」（Recognition）の機会が社員の行動をビジョンに沿ったものにしている。

◆グループビジョンの実践を促すために、職場の上司から部下に、ビジョンの実践に沿う行動を〝Good Job〟と褒め称えるカードを贈っている。これも有効な「報奨」の機会となっている。

◆グループビジョンに対する社員の意識変化を定点観測し、ＩＣ活動の改善策を検討するためのアンケートを毎年実施しており、モニタリングが定着している。

不祥事からの再生

「二度と不祥事は起こしてはいけない。この教訓をしっかりと植えつけていかなくてはいけない」

後藤高志 西武ホールディングス社長は語る。

二〇〇五年当時、企業破綻の危機に瀕していた西武グループの再生を託さ

株式会社西武ホールディングス　会社概要

代表者	：取締役社長　後藤高志
本社所在地	：埼玉県所沢市
設立	：2006年2月3日（事業開始1912（明治45）年5月7日）
資本金	：500億円（2018年3月期）
社員数	：2万3564人（2018年3月期、連結ベース）
売上高	：5306億円（2018年3月期、連結）
事業内容	：都市交通、沿線事業、ホテル・レジャー事業、不動産事業、建設事業、ハワイ事業、その他（連結ベース）

れた後藤社長がグループ再編と同時に手がけたのが、グループビジョンの制定である。教訓を忘れないために、このグループビジョンの浸透には総力をあげて取り組んでいる。「経営で一番大切なことは、グループビジョンの浸透だと言っても過言ではない」「西武にきて十年間、一年三百六十五日のかなりの部分を社員とのコミュニケーション、自分の思いを伝達することに自身のエネルギーを相当注力してきた」と後藤社長は振り返っている。

西武グループは、西武ホールディングスを持株会社に、西武鉄道、プリンスホテルを中核会社とし、西武バス、西武プロパティーズ、西武建設、西武ライオンズ、伊豆箱根鉄道、近江鉄道など国内外七十八社の事業会社を持つ企業グループである。グループ社員数は、約二万三千人。〇六年に定めた「グループビジョン」のスローガン「でかける人を、ほほえむ人へ。」のもと、お客様の〝行動〟と〝感動〟を創り出すことをめざして、都市交通・沿線事業やホテル・レジャー事業、不動産事業、建設事業、ハワイ事業等を手がけている。

図表１‐３は営業収益と経常利益をグラフにしたものであ

図表1-3　営業収益、経常利益

営業収益

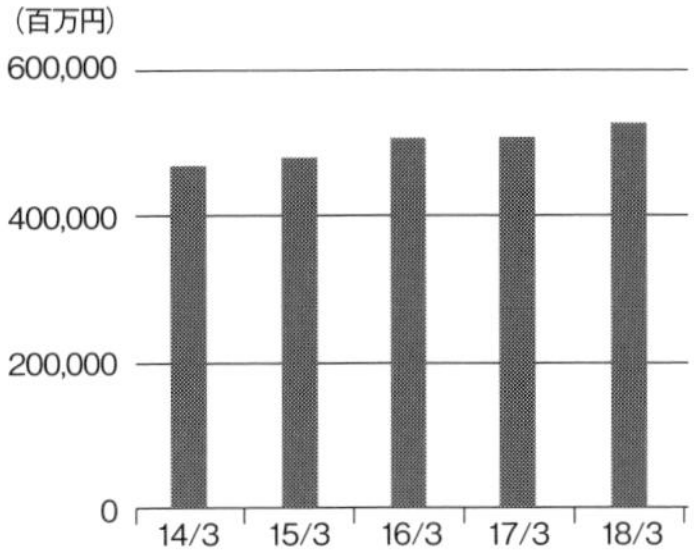

2014年3月期	2015年3月期	2016年3月期	2017年3月期	2018年3月期
473,441	481,727	508,081	512,009	530,631

経常利益

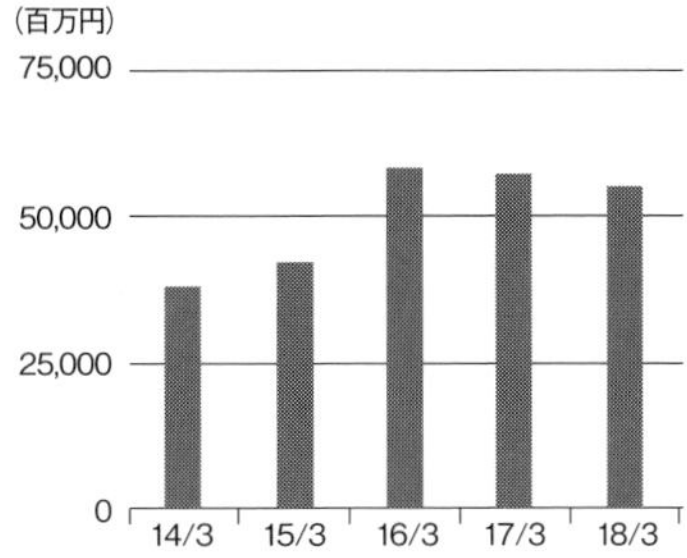

2014年3月期	2015年3月期	2016年3月期	2017年3月期	2018年3月期
38,111	42,099	58,525	57,472	55,490

る。ここに示されているように、西武グループは一四年四月二十三日の東証一部への株式再上場後も、増収を続けているが、〇四年には利益供与事件と有価証券報告書虚偽記載という大変な事件が起きている。そしてその結果、カリスマオーナーであった堤義明元コクド会長は逮捕され、西武鉄道は上場廃止になった。社員三万人、百年の歴史がある企業グループがまさに破綻の危機に瀕していた。

〇五年に再建を託されたのが、みずほコーポレート銀行（現みずほ銀行）副頭取だった後藤高志 現西武ホールディングス社長である。当時、スキャンダルとその後の世間からのバッシングで社員のやる気や意識は低下していた。社会的信用回復と社員の元気を取り戻すために後藤社長が取り組んだのが、〇六年のハード面でのグループ再編と、ソフト面での第一ステップとなるグループビジョンの制定である。

「とにかくまずはグループ社員の士気をこれ以上低下させないようにする。そして将来に向けて、バックボーンをしっかりとつくり上げていきたいと思いまして、そのためには本当に社員一人ひとりの思いを集約したような形でのビジョンが絶対必要だと感じていました」と後藤社長は振り返る。

グループビジョンの制定

後藤社長が着任して間もない〇五年の八月から、グループ社員ほぼ全員に対してアンケート調査を実施した。そして、「いま、西武グループに対して、あるいは自分の仕事に対してどういう思いでいるのか」「やりがいに対してどういう思いがあるのか」「将来的にどういう西武グループにしたいのか」などへの回答を踏まえて、社員のいろいろな思いを集約・分析する。その過程で、たとえば安全安心、スマイル、誠実、共に歩むこと、挑戦といったキーワードが出てきた。さらに、西武グループがおかれた状況の中で、先行きやこれからの展望を開いていくうえでのキーワードは何かを当時の西武鉄道やコクドの経営会議等で何回も議論した。後藤社長は、そのプロセスの要所要所で報告を受け、議論にも参加し、〇六年三月二十七日に、最終的に現在のグループビジョンができ上がった。

グループビジョンは、グループの役割・使命および基本姿勢を示した「グループ理念」、この理念を実現するための行動指針「グループ宣言」、およびこれらをお客様へのメッセージとして集約した「スローガン」から構成される。具体的な内容は以下のとおりである。

グループビジョン

【グループ理念】
私たち西武グループは地域・社会の発展、環境の保全に貢献し、安全で快適なサービスを提供します。
また、お客さまの新たなる感動の創造に誇りと責任を持って挑戦します。

【グループ宣言】
私たちは、『お客さまの行動と感動を創りだす』サービスのプロフェッショナルをめざします。

1　誠実であること
・常に、「安全」を基本にすべての事業・サービスを推進します。
・常に、オープンで、フェアな心を持って行動します。
・常に、お客さまの声、地域の声を大切にします。

2　共に歩むこと
・常に、自然環境、地球環境への配慮を忘れません。
・常に、地域社会の一員として行動します。
・常に、グループ内外と積極的に連携を図ります。
3　挑戦すること
・常に、グローバルな視点を持って行動します。
・常に、時代を先取りする新しいサービスを提案します。
・常に、お客さまの生活に新しい感動を提供します。
【スローガン】
でかける人を、ほほえむ人へ。

グループビジョンは西武グループの憲法

後藤社長は、「グループビジョンは、一言で言えば、西武グループの「憲法」にあたるものです」と言う。各プロジェクトやメッセージを考え、判断するにあたっては、常にグループビジョンを行動指針としている。後藤社長自身、迷った時には常に胸ポケットに携帯しているビジョンブックを取り出して、見返していると言う。また各職場では、グループビジョンを唱和することを励行している。

グループビジョンは、まず新入社員研修の一番最初の段階で講習を受ける。その中で、後藤社長自らグループビジョンの重要性について毎年、相当強調して語っている。そして「毎年同じような形で繰り返し繰り返しやってますから、これは新入社員から、いわばベテラン社員に至るまで周知徹底がはかられています」と言う。

西武グループでは一五年以降、毎年四月をグループビジョン推進月間と位置づけ、西武ホールディングス広報部のグループビジョン担当が中心となってポスターを制作し、グループ報「ism」や別冊「ism」、イントラネット・グループ報「web-ism」でグループビジョンの特集を組んでいる。また、グループの全職場においては、実践事例と社長メッセージを含むＤＶＤを見て、グループビジョンについて話し合っている。

不祥事からの再生を誓う西武グループは、コンプライアンスやコーポレート・ガバナンスにも力を入れているが、グループビジョンというグループ全体を包含する傘のもとに、コンプライアンス・マインドとコーポレート・ガバナンスをおいている。グループビジョンを具体的な形で実践する、あるいはグループビジョンを具現化するという観点から、コンプライアンスやコーポレート・ガバナンスが位置づけられているのだ。コンプライアンスに対しても、毎年十月にコンプライアンスウィークを設定し、アンケート調査を実施している。

また長期戦略や中期経営計画を考えるうえでも、まず上位概念にグループビジョンをおく。長期戦略は基本的に十年単位で、十年間の中で西武グループが企業価値をどう高めていくか、たとえばアセット戦略も含めてグループビジョンを実現していく形で長期戦略を策定する。そして長期戦略をさらにより具体的にブレイクダウンしたものとして中期事業三ヵ年計画を策定し、さらに単年度にブレイクダウンした単年度予算が策定されている。

ビジョンブック

それは、西武グループ各社が同じように計画を立てることで、グループビジョンを踏まえて西武グループの企業価値を高めていくシステムになっている。

グループビジョン浸透施策

西武グループでは、グループビジョンの浸透策として、推進月間だけでなく年間を通じてグループビジョンを繰り返し考えて啓発する仕組みができ上がっている。

①グループビジョン定点調査アンケート

グループビジョンに対する社員の意識変化を定点観測し、その改善策を検討するため二〇〇六年以来、毎年アンケートを実施している。調査対象は全グループ社員で、グループ報「ism」にアンケート用紙をはさみ込んで配布するもので、回収率は九六・六％（一七年度）にのぼる。グループビジョンを具体的な行動・業務に落とし込んで、グループビジョンの理解を深め、実践さらには挑戦へと結びつけていくことを狙っている。

一時期、アンケート用紙を職場で回収していたこともあるが、一部の事業所で職場の上司がアンケート調査の内容に介入することが生じた。見栄えのいい報告に仕立て上げたり、あるいはそういうことを強要したのだ。「僕はこれに対してかなり叱りましてですね、フェアにやってくれと。強制的な、あるいは修正というのは排除してくれということを口酸っぱく言ってきました」と後藤社長は振り返る。いまはそういうことが一切できないよう記入後、封をして第三者に送って生の情報を集計する仕組みになっている。

図表1-4　グループビジョン

②チームほほえみ賞／チームほほえみ大賞

〇六年より毎春、グループ全職場から、各職場単位またはチーム単位の中でグループビジョンに基づいて優れた取り組みを行なったチームをエントリーしてもらい、選考してガバナンス企業グループごとに「チームほほえみ賞」として表彰している。九月にその中から、さらに「チームほほえみ大賞」を選考して決定する。

たとえば一五年度のチームほほえみ大賞は、西武ライオンズ事業部コミュニティーグループ&ブルーレジェンズの二十一人で、リアル野球版というレクリエーションを通じて地域の高齢者と交流を実施した取り組みが選ばれた。一七年度のチームほほえみ大賞は、西武ハイヤー株式会社業務課・配車センターのチーム「ママタク」のメンバーで、妊娠時から三歳児までの子どもを連れた母親たちのために、無料登録制で安心して迅速に優先配車ができる仕組みをつくり上げた事例が選ばれた。

③ほほえみ Factory

「チームほほえみ賞」受賞チームから選ばれたグループ社員を中心に約三十人が集合し、企業をまたいで五チームに分かれて各年

図表1-5　グループビジョン定点調査アンケート結果

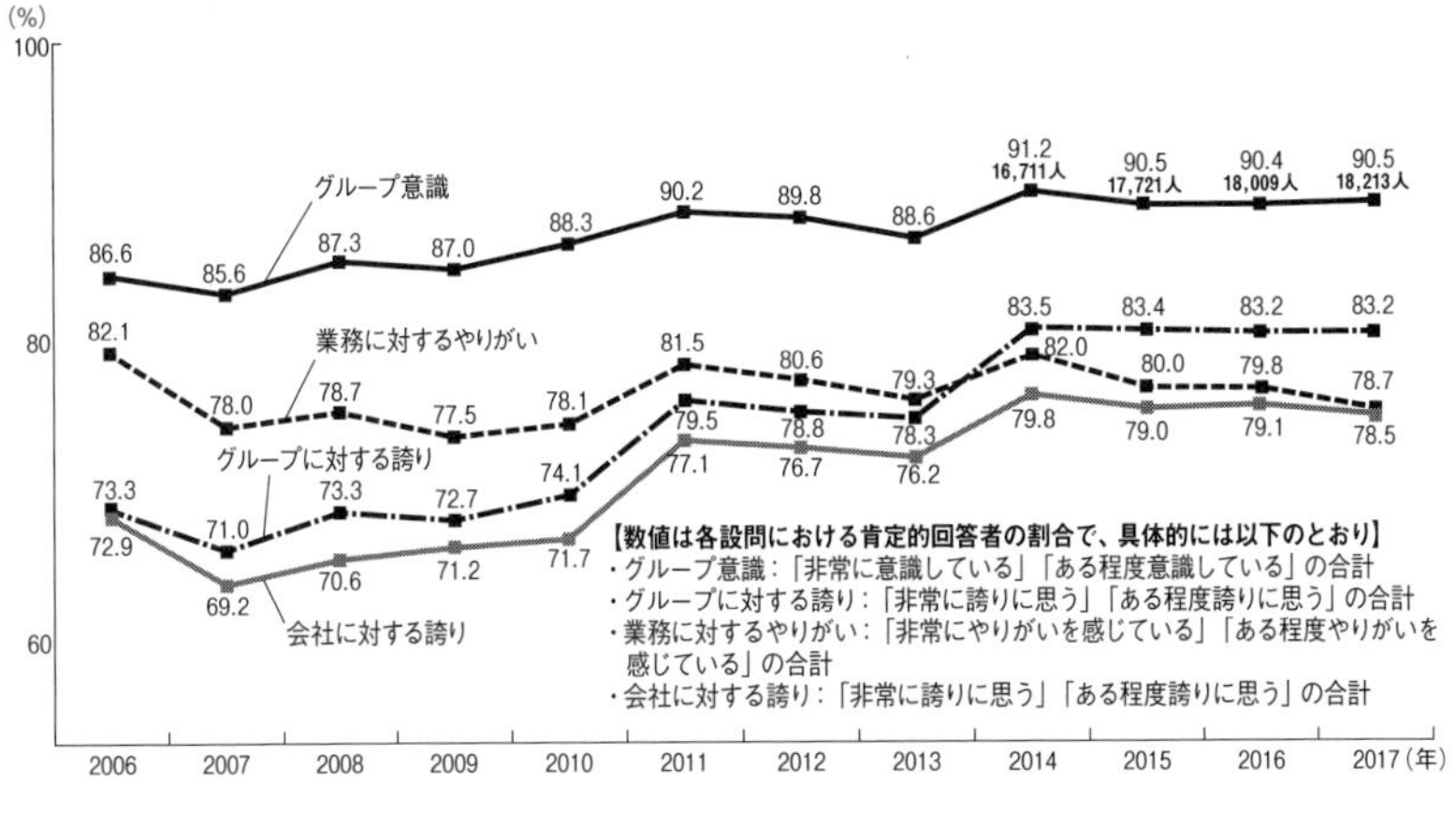

度のテーマ（一五年度のテーマは、インバウンド、女性、シニア、子ども）について西武グループが行なうべき具体的活動や施策を検討し立案する「ほほえみFactory」（途中で改称）を実施している。毎年十〜十二月頃にかけて三日間開催され、後藤社長も出向いて議論の経過を視察する。三日目には後藤社長はじめグループ十四社の社長および役員・関係部長ら経営陣が出席する中で各チームが提案内容を発表し、意見交換する。

○八年度から開催しており、提案の中からすでに複数のプロジェクトが実現している。子育て支援施設として「駅チカ保育所Nicot（ニコット）」を東久留米駅、田無駅など八駅に開所したほか、西武グループ横断的なイベントとして実施している「こども応援プロジェクト」の一環として「西武塾」を開校し毎月実施している。またプロ野球選手が使用するバットの原材料となる「アオダモの植樹」も西武ライオンズと合同で実施した。

④「Good Job カード」、オンライン版「Good Job カード」

グループビジョン定点調査アンケートの結果から、「職場の風通しが良くない」「上司や周囲の支援・理解がない」などがグループビジョン実践の阻害要因としてあげられた。これを受けて、社員一人ひとりがグループビジョンの実践に向けて意識を高め、それを管理職が理解し、支援し、協働し、職場やチームが全員でグループビジョンを実践できる風土を築き上げていくための一助と

チームほほえみ賞／チームほほえみ大賞

チームほほえみ賞／チームほほえみ大賞

ほほえみ Factory

して「Good Job カード」を導入し、あわせて「活用の手引き」を発行した。これは職場の管理職が良いことを実践した部下に対して素直に〝Good Job〟と声をかけ、職場の風通しや風土の改善を狙ったものである。カードは複写式三枚綴りになっていて、一枚目は部下に、二枚目は記入した本人に、三枚目は広報部に送られて集計される。

一二年十月から始められ、一六年からは、たとえば遠方の事業所にいるなどによりカードを直接手渡しできない部下に対して、あるいはカードが実際に手元になくても、すぐにメール配信で送れるオンライン版「Good Job カード」も導入された。一八年七月末現在で累計一万四三五九枚（うちオンライン二七九枚）が上司から部下に手渡されている。

Good Job カード

会議体によるグループビジョン・中長期戦略の浸透

西武グループでは、上述したグループビジョンの浸透施策とは別に、会議体を通じてもグループビジョンとグループビジョンに基づく中長期戦略の浸透をはかっている。

①グループ社長会

西武ホールディングスの経営戦略部が担当して原則毎月一回、西武グループ主要十四社の社長を集めて「社長会」を開催している。四半期に一度の決算報告に関する取締役会などとは別の会議体で、グループ各社で経営・事業の現状を共有し、課題や今後の施策について議論する場である。各社トップは、ここでの議論を持ち帰り、自社内で経営に反映することで浸透をはかっている。

②グループ広報戦略会議

西武ホールディングス広報部が主幹となって、グループ各社のうち広報部門を有する十五社を対象に、年に十回程度「西武グループ広報戦略会議」を実施している。その目的は、社内外を通じて正確な情報収集・発信をするための相互研鑽、グループシナジーと一体感ある広報展開であり、これらと並んで、グループビジョンに基づく広報対応の実現とブランドを高める広報活動の実現である。

グループビジョン浸透施策を繰り返す理由

上述した施策や機会を通じて、グループビジョンを「ほぼ全員が認知、理解している」と後藤社長は言う。「常に求心力を高める、常にグループビジョンに立ち返る、そういう仕組みができ上がっていると思ってますし、啓発活動もしっかりやっていると確信しています。周知徹底は十分できていると思っています」

ただし、その成果は五段階評価で四、と後藤社長は評価している。満点でないのは、グループビジョンを全員が理解してその重要性を認識しているが、実践の行動にはまだ改善する余地があるとの見立てだ。

二〇一八年に西武グループは、改めてグループビジョンが制定された三月二十七日を「ほほえみアニバーサリー」の日とした。これは、その後に続くグループビジョン推進月間への意識を高めることを狙いとするものである。

このように繰り返しグループビジョンへの意識づけを行ない、毎年その施策を進化させていくのは、いったいなぜなのか。

「はっきり言えば二度と不祥事を起こさないということです」と後藤社長は言いきる。

「西武グループとすれば、二度とこういったことを絶対に起こさない、という教訓をしっかりと植えつけていかなくてはいけない。そのためにはもう、喉元過ぎるとどうしても忘れてしまいますので、これを繰り返し繰り返しやることが必要だと思います」

それからもう一つ、と後藤社長はグループビジョンにこだわる理由を述べている。

「西武グループがこれから永続的に発展していくために、健全に将来に向かって発展していくためにも、このグループビジョンに対する求心力を高めていくことが絶対必要だと思ってます。これに対する時間は、とにかくしっかりとかけていくということです」

広報部のインターナル・コミュニケーション業務

グループビジョンの浸透活動を担う西武ホールディングスの広報部は、状況に応じて柔軟に組織体制を変えているが、現在の広報部は部長以下、十三人体制である。うちグループビジョン担当（ブランディング兼任）は三人。対外広報担当は、メディア対応のほか、株主向け資料等の作成、Ｗｅｂサイト運営等、ブランディングとしてFacebookページの運営なども担う。またインターナル・コミュニケーション業務は、上述したグループビジョン推進活動のほか、グループ報やＷｅｂグループ報の運営などにあたっている。

①グループ報「ism」

二〇〇六年、グループ再編・グループビジョンの制定とともに創刊されたグループ報「ism」は、新生西武グループがめざすべき方向性を示すグループビジョンを前提に、西武イズムを浸透・醸成することを目的とする。取り上げる項目は、トップメッセージ、経営・事業情報、各社間の業務理解を深めるコーナー、グループビジョンの実践事例、コンプライアンスなど多岐にわたり、隔月発行（偶数月）している。

②別冊「ism」

一三年に創刊された別冊「ism」は、グループビジョンウィーク（現在は推進月間と呼んでいる）に合わせて発行される。グループビジョンの実践に特化し、各社における具体的事例を紹介している。

③イントラネット・グループ報「web-ism」

グループ報「ism」を補足する媒体として、イントラネット・グループ報「web-ism」を展開し、適時更新している。社長のブログ「社長のきもち」のコーナーを設け、社長の業務上における行動や休日の過ごし方など、身近なテーマについて感じたことを社長自ら発信し、経営トップと社員とのコミュニケーションツールとして有効に活用されている。

別冊「ism」

グループ報「ism」

トップ自ら現場に出向き社員と対話

広報部や経営企画本部の活動とは無関係に、後藤社長が自らもっとも力を入れているのが現場に出向き、グループ社員と直接対話することだ。

「時間があれば、週末なんかそうですけど、必ず事業所、現場に足を運んで、いろいろなレベルの社員とコミュニケーションをとってきていると、それはもう自負してます」と後藤社長は語る。実際、後藤社長は取材インタビュー当日の前週末は苗場へ、次の週末は軽井沢と万座を訪れている。一年間でほぼ全事業所を回るという。

「僕がまず口火を切って、だいたい一時間かけるんですけど、三十分は僕のほうからいま、たとえば西武グループがおかれている状況、そしてあるいはプリンスホテルの状況、そして社員に対して期待することなどを話します。残りの三十分で、それぞれの社員に、いま考えていること、思い、質問でも意見でも何でもいいから言ってくれということで、一人ひとり話してもらいます。それはもう僕が司会兼議長みたいな格好だね」

現場の中堅若手社員は、本当にいろいろな話をしてくれるという。「今度いつ、いらっしゃるんですか」と聞いてくるなど、ほぼ一年に一回のディスカッションを楽しみにしているという。

後藤社長は、社員を名前で呼ぶことにもこだわっている。顔と名前を必ず一致させることが哲学だと言う。

「web-ism」社長のきもち

「とにかくどこへ行っても名前を覚えることを自分に課してきています。ですから、たとえばゴルフ場に行くと、うちのゴルフ場でも必ずキャディーさんには、キャディーさんって呼ばないで名前で呼ぶようにしています」。

後藤社長は、かつて第一勧業銀行人事部に六年間いたことで社員の顔と名前を一致させることを随分トレーニングしたそうだ。現場を訪れ続けたこの十年間で、グループ社員二万三千人のうち、五千人は顔と名前が一致するというから驚きだ。名前を覚えるためにも、すべてのグループ社員に名札を着けてもらっている。プリンスホテルでは、かつてはローマ字だったネームプレートを漢字に変更し、覚えることに努めてきたという。

現場のグループ社員にしてみれば、トップの社長が自分たちの職場を訪れ、いろいろな話を聞いてくれて、さらに自分のことを名前で呼んでくれるので、相当に強烈な印象であることは想像にかたくない。

インターナル・コミュニケーション経営への転換

「はっきり言えば私が西武にきて十年間、一年三百六十五日のかなりの部分を社員とのコミュニケーションというか、自分の思いを伝達するところに自身のエネルギーを相当注力してきたという自負はあります。ディスカッションを通して、自分の思いを伝え、あるいは部下の思いをいろいろ吸収してきたと思ってます」と、後藤社長は断言する。

後藤社長がグループ社員に特に伝えたいのは、西武グループの一員であるという「自覚」と「責任」と「誇り」を持って働いてもらいたいということだ。「西武グループでよかったというふうに、やはり全員に思ってもらいたいですね」と語る。そして、この十年間で社員の態度は一八〇度変わったと言う。以前は、実直だが自立していない、自分の意見を言わない、出る杭は打たれると思ってスポイルされていたが、いまは自発的にいろいろな話をしてくれるし、「ほほえみFactory」を見てもいいアイデアが出てくるという。「社員の自己実現の喜びというか、自分が仕事をする中での喜びというか、自分の存在感というかですね、こういうものが高まってきたんじゃないかと思います」。

組織風土の転換がなぜできたのか、後藤社長にその理由を尋ねると、まず第一に、フェアに、誠実に、繰り返しやり続けてきたことを社員がわかってくれたこと。第二に、業績に応じて社員に昇給ベアでバックしていること。「これで西武グループはフェアだ、社長はフェアだと思ってもらえたと思う」と語った。

いつも社員のほうを向き、ICに注力してきたことで西武グループは生まれ変わった。グループビジョンには成文化されていないが、後藤社長が取り組んできたことを見ると、組織の運営にいかに情緒的要因が大切かが見て取れる。西武グループは、まさにIC経営の好事例といえよう。

第4節 ICで大企業病を克服し、さらにグローバル統合の実現をめざす経営改革へ
―ビジョンの自分ごと化とグローバルでの一体感を志向

［事例］NTTデータ

【IC経営のポイント】

◆新ビジョン策定、グローバルでのブランド統一において、トップマネジメントがリーダーシップを発揮し、深くコミットメントしたことで、インターナル・コミュニケーション（以下ICとする）施策の推進力が担保されていた。

◆新ビジョン策定にあたり、あえてプロセスを重視し、手間隙かけて熟成させたことを通じて、新ビジョンに対する立ち上がりの認知度が高まることとなった。

◆新ビジョンをミドルに自ら語らせること、ブランド統合をグローバルな各拠点リーダーを絡めて推進するこ

とを通して、いわゆる伝道師となるメンバーの「自分ごと」化のステップを意識してプロジェクトを推進している。

◆数多くのM&Aを通じて拡散した前線を、求心力をもって統合するという力仕事を、ブランド統一という御旗のもと、IC戦略を中核に据えて推進した。

◆全社でビジョンとバリューを感じ合う共通の時間（Values Week）を設定し、年に一回、定期的に「NTTデータらしさ」についてグローバル全社員が思いを巡らせる機会をつくっている。

◆新たな経営課題、組織課題に取り組む際は、施策の検討時から常に社員の意識改革を念頭においたIC戦略が中核の一つに据えられている。

ICとは経営そのものである

事業が拡大していくと、事業戦略をさらに推進するために求められる組織戦略が明確になってくる。その組織戦略を推進するために、多くの社員を巻き込み、ある程度の手間隙をかけて社員一人ひとりの腹に落としながら進めるICの「プロセス」が重要になる。また、グローバルにM&Aを進めていくと、新たな組織課題が浮き彫りになってくる。コアになるべきアイデンテ

株式会社エヌ・ティ・ティ・データ　会社概要

代表者	：代表取締役社長　本間洋
本社所在地	：東京都江東区
設立	：1988（昭和63）年5月23日
資本金	：1425.2億円（2018年3月31日時点）
社員数	：11万8006人（2017年度末・グループ全体）
売上高	：2兆1171億円（2017年度、連結）
事業内容	：システムインテグレーション事業、ネットワークシステムサービス事業

ィティや自社の「らしさ」をどのように地球の裏側にまで届けていくのかは、経営者にとっての最大のテーマである。ここにおいても、ＩＣは有効な戦略となり、「ＩＣ経営」が機能することにつながっている。

ＮＴＴデータの山下徹 元社長（二〇一五年十二月のヒアリング時には前社長で相談役）は、次のように語っている。

「ＩＣとは経営そのものである。ＩＣの活性化によって組織のエントロピーが上昇し、イノベーションにつながる。イノベーションが活発になると組織が活性化して、それにつれてＩＣも活性化する。そんな好循環のきっかけをつくるのがＩＣの役割ではないでしょうか」

山下 元社長のこの言葉は、トップマネジメントがＩＣ活動を経営の中核的企業行動の一つとして重視し、日常的な経営の仕組みに組み込んでいるという「ＩＣ経営」が日本の企業で現実に進められていることを示唆している。

また同氏は、社長時代にやり残したことについて、「もっと現場に行きたかった。もっと社員と交流したかった。なぜなら、重要な気づきは現場で働く社員から得られるものですから」と語ってくれた。

組織の拡大で懸念された「他人ごと」化をＩＣプロジェクトで打開

■全社員を巻き込んでの新ビジョン策定

ＮＴＴデータでは、グループ内連携の希薄化や社員の当事者意識の欠落、他人ごと化といった、いわゆる「大企業病」が懸念され始めたことから、二〇〇七年からの五年間にわたって社長を務めた山下社長（現シニアアドバイザー）のもと、新たなビジョンをボトムアップで策定することを通じて、脱「大企業病」をめざす大掛かりなＩＣプロジェクトが展開された。

同社は、一九八八年にエヌ・ティ・ティ・データ通信株式会社としてＮＴＴ（日本電信電話株式会社）から分離独立し、その七年後の九五年に株式を上場し、創業十周年の九八年には、コーポレートブランドとしてＮＴＴ ＤＡＴＡが定着していたことから、株式会社エヌ・ティ・ティ・データへと商号を変更し現在に至っている。そして分社・独立から二十年近くが経過したタイミングで、本プロジェクトをスタートさせた。当時認識されていた経営課題は、急速な技術進歩と顧客ニーズの変化に対して迅速な対応ができるような組織に変革することである。まさに、大企業病の克服が重要なテーマとなっていた。

真の変革を実現するための中核に据えようとしたのが、新たなビジョンである。ビジョンを社員全員で共有し、社員一人ひとりがビジョン実現のための意識改革、行動改革を起こすことが目標とされた。「経営トップが押しつけるようなビジョンでは、社員はそれを受け身で捉えるだけではないか」「この先、経営を担うような若手社員自身がビジョンをつくるべきではないか」との経営陣の思いが反映され、このプロジェクトは、あえて手間隙をかけて推進された。トップからミドル、そしてボトムまでをも巻き込んだ対話を主軸とし、トップがコミットしたＩＣ活動を中核に据えた全社員巻き込み型の「ＩＣ経営」の考え方で進められたのである。

■層別コミュニケーションと全体コミュニケーションをよいところ取りで展開

全社を五つの階層（上から①エグゼクティブ、②若手役員、③部課長、④三十代の中堅、⑤二十代の若手）に分け、「層別コミュニケーション」と「全体コミュニケーション」のよいところを取りながらＩＣ活動を展開し、全社員を巻き込む形でビジョン策定に対する参画意識を高めていった（図表1-6）。

第1ステップ（層別コミュニケーション）では、革新者になりうる若手役員（②）と、問題意識の高い三十代の中堅（④。公募で集まった三十四人の社員）とが四つに組んでグループビジョンの叩き台を作成した。叩き台の作成にあたっては、意欲ある若手中堅社員からなるワーキンググループが連日連夜の議論を通じてビジョンの土台になるものを策定し、次期経営を担う若手役員五名との熱い議論を繰り返した。このプロセスにおいては、変革エージェントとして一橋大学の一條和生教授の支援を得て、当時の経営企画部を中心とした「意識・行動改革」事務局が調整役として機能した。

第2ステップ（全体コミュニケーション）では、このグループビジョンの叩き台を全社で共有し、それをもとに社内パブリックコメントを求めた。ビジョン策定が一部の社員だけで進められている「他人ごとではない」との認識を持たせる段取りを確保したのである。このステップを踏むことで、進捗状況が全社員と共有されることとなり、ビジョンの「自分ごと」化への第一歩となった。

その後、第3ステップ（層別コミュニケーション）では、経営会議に

図表1-6　全社の5階層のピラミッドと6つのステップ

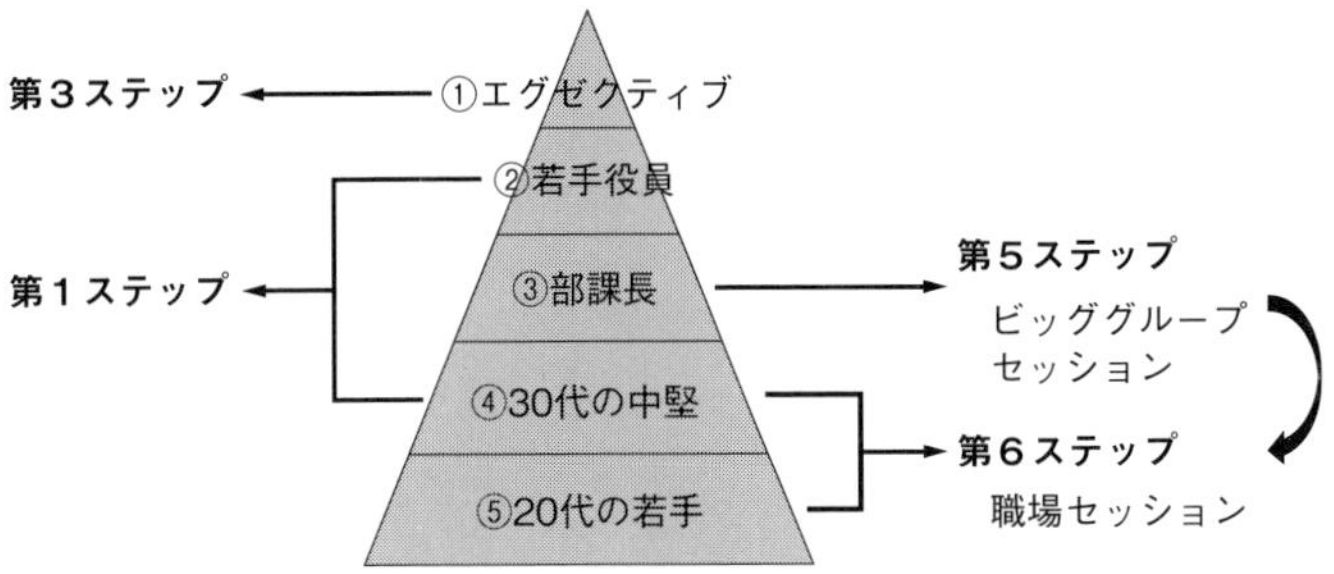

注：山下 元社長のヒアリングをもとに筆者作成

おいて、①トップマネジメントのお墨付きをもらい、第4ステップ（全体コミュニケーション）で全社発表会を実施した。ここで、全社員に対してビジョンの中身に対する理解をしっかりと深めてもらい、進捗が共有された。

終盤の第5ステップ（層別コミュニケーション）では、ビジョンの浸透にもっとも重要なポジションにいる部課長（③）対象のビッググループセッションを開催した。これには、当時の山下社長もほぼ毎回参加し、半日以上かけた百人規模の大規模セッションが合計十九回開催され、新ビジョンに対する理解が深まっていった。この大規模セッションは一年三ヵ月もの長期間にわたって継続され、約二千人の管理職が参画することとなった。その様子をはたで見ている部課長以外の社員たちにとっても、「今回は他人ごとでは済まされそうにない」との意識が植えつけられていったのである。

そして最後の第6ステップ（全体コミュニケーション）で、部課長（③）が自らの部署で自らの言葉で新ビジョンについて語り、現場ごとに職場セッションと呼ぶワークショップを開催した。部課長一人ひとりが、自分たちの身近な仕事に照らし合わせて、自分の言葉で部下たちに語ることを通じて、新ビジョンが部課長自身の腹に落ち、そこで「自分ごと」化が推進され、彼ら自身が全社への浸透に大きな役割を果たすことになった。

山下 元社長は、「部課長自らが自分の部下たちに対して、自分の言葉で新ビジョンを説明する段になって初めて部課長自身にとっての自分ごと化がはかられ、そこからの浸透はそれ以前とは比較にならないほど高いレベルになった」と語っている。ミドルである部課長が、アンバサダーとなって、新ビジョンを伝道し、当時の調査では、九〇%を超える社員がビジョンへの理解を示すに至ったのである。

■「自分ごと」になった新ビジョンと「実践」への流れ

このプロジェクトは、スタートから二年かけて展開され、あえて手間隙かけたプロセスを重視し、多くの社員を巻き込み、共有時間を増やすことで新たなビジョンの浸透と定着をはかり、それによりもっとも重要な自分ごと化に大きな成果をもたらした。理念やビジョンを組織に浸透させるためには、自分ごと化のプロセスを大切にし、あえて負荷をかけることが求められていると理解できる。

さらに、共有されたビジョンを実践に移す段階においては、社内公募により集められた六十六人のメンバーで構成された新・行動改革ワーキンググループが活躍した。彼らの力によって、社内ＳＮＳが立ち上がり、テレワークの試行など、いまでいう「働き方改革」も進んでいった。社内ＳＮＳは当時の全社員の約七割が活用し、組織間の壁を超え、社内で孤立していた知恵と知恵とがつながるようになった。

たとえば、この時期、流通業の顧客が金融事業に進出するような事例が多くあり、従来であれば、流通業の担当エンジニアが金融業に求められるスキルをゼロから学んでいたものを、この活動を通じて、組織間の横の連携が促進され、流通業の顧客のプロジェクトに金融業の担当エンジニアが参画して活躍するような土壌ができ上がっていった。このような事例を通じて、顧客の満足度を格段に高めることとなった。

■大企業病を廃し、組織の変革を推進

トップと部課長といったミドルとの対話が重視された点は、他社の事例と同じだが、本稿は、ビジョン構築から共有、そして理解、自分ごと化へと進展していくようなＩＣ活動によって、事業の拡大にともなう「大企業病」の気配を退治し、かつ組織の変革を推進する点が大きな特徴として位置づけることができよう。

グローバル経営戦略の一環としてのブランド戦略とＩＣ推進

■内需型ビジネスのグローバル展開への挑戦

日本電信電話公社を母体とするＮＴＴグループは、国内でのビジネス展開を中心にしたいわゆるドメスティックカンパニーとして世間では認知されてきた。ＮＴＴとは、Nippon Telegraph and Telephone Corporationの略、つまり日本に特化したような社名でもある。

ＮＴＴデータの主なビジネスの一つであるシステムインテグレーションとは、情報システムの開発において設計・開発・運用等を請け負い、顧客にとって最適なシステムをコーディネートすることである。競合する日系企業としては、富士通、日立製作所、ＮＥＣなどのハードベンダーや、野村総合研究所などのユーザー系や独立系のエスアイアー（SIer）があげられる。ご多分にもれず、日本国内のシステムインテグレーション・マーケットの成長率には陰りが見え始めており、今後のさらなる成長を求めるため、同社では海外マーケットへの参入を必至と考え始めた。

しかし、海外には、ＩＢＭやＨＰ、アクセンチュアなど、すでにグローバルに活躍している大規模な競合企業が存在しており、同社がグローバル化するということは、ドメスティックカンパニーから脱し、彼らとの競争を前提とした新たな戦略が必要ということでもあった。さらに、国内マーケットで受託していたシステムであっても、顧客企業自身がグローバル化する中で、SIerとして顧客の要請に応える形でのグローバル化も同様に求められていた。

一方で、二〇〇七年度時点での海外売上比率は一・五％、一八三億円の売上高にとどまっており、海外競合企業に伍していくためには急速な海外展開が求められていた。

そこで、同社が採用したのが積極的なＭ＆Ａである。〇八年一月のアイテリジェンス社の買収を皮切りに、同年十月のサークエント社、一〇年七月のインテリグループ、同年十二月のキーン社と次々にＭ＆Ａを進めていった。中でもアメリカのキーン社の買収はその規模からしても、インパクトの大きいものであった（図表１‐７）。

一連のＭ＆Ａを通じて、一三年度売上高に占める海外売上高比率は二二％を超え、一七年度末時点においては、同社の拠点は五十三ヵ国、二百十四都市、海外の社員数は約七万六千人まで拡大するに至っている。

■グローバル化の進展のもとで新たに生じた組織課題

このような海外事業の拡大とともに、買収先企業と同社との事業面、人材面などにおけるシナジーの実現が喫緊のテーマとなり始めた。子会社となった各社が買収前の社名

図表1-7　グローバルビジネスの拡大

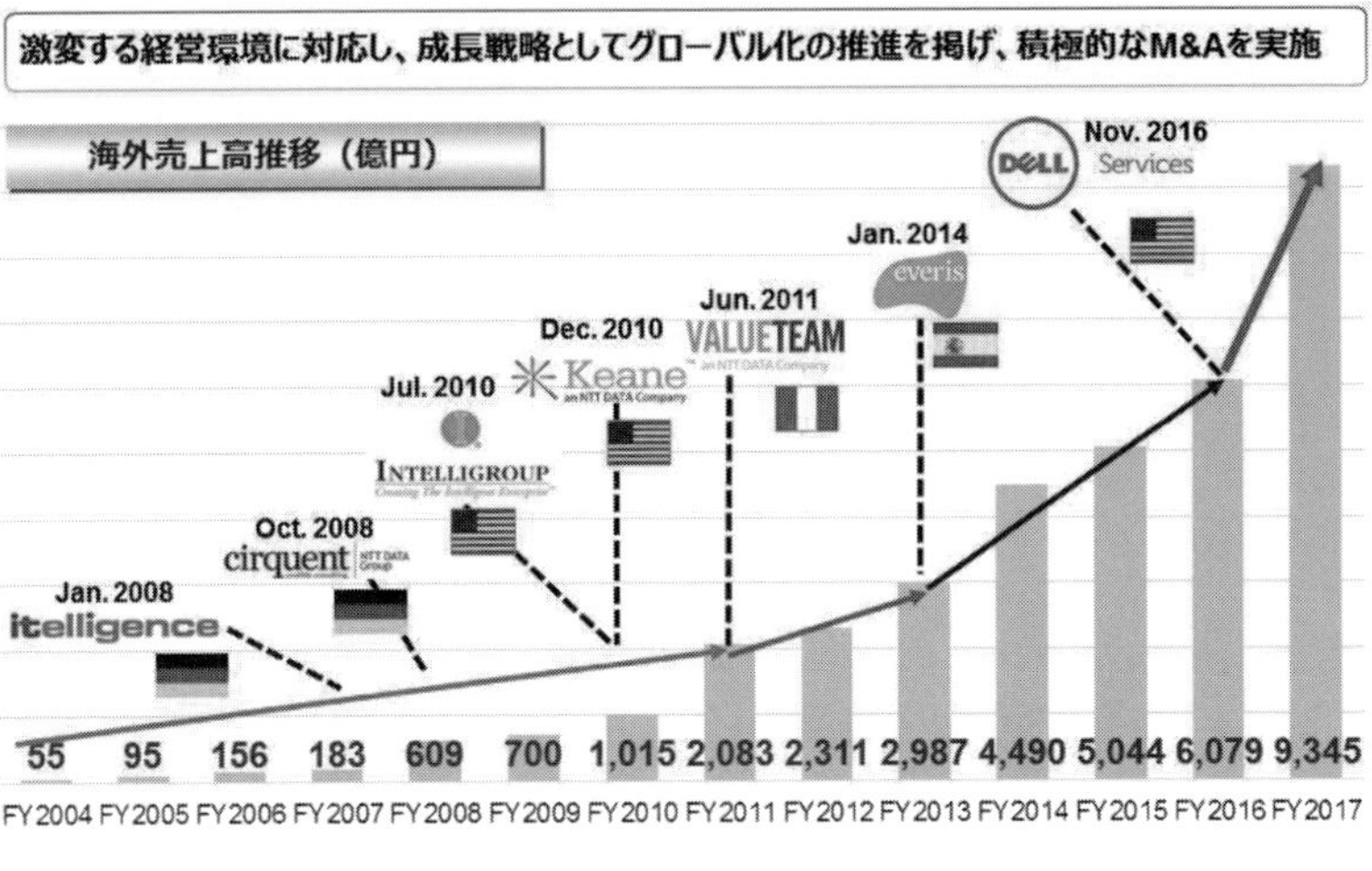

のままでいることやブランド、ロゴがそのままであることに対するさまざまな課題が浮き彫りになっていたのである。

一〇年度末時点で海外子会社は百三十三社あり、それぞれが顧客、マーケットに対峙して、(極端に言うと)部分最適での事業展開を進め、各社の実績も期待に比して小さなものにとどまっていた。そのため、実績を重要視する顧客からの信頼を得にくく、特に大規模プロジェクトを受託できないことが顕著な課題となっていた。

いうまでもなく各社のブランドもバラバラの状態であり、NTTデータという大規模なSIerのグループ会社になったメリットは活かされていなかったのである。

■グローバル経営戦略としてのブランド統一

そこで、グローバルに点在するグループ各社の小さな実績の個々の集積を、NTTデータグループとしての大きな実績として統合することをめざし、全世界でバラバラだったブランドをNTTデータブランドに統一することを決定した。ここにおいて、ブランド統一は同社のグローバル経営戦略そのものとして位置づけられることになった。個々の小さな企業では受託できなかった大規模なプロジェクトも、大きなNTTデータグループとして受託しやすくなるはずと目論んだのである。

このブランド統一プロジェクトは、同社グループ内におけるグローバル組織の統合再編の一部と位置づけられ、トップマネジメントのブランド統一に対する強いコミットメントが組織再編をリードするような形にも受けとめられていった(図表1-8)。

ブランド統一に対するメッセージは「Global One NTT DATA」という言葉で表現され、海外各社は、日本本社のもとに、米州（Inc.）、欧州中近東（ＥＭＥＡ）、アジア太平洋（ＡＰＡＣ）、中国（China）の四つと、ＳＡＰを担ぐBusiness Solutions社の五つの地域本社に統合再編されることになった（図表１‐９）。

このプロジェクトを進めるにあたって、日本本社にある広報部は、同じ日本本社内にあるグローバル事業部門はもとより、各地域本社にいる現地担当者とも連携した。現地担当者は、必ずしも各社における広報部門に所属しているわけではなく、その広報スキルにもばらつきはあったが、日本本社との連携のもとで成果を高めていった（図表１‐10）。

そして二〇一〇年にはグローバル組織再編全般にかかわる具体的課題を議論する「グループブランド・ストラテジーＷＧ」を発足させ、「グループで一緒にやっていくということはどういうことなのか」について、グローバルの各社で原点から議論し始め、組織再編に向けた本格検討を開始した。検討の途上で、海外子会社の一部からは「ビジネスで勝つためにはもっと早くブランド統一を実現してほし

図表１‐８　ブランド統一（2012年）の考え方

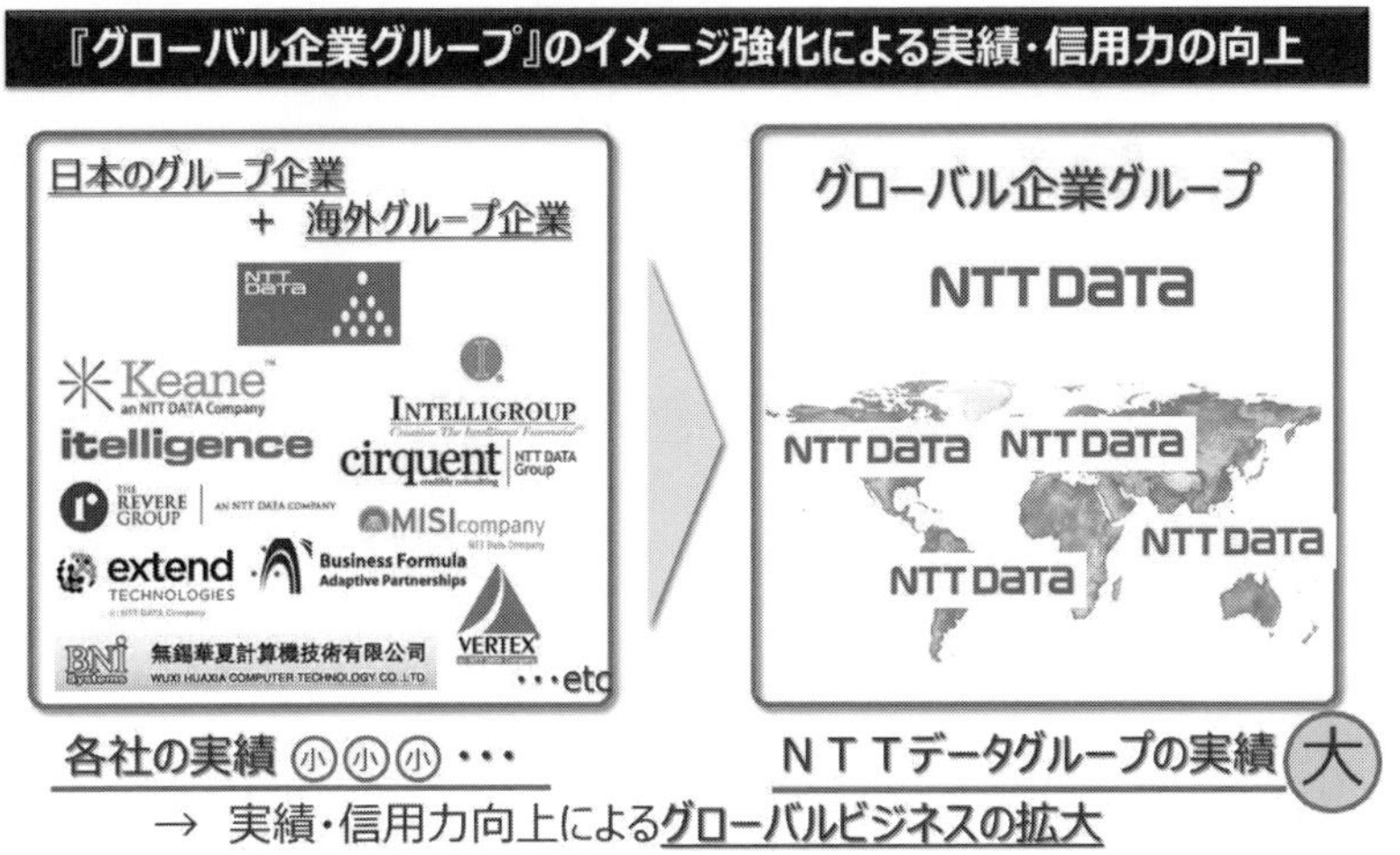

図表1-9　グローバル組織の統合・再編（Global One NTT DATA へ向けた統合・再編）

✓ ５つの地域・ソリューションを軸に統合・再編
✓ 地域・ソリューションの重複を解消し、一体的かつ効率的な運営体制を構築する
✓ 「ブランド・ストラテジーWG」にて統合・再編に関わる全領域の検討スタート（ブランドはその一つ）

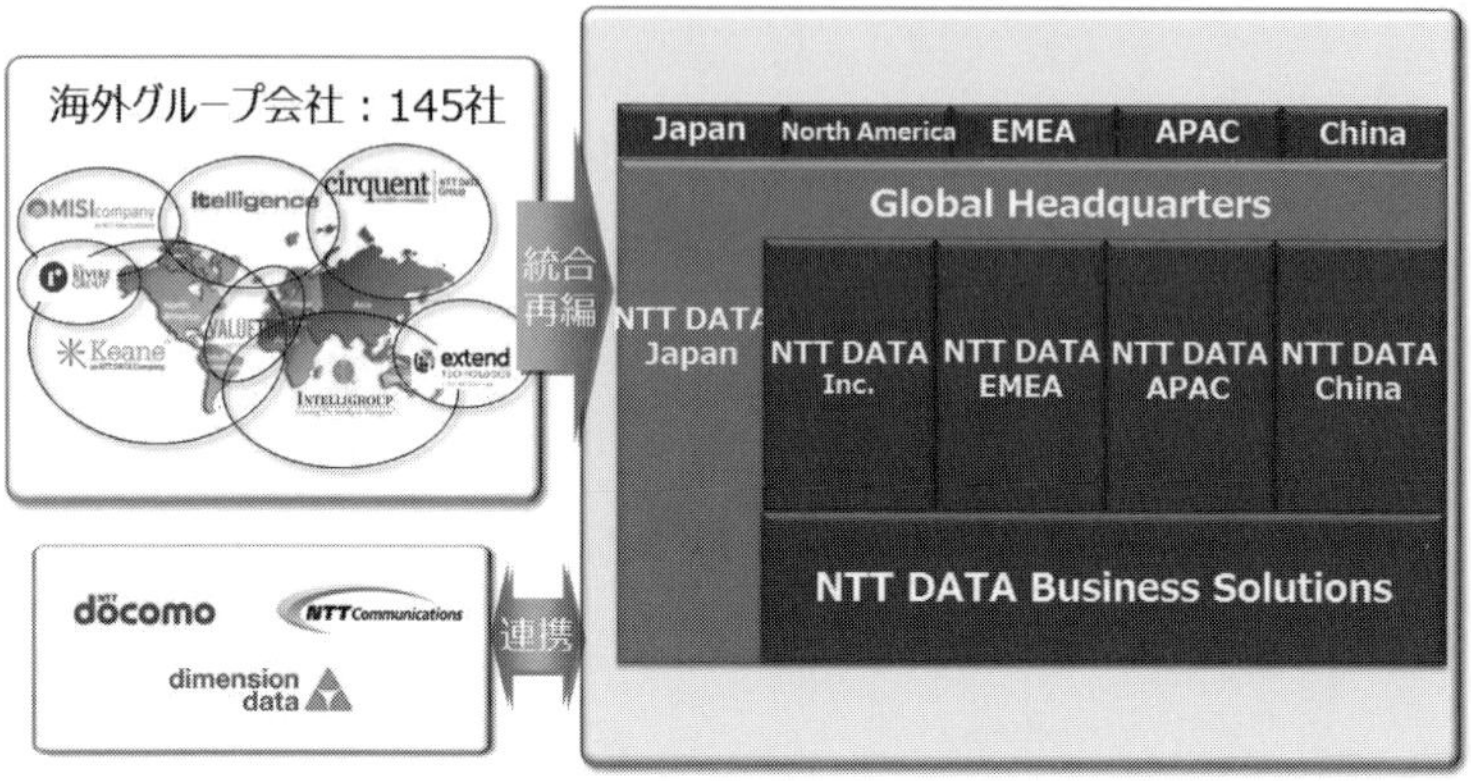

図表1-10　グローバルでの連携体制

✓ Global Headquartersの広報部・グローバル事業部門と各リージョンの現地担当者で連携

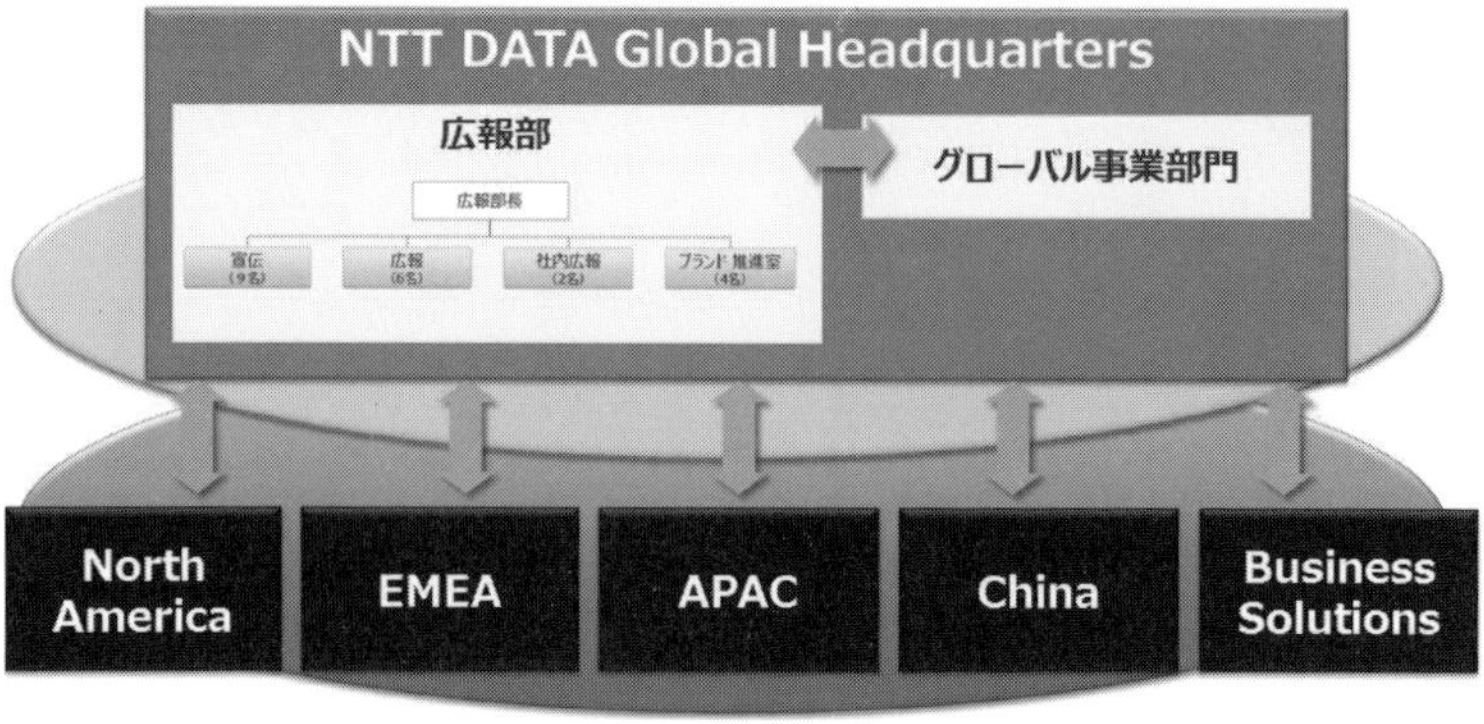

い」という声もあがり、当初の予定を一年前倒しして、一二年四月にブランド統一が実行に移されることになった。特に、足元での必要性に迫られていた北米においては、さらに前倒しし、一二年一月に先行スタートすることになった（図表1‐11）。

ブランド統一には、社名の冠に「ＮＴＴデータ」を載せるだけにとどまらず、ロゴやブランドメッセージの統一も求められた。二十年来、ＮＴＴデータのロゴの一部として浸透していた十個の卵型で形成された三角形の絵柄を捨てることは、ブランド統一に対する本気度を表わすことにもつながった（図表1‐12）。

社名に関する議論の途上では、「そもそもＮＴＴの三文字は世界では通用しないのではないか」「データという言葉も古くさいのではないか」などの意見もあったが、海外を含めた各地で実施したヒアリングや調査、客観的な意見も踏まえて「ＮＴＴ ＤＡＴＡ」を社名として継続することを決定した。また、ブランドメッセージについては、以前から日本で使っていた「変える力を、ともに生み出す」

図表1-11　ブランド統一のスケジュール

✓ 2010年10月「グループブランド・ストラテジーWG」を発足し、ブランド統一の本格検討開始
✓ 当初予定より、1年前倒しして、2012年4月に実施

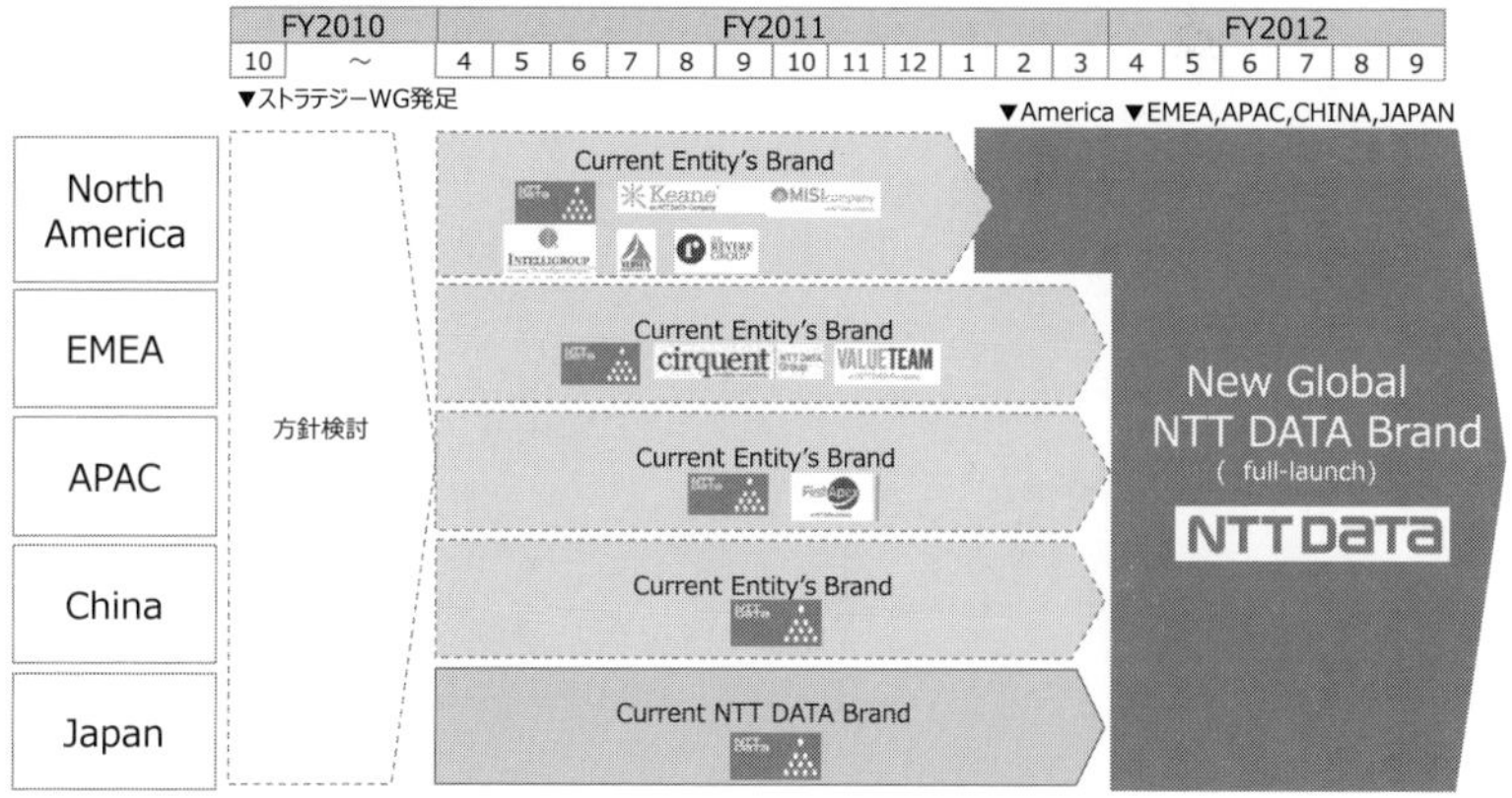

を日本語版として残し、「Global IT Innovator」を日本以外で使うことになった。

また、Visual & Verbal Identityのガイドラインは、グループの各社と議論しながら作成し、特に海外でも通用することを意識して海外のデザイナーを採用した。

一方、ブランド統一の議論が進む中で、グループ各社においては、新しいWebサイトを構築することに対するニーズも非常に高くなっていた。「NTTデータを知らない顧客層」へのブランド認知を高めるツールとしてのWebサイトは早急に必要で、マーケティングだけにとどまらず、リクルーティングのためにも各社のコーポレートサイトの立ち上げが急務となった。

新しいWebサイトを立ち上げるにあたっては、せっかくブランドを統一したこともあり、グローバルで統一されたデザインのサイトが必要とされた。グローバルに統一されたサイトが実現されれば、それは同時にグローバルなNTTデータグループの一体感を表わすものとして、社内外でのインパクトも大きくなることが想像された。

ところが各社のWebサイトに統一感を持たせて立ち上げるにあたっては、さまざまな課題が浮き彫りになった。日本本社と地域の各社との間の役割分担とコスト負担をどうするのか、サイトの構成や情報構造、実装機能などのサイト要件をどうするのかなどの交通整理が、時間の限られた中で必要になったのである。

新しいサイトは、グローバルサイト∨リージョンサイト∨カントリーサイトと構

図表1-12　ロゴの見直し

造化し図表１‐13のような階層と役割分担で構築され、三つのステップで段階的に進められた。ブランド統一がスタートした二〇一二年四月の時点では、旧ガイドラインをベースに最低限の作業のみ行なわれ、六月にキービジュアルのみのグローバル統一を経て、九月以降に新ガイドラインの完成とともに、グローバル共通のサイト内構成とコンテンツが用意されるに至った。

■ブランド統一の中で重視されたＩＣ

グローバルに広がるグループ各社の社員たちに、「そもそもＮＴＴデータとは何か」を認知してもらい、ＮＴＴデータグループの社員としての意識を共有することは、「One NTT DATA」を実現させるためにも必須の活動である。このように考えるところにも、同社の「ＩＣ経営」に対する前向きの姿勢がうかがえる。そこで、このプロジェクトにおいて、ＩＣに使えるブランド解説ツールを用意し、ブランド統一による経営や現場へのインパクト、発生しがちな疑問や課題への対処について、グループ各

図表1-13　Webサイトのサイト構成

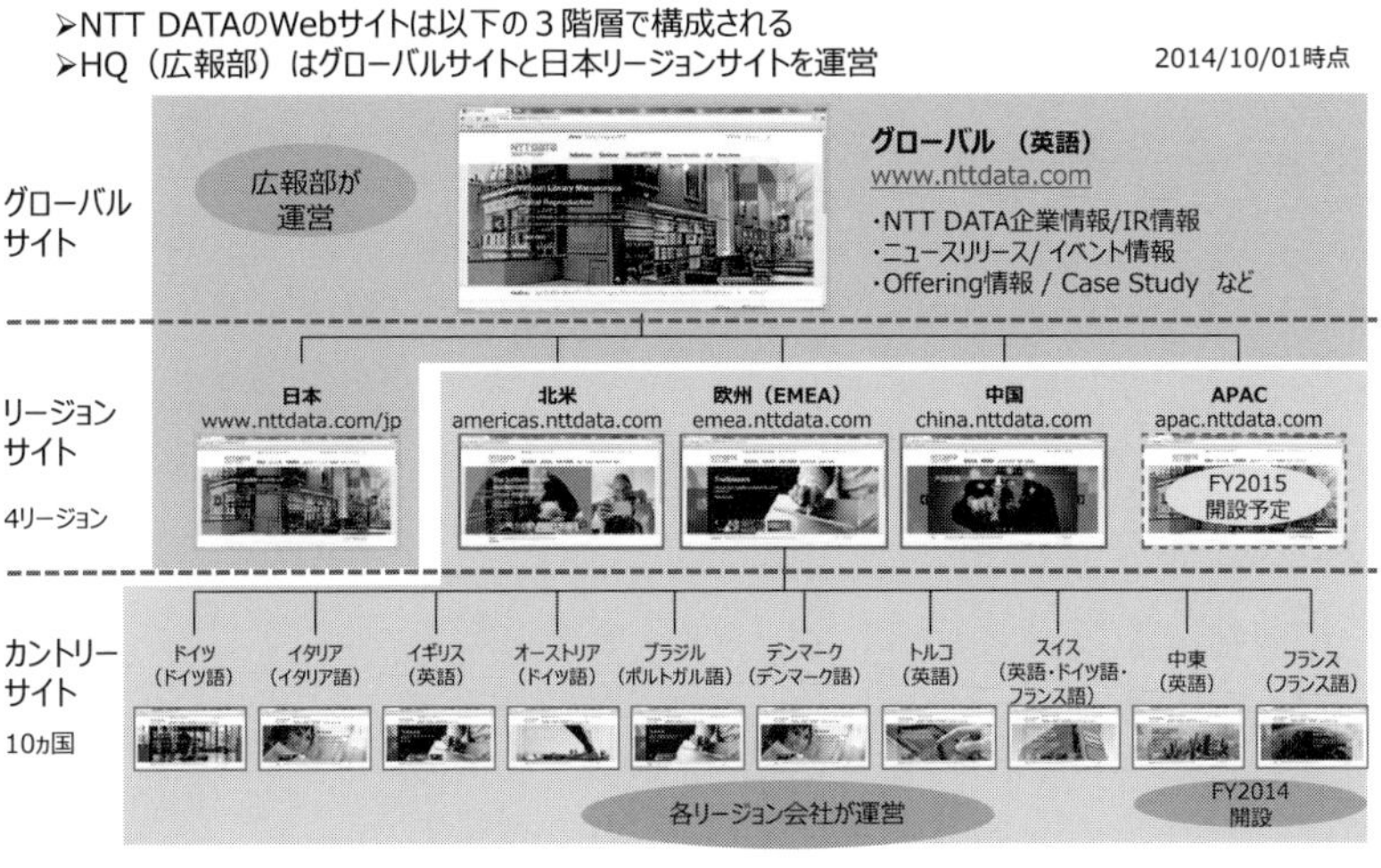

社内の階層別のコミュニケーションの機会、つまり経営と社員間の対話の機会を用意した。ここで活躍したのが、各社に所属するプロジェクトチームのメンバーであり、IC活動をリードした。

用意したツールはBrand Booklet、Executive Message、Brand Video、NTT DATA Introduction Videoなどである。各社で開催されたイベントなどを通じて、グループ各社の社員たちの意識の共有がはかられていくとともに、各社に所属するプロジェクトメンバーたちの責任感も高まっていった。

メールアドレスを「@nttdata.com」に統一することも重要なテーマであった。メールアドレスは日常的に使用するものでもあり、ブランド統一を実施したというグループ社員向けのメッセージとして、またICにおいても大変有効であった。

■「NTTデータらしさ」「Our Way」のグローバルへの浸透

ブランド統一のプロジェクトがひと段落した時点での振り返りによると、良かった点としては、ブランド統一の範囲を明確にしたこと、ゼロからつくり上げたために海外の各社が議論に参画しやすかったこと、段階を追ってフェージングで施策を展開できたことなどがあげられている。さらに、ブランド統一に対するグループ各社CEOの意識が統一されていたこと、これら一連の取り組みに対する本社社長、副社長のリーダーシップが強く発揮されていたことも、このプロジェクトのスムーズな進行をサポートした。ブランドを統一することに対する経営の意思は強く、この点に関するブレはまったくなかった。一方、苦労した点としては、地域ごとに成熟度や状況が異なったことがあげられている。

また、ブランド統一プロジェクトを通じ、日本国内とは違って、海外における認知度の低さが改めて浮き彫りになった。この点については、その後の広告宣伝も含めたエクスターナル・コミュニケーションの展開も重視された。

加えて、One NTT DATAとなるためには、グローバルでの全社員の意識面での「らしさ」の共有も重要と認識され、NTTデータの基本的な考え方を共有し、同社らしさを表現する「Our Way」を広くグローバルに浸透させていくことが推進された。ここにも同社の「IC経営」の実践に対する意気込みが感じられる。さらには、グローバルのインターナルポータルサイトの構築も進め、このようなさまざまの施策を「NTTデータらしさ」の一層の浸透のために活用していくことが求められていた。

グローバル化の一層の進展を背景にステージアップしたIC展開

■グローバル化の新たなステージへの進展

グローバル化の進展とブランド統一のプロジェクトの進行には、どこかに最終ゴールがあるわけではない。同社のグローバル化はその後も進展し、二〇一六年に発表された、売上高約三千億円規模のDell Services部門の譲受によって、第三ステージに突入した。直近の十年間で売上高は一兆円から二兆円超に倍増し、海外社員数は三十二倍に増加した。そして、この先の目標として「Global 3rd Stage」を掲げ、具体的には、二五年頃に全世界のITサービス業界のトップ5に入ることをめざしている。

製造業のグローバル化は、コアになる技術をもとにして、ある程度、中央集権的に展開できるが、サービス業では、各地のローカルビジネスの自律性を担保しつつ進める必要がある。日本の方針を押しつけるのではなく、自律性を容認しながら、多様性を尊重し、がんじがらめではない最低限のガバナンスにとどめることが求められる。

具体的には、買収先の経営陣を残し、彼らの知見と人脈、顧客とのリレーションシップを活かして既存事業は維持する。そのうえで、現地顧客のグローバル化の仕事をNTTデータのグローバルなネットワークの中で引き受けていくのである。

■新たなステージのもとでの新たな組織課題と「IC経営」の実践

このような新たなステージのもとでの組織課題の一つが、日本国内事業中心の時代を経験してきた社員の価値観と、事業のグローバル化が進展する中、グローバルでの連携が当たり前の環境にある社員の価値観、またM&A等で新たに加わった海外拠点の外国人社員の価値観を、NTTデータのグループビジョンのもとでいかに一体化していくかである。また一層のグローバル化を進めるために、日本を含むグローバルの全社員が、最新の「NTTデータらしさ」に対する認知を高め、ひいてはOne NTT DATAとしての一体感を醸成していくために、グローバル戦略に基づく世界各地域での事業活動・成功事例を共有していくことも大きな組織課題であった。

そこで、以下にあげるようなIC施策がとられた（図表1 - 14）。

一つは、広報部が中心になって、イントラネット上の社内報（DATA FINDER）を充実させたことである。たとえば、グローバルなグループ全体で注目される十大ニュースを毎年選定する。選出された事例の報奨、紹介を通じて、グループ内で高く評価されるグローバルでの成功事例が共有されることとなり、グループビジョンを「実践」するために社員は何をすべきなのかを具体的に示すこととなった。このほか、世界中の社員が自らグループビジョンをテーマとした写真を撮影・応募する「フォトコンテスト」や、グローバルの各拠点で優れた業績を発揮したプロジェクトを本社が公式に表彰する「NTT DATA大賞」など、全社表彰の案件内容を社内報を通じ共有することによって、グループとしての一体感を高めることにつなげていった。

「NTT DATA One Song」が制作されたことも同社の特徴的なＩＣ施策といえる。このOne Songは世界中の社員から歌詞を募り、応募されたたくさんの歌詞をもとに、「ＮＴＴデータらしさ」や、ビジョン・バリューを表わす言葉やセンテンスをＩＴを活用して抽出し歌詞としたうえで、プロフェッショナルの作詞家・作曲家により曲として完成させたものである。プロフェッショナルのミュージシャンによる歌唱・演奏もビデオとして制作され、同社のW

図表1-14　グループビジョンの変遷

NTTデータのグループビジョン　Our Way - Vision & Values

Vision

FY2005		FY2013（創立25周年）		FY2018（創立30周年）
Global IT Innovator ITを使って世界を変革していく、ITそのものを変革していく	→	Global IT Innovator （従来のVisionを継承）	→	Trusted Global Innovator 将来にわたるビジネス革新を、技術の活用により、ともに実現するパートナー

□ We realize the dreams of our clients around the world through long-term relationships.
□ We develop evolving ecosystems with our clients through leading-edge technologies.
□ We enhance our creativity by respecting diversity.

Values

10の行動ガイドライン

1. 社会の発展とお客様の成功を第一に考えます
2. グローバルな視点に立って物事を捉え行動します
3. お客様にご満足いただける品質を追求します
4. 外に出て、社会を見て、人と話し、発想していきます

⋮

→

3 Values

Clients First
お客様の成功のために、最後まで責任を持ってやり抜く

Foresight
スピード感と先見性を持ち、未来に向けて挑戦し続ける

Teamwork
多様な仲間とともに達成する「自己実現」を大切にする

ｅｂサイトやYouTubeで広く共有されている。

グループ経営企画本部が中心になって進めたのは、幹部キャラバン、いわゆる現場での対話の機会づくりと、社員間で感謝の気持ちを伝え合う「サンキューポイント」といった報奨の仕組み、つまり現場の一人ひとりを意識したＩＣ施策である。人事部は、「NTT DATA大賞」など全社表彰全体の事務局となって、グループ一体感の醸成に寄与した。

これらのＩＣ施策は、本社の広報、人事、総務、経営企画などがそれぞれ個別に主管して始まったが、その後、ビジョンを核に据えてそれぞれの関係性を整合させ、大きな一つのＩＣ活動として再編成することとなった。ここにも、同社の「ＩＣ経営」の実践がうかがえる。

創立三十周年を迎える一八年度に行なわれた各ＩＣ施策は、その好例といってよい。この三十周年を契機に、同社は新たなグループビジョンTrusted Global Innovatorを制定した。この新ビジョンは、タグラインとして社外に向けたブランディングにも活用され、社内に向けても、創立記念日にあたる五月二十三日に行なわれた社員向け記念式典に照準を合わせ、社内報等の活用と連動した数々の施策が実施された。その一つが、NTT DATA One Songに関するイベントを記念式典に組み込んだことである。日本の著名なヒット歌手によるカバーバージョンを新たに制作するとともに、世界中の社員からOne Songを歌う動画を募集し、優れたチームを東京での式典に招待した。このグローバルの全社員を巻き込んでのイベントは想定以上に盛り上がり、集められたOne Songの動画は同社のYouTubeチャネルで社内外に広く共有されている。動画の募集においては、日本よりもインドなどの海外での盛り上がりが大きかったそうだ。

■全社員でビジョンとバリューを感じ合う時間を共有するValues Week

これらＩＣ施策のコアとなる大きな活動の一つが、一四年度にスタートしたValues Weekである。創立記念日にあたる五月二十三日の週をあて、グローバルで、ビジョンや三つのバリューについて議論するワークショップを開催したり、「NTT DATA大賞」など全社表彰の表彰式を行なう等の集中期間とした。

ワークショップはグローバルで各地にプロジェクトチームが組成され、それぞれ自主的に実施される。一七年度は総勢、約一万六千人が参加した。参加規模はスタート時の一四年度から毎年増加してきている。ワークショップのファシリテーターは社内ボランティアで、本社から提供された「ワークショップの進め方」をベースに進行するが、ある程度の裁量を任せられており、各地で自由な議論がなされている。テーマは、「ローカルの理念とＮＴＴデータの理念とのギャップをどう埋めていくか」「ビジョンを実践するためには具体的に何を優先するべきか」など、ＩＣにおける重要事項ばかりである。

ワークショップの中では、ビジョンに則った成功事例を発表したり、バリューに対する問題意識を議論するなど、自分の実体験を自分の言葉で語ることを通じて、ビジョンやバリューの「自分ごと」化が進展する。ワークショップによっては、「ＮＴＴデータらしさ」を擬人化してキャラクターをつくり、それをアイコンにして表現したり、アイドルを創作したりすることもあるという。「らしさ」を形にして表現することを通して、頭の中で漠然としていたものが目に見えることになり、実践につながっていくことが期待されている。

特筆できるのは、このワークショップには、社員だけでなく、顧客の社員も参加している例がある点である。社外の目線、顧客の目線で自社を評価してもらえるのは貴重な機会になるとの認識が前提にある。インターナルは、エクスターナルの前提である、あるいはイコールであるべきという最近の論調を先行して取り入れているといえる。One Songを歌って踊る動画などのIC素材がYouTube等で共有されており、インターナルとエクスターナルを同じ素材を活用して発信することが、社内外での同社に対する理解と共感をシームレスにするようになっている。ここからは、「インターナル イズ エクスターナル」というフレーズが浮かび上がって見えてくる。

このようなIC施策を通じて、同社では、グローバルの全社員約十二万人に対し、経営戦略とビジョン、バリューを理解してもらうことを目標として位置づけている。そして、これらの活動のKPIは社員意識調査や社員アンケートで理解度や共感度を確認したり、Values Weekへの参加人数などでモニタリングしている。

■IC経営の実践者

NTTデータのこれら一連の施策は、事業の拡大とともに拡散していく前線の組織を統合し、一体感を高めるICと位置づけることができる。前線の活動において遠心力が効いてくることは、企業の成長のために必要不可欠だが、せっかく同じ企業グループの中にいるメリットを活かすことも、同じように重要である。組織が拡大していけばいくほど、ICによって求心力を担保していくことが求められる。

このような継続する組織課題をIC活動の中核的な企業活動の一つと捉え、日常的な仕組みに組み込んでいる同社は、まさに「IC経営」の実践者といえよう。

コラム

経営理念も「失敗談」も共有する世界企業
―四万人社員フォーラム、トップとの車座集会を支える仕組み　ＹＫＫ

企業活動の前提は企業が無限に継続する（ゴーイングコンサーン）であると言われている。では、企業に危機が忍び寄ってくる前に必要な手を打ち、継続して成長・発展をしていくためにはどうすべきか？　この質問に実践をもって答えられる企業はそれほど多くない。

⌘創業者の精神を経営理念・コアバリューで実践につなげる

ＹＫＫは一九五九年に初の海外拠点となるニュージーランドに現地法人を設立して以降、七四年にはアメリカに海外初のファスナー一貫生産工場を建設するなど、日本企業の中でも早くから海外への事業展開を進めてきた。

三四年に東京・日本橋蛎殻町に誕生したＹＫＫグループは今日、ファスナーなどのファスニング事業のほかに、建材などのＡＰ事業、それらの一貫生産を支える工機技術本部の三部門で構成され、社員は四万五千人、世界七十三カ国／地域における世界六極経営体制で事業を展開している。同社は創業以来、創業者・吉田忠雄が掲げた「善の巡環[*1]」を企業精神として事業を推進しているが、九三年の創業者逝去を踏まえて翌九四年に経営理念を新たに創案した。

この経営理念は「更なるCORPORATE VALUEを求めて」という言葉で表現され、顧客、社会、社員、公正、商品、技術、経営の七分野に新たなQUALITY（質）を追求すると宣言された。さらに実践行動に落とし込むために、社員一万五千五百人を対象にアンケートやヒアリングを行ない、より身近な言葉を用いたコアバリューを二〇〇

＊１　**善の巡環**：他人の利益をはからずして自らの繁栄はないとする考え方。

七年に定めた。
そのコアバリューが「失敗しても成功せよ／信じて任せる」「品質にこだわり続ける」、そして「一点の曇りなき信用」である。これらの現場感覚のある言葉は、社員に「ＹＫＫらしさ」「将来も大事にしていきたいもの」「創業の頃から大事にしてきているもの」などの質問をもとに引き出されたもので、世界各国／地域の文化・習慣ともなじみやすい。グローバルな事業展開を進める企業にとって、事業の継続・発展のカギを握るのは共感できる言葉なのである。

⌘「四万人社員フォーラム」で理念を語り合う

グローバル化が進展し、社員の多様化が進む中、ＹＫＫの打った手は、創業者生誕百年となる二〇〇八年九月十九日に「四万人社員フォーラム」を開いたことである。世界四万人の社員は各職場で四十二分間ＤＶＤを視聴し、ＹＫＫ精神、経営理念、コアバリューについて語り合った。日本語・英語・中国語はもとより、各国語にも翻訳された。創業者の足跡や精神に、とりわけ共感したのは海外の現地社員だったという。創業八十年の一四年には「第二回四万人社員フォーラム」を各地で順次開催した。さらに、一七年七月の「第三回経営理念シンポジウム」では、全執行役員が出席し、経営理念浸透における執行役員の役割について、経営トップと議論している。

一方、〇八年から毎年開催しているのが、吉田忠裕社長（当時。現取締役）を語り手として始めた「車座集会」である。現在は会長・社長の二人体制になったが、海外拠点でも実施され、社員とのざっくばらんな対話を通して理念を浸透させている。社員からも、日々の業務で理念を実践する際に経験が参考になる、という好意的な意見が出されている。

⌘「失敗談」を通じて理念を共有する

創業者に直接接した社員は年々少なくなっている。また、すでに七十三ヵ国・地域に展開する中で一九五九年の海外進出開始当初のように、二十代で社長や工場長に就任するといった経験もむずかしくなっている。そのような中、経験者の話を通じて想像し、自らを創造していく仕組みは、二〇〇九年からさらに拡大され、役員や先輩社員を囲んでの「語らいの場」が始まった。先輩社員・役員の体験談を通じて、理念を学ぶ試みで、職場での実践につなげることが意図されている。

「車座集会」や「語らいの場」で強調されているのが、失敗談の共有である。成功体験はどの職場でもあふれるほどあるが、YKKの場合は、積極的に失敗談を紹介する。すでに創業者自身が、仕事での失敗経験が大事だとして、わざわざカセットテープに社員の失敗談を録音して共有してきた逸話が伝えられている。二代目の忠裕氏も、若い頃にインドネシアで「善の巡環」について話したが、創業者のように人々の心を引きつけることができなかった失敗を通して、自身の経験を話すことの大切さを知ったと社員に語っている。一九九七年には創業者の思想を伝えるイベントとして、社員が創業者から叱られたエピソードを集めた企画展も開催した。

さらにこれらの経営理念浸透を支えるのが「経営理念研究会」である。これは各事業所・地域から選出された若手社員からなる、任期一年間、十二人程度の研究会で、①時代を超えて受け継ぐ理念・思想の明確化と、②時代に合わせ進化させる理念・思想の明確化を行なう研究活動を担っている。彼らは変化する時代の中で理念を継承するために必要な研究・提言を行なっている。

語らいの場

車座集会

第2章

働いて「見せる」未来づくりのＩＣ経営

第1節

ベネフィットをもたらす社員起点のＩＣ経営——人を活かし組織を変えるコミュニケーションにどう取り組むのか

経営理念の共有・実践から「インサイド・アウト」へ

第1章では、経営理念やビジョンの浸透や共有をさまざまな方法で進めている企業を取り上げた。社員にとって、自分が大切にしている信念やライフスタイル、働く目的などが企業の価値観やビジョン、経営目的と一致していたり、共感できていたりすると、多くの人は仕事にやり甲斐や働き甲斐を感じるようになる。

オムロン、西武グループ、ＮＴＴデータ、ＹＫＫの各社はいずれも、優れた「組織と人のマネジメント」の仕組みをつくり、着実に成果をあげている。言葉を換えれば、企業の経営理念やビジョンを、経営環境に応じて見直したり事業戦略に応じてしっかりと確立したりしたうえで、社員にも具体的な行動を求めるために、多様なコミュニケーション施策を通じて共有していこうとしているのだ。

一方、この第2章では、社員数が本体約四千三百人、グループ約十万人の総合商社、二百二十八人の書籍印刷会社、八十三人の社員満足度八六％の溶射加工会社、三十一人の鋼材R曲げ加工会社を取り上げる。四社は人員規模も業界もまったく異なるが、「人を大切にしつつ技術を磨き、人を育て経営の品質を向上させる」ひと味違うＩＣ経営を進めている。

■「アウトサイド・イン」とは真逆の夢の共有アプローチ

慶應義塾大学大学院の清水勝彦教授は「なぜ日本企業は戦略倒れになるのか」について、ロジカルにつくった戦略が「人のやる気を喚起できるのだ、と単純に考えるのは早計」と指摘している。[*1] 大事なことは、トップとして「社員を「夢」に駆り立てること」、すなわち「夢を社員に語り、社員と共有できるようなコミュニケーションをとらなくてはならない」と強調する。またその夢とは、顧客が言っていること、競合がしていることではないとも断言している。

さらに「自分」が何をしたいか、何をしたくないか、「人間としての「気持ち」「heart」をあからさまに出すこと」だとし、それを聞いた社員が「十年後の自分をイメージでき、またその「夢」が嫌いな社員が会社を辞めるくらいの強さが欲しい」とも付言している。

このような描写は、われわれ調査チームがヒアリングした経営トップの素顔そのものだ。

＊1　清水勝彦『戦略と実行』日経 BP 社、2011年、24頁

まずトップ自身が変わる。それが順次、役員、幹部、部門長を通じて社員に届き、企業のすべての人々の行動変化とコミュニケーション行動が企業の活力となり、企業のイメージや業績を変える。この仕組みを本書では「インサイド・アウト」といい、ＩＣ経営を象徴する言葉の一つとしている。外部の経営環境の変化に焦点を当てて経営戦略を立案するのを「アウトサイド・イン」とするなら、その発想と真逆のアプローチである。

■対外広報につながるインサイド・アウト型コミュニケーション

第2章で取り上げるＩＣ経営の事例は、伊藤忠商事、アイワード、シンコーメタリコン、フジテックの四社である。伊藤忠商事のような総合商社は、かつて「ラーメンからミサイルまで」取り扱う企業と言われたように、何でも商材にできるが、それでは具体的にどんな仕事をしているのか答えてみよ、と言われると、なかなかうまく説明できない。次元は違うが、アイワード、シンコーメタリコン、フジテックといったカタカナ表記の企業に至っては、インターネット等で検索しないかぎり、さっぱりイメージもつかめないだろう。

しかし、これらのＢｔｏＢの企業は、長い時間をかけて社内に特有の組織や仕組みを整えてきた。そしてトップが先陣を切って「インターナル・コミュニケーションの活性化」に取り組み、組織の夢を「魅力的な対外コミュニケーション」につなげている。アメリカでよく聞かれる「Internal Communication is External Communication」（インターナル・コミュニケーションは対外広報そのものだ）は、このことを端的に表わしている。その例は本書第4章のスターバックスの事例でも触れられている。

英語のインサイド・アウト（inside out：内から外へ）には、衣服の着方などが「裏返しだ」とか「あべこべだ」という意味や、知識について「徹底的に」「完全に」といった意味もある。もともとの「内側から外側に」が転じて、ゴルフでも「体の内側から入ってヒットしたボールが、体の外側へ飛んでいく」ような打法のことを表わす。さらにベストセラーになったコヴィー博士の『7つの習慣』にもインサイド・アウトという言葉が冒頭に出てくる。この本で言われていることは、すべての問題は自分の中にあり、自分が変わらなければ、周囲も変わらないという考え方であり、「信頼されたければ信頼性のある人になること」なのである。これはコミュニケーションを上手に行なおうとしたら、まず自分の相手の見方や言葉の使い方を変えるのがよいという基本原則とも合致している。

二十一世紀版コーポレート・コミュニケーション活動

■ＩＣ経営はトップとリーダーが先駆する

これまで多くの企業では、会社のコミュニケーション対象を主としてマスコミを含む社外におく「対外広報」と、主として社員やその関係者とする「社内広報」（社内報やイントラネットの編集制作）とに広報機能を分けて、企業の情報は共有するけれども、具体的な仕事は別々に企画して作業を進めるという形をとってきた。

しかしＩＣ経営では、まずトップが夢を語り、その夢を社員に語って言葉にしていくところから始まる。その夢は企業独自の言葉で表わし、それを経営理念と位置づける。経営理念の策定の時から社員に参画してもらうのはそのためである。社員それぞれの腹に落ちるような説明の仕方や具体的なエピソードの掘り起こしができるのも、トップと社員が繰り返し、繰り返し、互いにコミュニケーションをとり、さまざまな話題を語り合うからである。
伊藤忠商事の岡藤正広 前社長（現会長）は何回、社員とコミュニケーションを交わしただろうか。アイワードの木野口功前社長は、経営再建に向けて、荒れた職場から社員を研修会場に集め、何時間これからの経営理念について語り合ったのだろうか。シンコーメタリコン立石豊社長もフジテック藤田昭一社長も、多様な価値観を持つ社員を引きつける魅力がある。それぞれ社員が納得するインサイド・アウト型コミュニケーション活動を行なっているのである。

つまり、これまでの広報活動とIC経営によるコミュニケーション活動との最大の違いは、対外広報活動に先立って、経営者やリーダーが社員と「夢」の対話を繰り返し徹底して話し合うこと、そしてそれを社員に見える行動で示すことが求められているのである。「部下に信頼されたい」と思うあまり、社員である「部下」の意識を始終探るのではなく、まず会社の「上司」である自分に意識を向けることから始める必要がある。

本節冒頭で、「人を大切にしつつ技術を磨く」あるいは「人を育て経営の品質を向上させる」企業を取り上げたと書いた。この場合の技術とは、いわゆる理系の技術にとどまらない。むしろ経営学系のマネジメント技術も意味する。

企業におけるマネジメント技術には、意思決定、計画、組織、人員配置、動機づけ、リーダーシップ、統制などのほかに、実はコミュニケーション（技術）も含まれる。なぜなら言語行動は基本的に、「聞き手と話し手という複数の人間によって行われる営み」[*2]だからであり、話し手の言語行為を強化するのは聞き手にほかならない。ただし、その条件が成り立つには、「話し手と聞き手が共通の言語共同体に属していなければならない」[*3]。

つまりは聞き手が企業理念や組織文化を理解し、共有するだけにとどまらず、それに基づいて「聞き手の次

＊2　杉山尚子『行動分析学入門』集英社新書、2005年、157頁
＊3　同書、153頁

の行動」が発生し、「話し手の次の行動」に影響を与えていく作用があるからである。

■ＩＣ経営展開のための多様なツール

第２章で取り上げる企業は、企業の理念・方針に沿ったマネジメント（朝型勤務や社内教育、社内表彰のような制度、あるいは社内委員会や全員旅行などの仕組みなど）を積極的に進めると同時に、インサイド・アウトの考え方に基づき、順次幅広いステークホルダーとの関係性を拡げている。

具体的には次のようなツールが活用されている。企業理念をコーポレート・メッセージ「ひとりの商人、無数の使命」に読み替えつつ、現実の社員・経営者の生活と仕事で表現する「シリーズ広告」（伊藤忠商事）、社員の仕事や生活、企業の社会貢献活動などに焦点を当てた写真誌のような「広報誌」のネット公開（フジテック）、社員が毎日報告する「日報」情報を経営者・部門長が経営判断やコメントを付けて、ほぼ毎日発行される「社内報」に掲載して業務改善にもつなげる（アイワード）などである。

だが、活字や動画メディアだけがツールではない。

誕生日の「手当十万円＋家族宛メッセージカード」、結婚記念日の「メッセージカード＋ホテル食事券」「社員全員海外旅行＋小遣い」といったさまざまな報奨金や資格取得手当もコミュニケーション・ツールとなっている（シンコーメタリコン）。

いずれも、社内のもっとも大切な経営資源は「人」であり、「人を大事にする経営」スタイルをしっかりと整備したうえで、他社が簡単には真似できない経営＋コミュニケーション形式を踏まえた対外広報の仕組みを二～三年かけてつくってきたのである。またその仕組みは確定したものでもない。企業戦略の展開方向とその成果を検討し、常にコミュニケーション戦略やツール活用の方法の見直しは続けていくのである。

その意味で、ＩＣ経営においては、ツールの種類を活字や画像などのメディアに限定せず、直接対話から懇親会、スポーツや文化イベントなど、多様な催しの活用も視野に入れるべきである（第5章参照）。

本書冒頭から読み進めてきた読者には、もう自明のことだろうが、本書で取り上げた事例を含めて、実に多くの企業トップが社員とのコミュニケーションに実務のかなりの時間を割いている。いったいそれはなぜなのか。繰り返しになるが、トップの役割とは「社員を「夢」に駆り立てること」にあるからである。

しかも、人と人とのコミュニケーションは、荷物を宅配便で送るように、中身の価値を失うことなく相手の都合に合わせて正確に送り届けられるようなものではない[*4]。本書の事例を通じて、改めてそのことを考えてほしい。

日本企業が直面する経営課題とＩＣ経営

いまから十年前を振り返ると、リーマンショックで大手・中小を問わず、並みいる企業が業績の急落に震えた。では、これから十年先はどうなるだろうか。今日、ＡＩ、ビッグデータ、ＩｏＴ、シェアなどの言葉が飛び交っている。「どれだけの仕事がその時に存在するのか」という疑問が投げかけられている。シェアリングビジネスだけで、すでに民泊やカーシェアリング、シェア自転車、洋服、スキルシェアなどの新しいビジネスが誕生している。

一方で、現在の日本は一人当たりＧＤＰはアジア諸国の中でマカオの半分程度、しかもシンガポール、香港

＊4　「情報を有形のモノとして捉え、情報の送り手と受け手の間にパイプのような流通経路があり、そのパイプにポンと情報を投げ込めばそのまま受け手に内容が伝わる、といったコミュニケーション観は、「導管メタファー」と呼ばれる」（中原淳、長岡健『ダイアローグ 対話する組織』ダイヤモンド社、2009年、32～33頁）

に次ぐ四位に下がり、全世界でみると二十五位にすぎない。[*5] そのため官民をあげてイノベーションに取り組まなければならないが、それは先端技術の分野にとどまらない。企業におけるマネジメント技術の面でも、抜本的な革新が求められている。

■外国人労働力と雇用慣行の変化

少子高齢化のインパクトによって、国内の働く環境は様変わりしようとしている（図表２‐１）。政府はすでに「骨太の方針」で外国人材拡充を明言し、二〇二五年までに数十万人を受け入れようとしている。また経団連は新卒一括採用という「就職ルール」の策定から撤退することを明言した。この二つの動きは、労働市場を大きく変えていく契機となるのではないだろうか。

すでに過去五年間で日本人の就業者数は女性の就業率アップなどでほぼ二百五十万人増えたが、外国人労働者も約六十万人増えた。[*6] 増加分の五人に一人が外国人だったのである。

また在日外国人数は二〇一七年十二月末時点で二百五十六万

図表2-1　日本の人口の推移予測

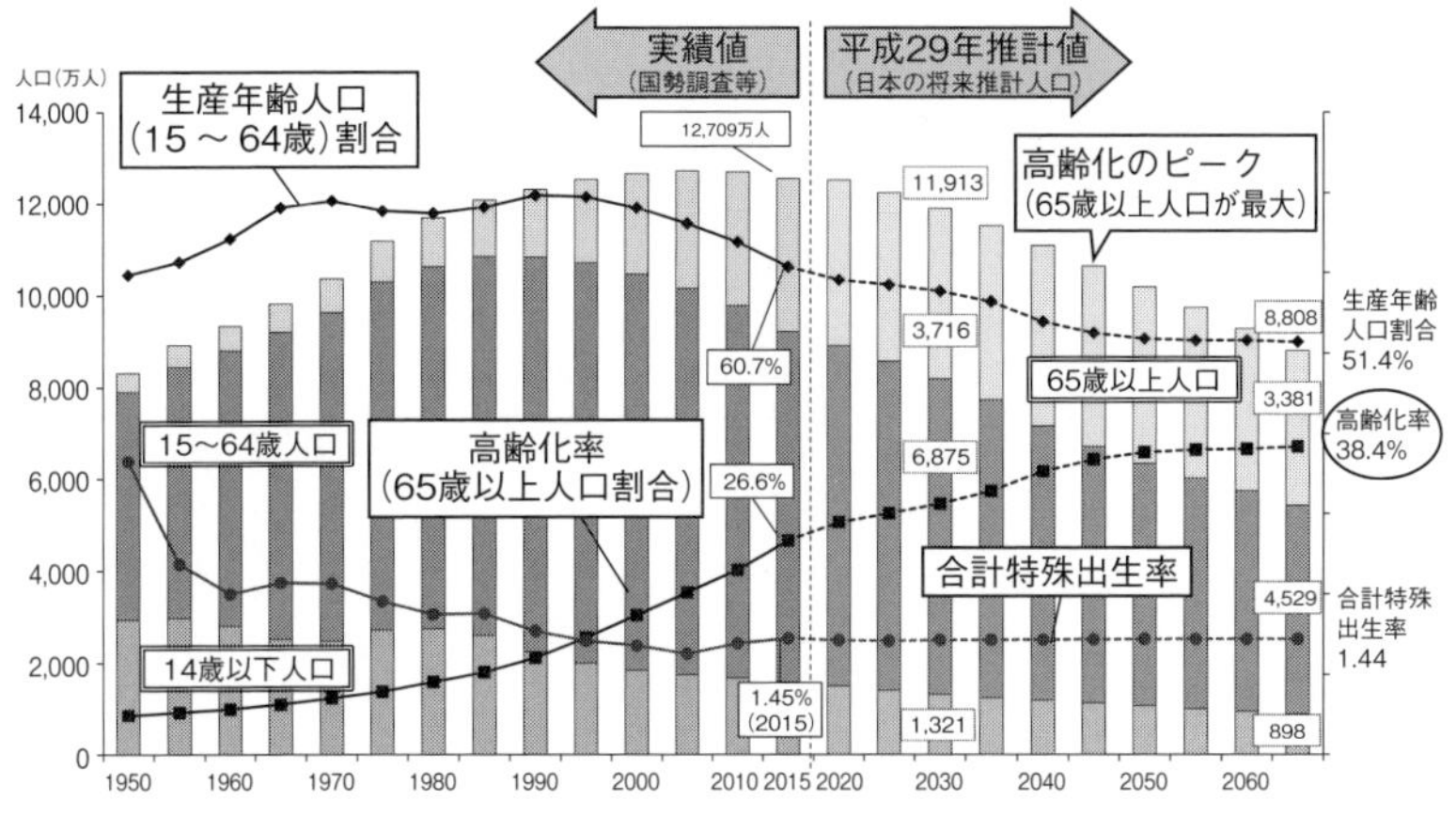

出所：第１回社会保障審議会年金部会 年金財政における経済前提に関する専門委員会（平成 29 年７月 31 日）参考資料３

＊5　http://www.imf.org/external/ns/cs.aspx?id=28（IMF - World Economic Outlook Databases、2018年４月版）

＊6　厚生労働省「外国人雇用状況の届出状況まとめ」（平成29年10月末現在）

人に達している。[*7]二〇一八年四月現在、人口減が進みつつあるこの日本の人口は一億二六五〇万人となっていることから、「五十人に一人」が外国人という状況なのである。

企業は、労働市場を通して必要な人材を確保することから、上記のような労働市場の変化は、企業の人員構成や雇用形態にも大きな影響をもたらす。それは近年の、外国人だけでなく女性や高齢者の割合が増え、パートタイムや派遣社員などの多様なライフスタイルに合わせた就業形態を望む人が増えてきていることにも表われている。

■中高年齢者のモチベーションアップとミレニアル世代への対応

政府は年金財政の健全化維持などの面から、退職年齢の引き上げとあわせて、年金支給年齢引き上げの検討を始めた。定年年齢は徐々に六十五歳へと移行しており、いずれ七十歳まで雇用延長がはかられるだろう。その時、高齢者が勤務する職場では、分野を問わずイノベーションを促進するような風土であり続けるだろうか。

一方、同じ職場に外国人労働力が参入してきたり、「働き方は人並みで十分」「好んで苦労することはない」、ましてや「社長まで昇格したいとは思わない」など、ミレニアル世代の価値観を持つ新入社員[*8]が増える可能性を考慮すると、第二次大戦後の一九六〇年代に確立され、高度成長期の企業成長を支えてきた日本的雇用慣行や人事システムを維持していくことは不可能だろう。

加えてグローバル化やグループ経営の進展にともなって、ガバナンスや人事制度のグローバル・レベルでの統一も一層求められる。第四次産業革命ともいわれる最近の技術革新のスピーディーな変化と内なるグローバル化の進展は、在宅勤務やワークシェアリングといった制度改善による対応だけでなく、一人ひとりの社員に

＊7　法務省「在留外国人統計」
＊8　ミレニアル世代の特徴は諸説あるが、情報リテラシーが高い、精神的豊かさを求める、仲間のつながりを大事にするなどとされている。

ふさわしい処遇を用意する必要がある。おそらくいずれは、メニューの多様化だけでは収まらず、社員デマンド方式の処遇も求められていくのではないだろうか。

なぜ社員起点のＩＣ経営が求められるのか

■社員エンゲージメントを高める仕組みづくり

社員エンゲージメントとは、会社に「愛着を持っている状態」を表わす用語である。なぜエンゲージメントが重要なのか。労働市場がグローバル化した時に、欧米企業が直面したことと同様の課題に直面する可能性があるからである。労働市場が海外人材にも開かれ、企業の人事・評価・処遇制度の実態の透明性が高まれば、人々は、必然的に制度などの物理的内容だけでなく、トップやリーダーの経営スタイルや組織風土、コミュニケーション・スタイルなどに敏感になったり、職場環境のよい企業との比較を頻繁に行なうようになる。

このような行動に対処するためには、言語行動として価値観や評価内容を表出してもらう仕組みを設け、トップリーダーから企業の目的やめざす方向を提示して、社員とのコミュニケーション回路をデザインすることである。社員の価値観の多様化は多様な回路を用意することが求められ、またそれぞれの回路には多様な思いや要求が流れるようにするのである。

■企業メッセージの適切な編集と発信

社員や社員が関係する家族、友人、取引先などは、これまでの新聞やテレビだけでなく、ＳＮＳをはじめとする多様な情報源から企業の情報を収集できるようになりつつある。また、社員自身が企業情報を発信・提供できる環境も拡大している。企業はこれらの多様な情報源からのメッセージに先立って、社員に速やかに正式な企業情報を届けられるような仕組みを用意したり、メッセージを発信するための話し方や書き方をトレーニングする必要も出てきている。

これまで企業の教育・研修は、広報や営業・渉外部門などを除き、ほとんど言語技術トレーニングは行なわれてこなかったが近年、官庁や自治体などが発表する災害・警告情報の有効な話法や記述方法も議論されるようになってきた。これと同様に、企業にとって重要なメッセージが社員の解釈に委ねられたままでいると、コミュニケーションの連鎖の間に多様な解釈を生み「うわさ」となって拡散していく可能性がある。

このような状況を管理発想で禁止したり抑圧したりすると、さらに「うわさ」を再生産する可能性も高まるので、日本航空の機長教育のように、職場の性格に合った「言語技術」のトレーニングを行なっていくことが効果的である。

■働きやすい企業は「ベネフィット」をもたらす

近年の人手不足は、人口減少社会に入り込んだ日本社会では避けようがないが、経済状況によっては一時的に緩和される時も出てくるだろう。しかし、グローバルにも開かれた経済社会がめざされている以上、日本の企業もグローバルなレベルの雇用慣行に順次移行していくことになろう。

その中では、有能でロイヤリティーの高い社員を確保し、維持するだけでなく、それらの社員が企業のイメージや評判に関与する度合いが増えつつある。経済広報センターがまとめた「情報源に関するアンケート調査」[*9]

＊9　2018年８月、インターネットによる回答選択方式、有効回答1476人（51.8%）

図表2-2　企業イメージに影響を与えた情報
（マイナスイメージにつながった情報、全体・世代別）

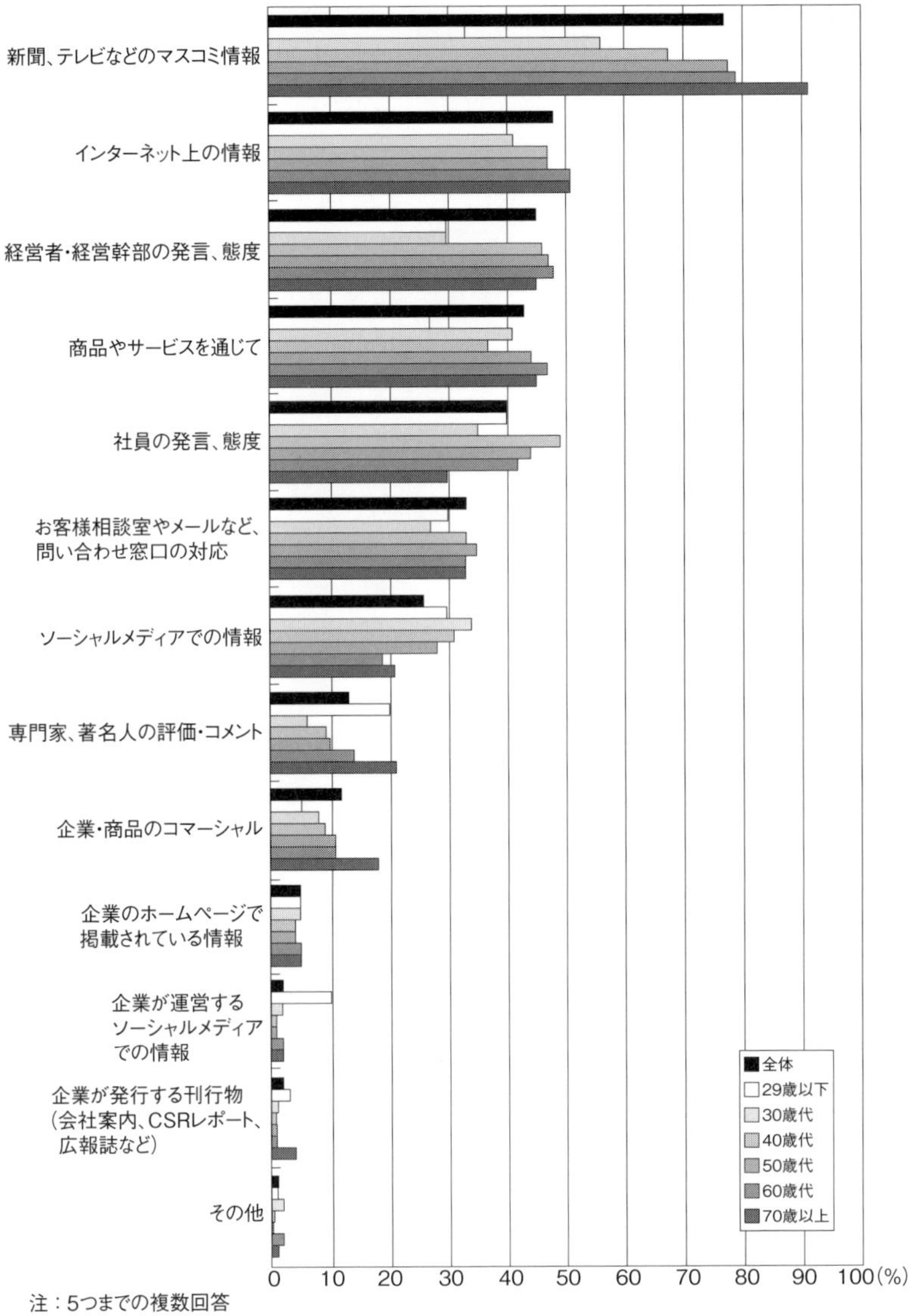

注：5つまでの複数回答

によると、企業のイメージにつながった情報は、「新聞・テレビなどのマスコミ情報」「インターネット上の情報」に次ぐ三位に「経営者・経営幹部の発言・態度」があがっている。また「社員の発言・態度」も五位に並んでいる。しかも四十代では、経営者・社員とも「新聞・テレビなどのマスコミ情報」に次ぐ割合になっている（図表2‐2）。

多くの企業では、何らかの形で「社員満足度調査」を行なっている。この回答結果を見ると、たしかに社内の人間関係に対する不満もあるが、満足度に大きく影響するのは「仕事の満足感」である。伊藤忠商事やシンコーメタリコンの測定例を見ても、同じことがいえるだろう。優れたＩＣ経営は、社員の満足度を上げるだけでなく、企業のベネフィット[*10]を高めることになり、積極的な対外コミュニケーションによって社会からの評価ももたらされて、社員の幸福感を大いに高めることになるだろう。

しかしこれとは逆に、社員が企業の目的（経営理念など）や将来達成しようという目標（中長期計画など）をよく知らなかったり、無関心でいたりする場合、その社員は人一倍仕事に励むだろうか、あるいは目標以上の成果を出そうと努力するだろうか。筆者個人はそのような人物にほとんどお目にかかったことはない。

＊10　ここでいうベネフィットの原義は、ラテン語のbene（良いこと）＋fit（行なう）からできている。その意味は、①〔人・社会の幸福につながる〕便益、恩恵、利益［ため］になること、メリット、②援助、手助け、③〔金銭的〕利益、利得、④〔社会福祉の〕給付金、福祉手当、扶助金、生活保護費（通例、benefits）、⑤慈善［募金］興行など。

第２節 商社のリアルを社員の働きで見せる——経営改革と「ひとり商人」のコミュニケーション戦略

［事例］伊藤忠商事

【ＩＣ経営のポイント】

◆同社のインターナル・コミュニケーション計画は、業界動向も含む経営環境を踏まえて立案され、広報部、業務部、人事総務部などコーポレート・スタッフとの緊密な連携のもとで推進される。

◆計画の実施にあたっては、伝統的な広報手法に限定せず、ＳＮＳや広告・宣伝などでも活用される最適なツールを幅広く活用して進める。

◆組織コミュニケーションの主役は企業を代表するトップマネジメントである。その動静や行動を具体的に報道し、企業全体がいまどのように動いているのかを動画、イントラネット、社内報など多様なツールで描く。

◆伊藤忠商事はトップダウン型のコミュニケーション・スタイルだが、トップの言葉や動画を伝えるだけでなく、部門長や一般社員などとの直接対話型イベントも活用する。

◆企業理念の浸透に際しては、理念や行動基準そのものだけでなく、コーポレート・メッセージを設定し、企業内外への活発なコミュニケーション（インサイド・アウト型コミュニケーション）を通じて、社員・関係者など幅広い人々との話題づくりにつなげていく。

◆従来からの企業理念をさらに浸透させていくため、コーポレート・メッセージによるシリーズ広告を数年にわたり継続する中で自社の伝統を発信するとともに、経営者や社員の仕事と生活、職場風土までを動画で表現し、とりわけ大学生からの認知度を高めた。

◆これらのインターナル・コミュニケーション活動は、朝型勤務や報奨制度、健康経営、脱スーツデーなどさまざまな経営改革の推進と連動したコミュニケーション活動により高い効果を発揮した。

なぜ広告が社員へのメッセージになるのか

「野武士集団」「自由闊達」「個の力」などと形容される伊藤忠商事が二〇

伊藤忠商事株式会社　会社概要

代表者	：代表取締役会長CEO　岡藤正広
本社所在地	：東京都港区
設立	：1949年12月1日（創業1858（安政5）年）
資本金	：2534億円
社員数	：4380人（2018年4月1日現在、連結10万2086人）
売上高	：5兆5100億円（2018年3月末）
事業内容	：繊維、機械、金属、エネルギー、化学品、食料、住生活情報、金融の各分野で、国内、輸出入および三国間取引および国内外における事業投資など

一四年に打ち出したコーポレート・メッセージ「ひとりの商人、無数の使命」をテーマにしたシリーズ広告「伊藤忠商事は、私です。」が第六十三回日経広告賞「大賞」を獲得した。一四年三月十七日の日本経済新聞に掲載されたのは、同社初の女性執行役員のストーリー（写真①）だった。これを皮切りに、事業部ごとに「社員の私」が一人ずつ紹介され、八番目に岡藤正広社長（現会長ＣＥＯ）の少年時代に描いた絵とこれまでのライフストーリーが語られた（写真②。六月二十日付日本経済新聞）。人物画が印象的な広告である。その授賞理由「人が財産であるという伊藤忠商事の温かみのある企業文化が表現された広告」からもうかがえるように、このシリーズ広告は、企業戦略を反映したＩＣ経営の新たなコミュニケーション活動だった。この活動について髙田知幸広報部長は「単なるイメージ広告ではなく、社員へのメッセージ広告でもあります」と語る。これらの広告がなぜ、社員へのメッセージになるのか。

シリーズ広告開始のほぼ一年前にあたる一三年春。岡藤氏の社長就任から三年が経過した時点を捉えて、広報部が取り組んだのが、自社を含む商社というビジネスの社会的イメージを上げていく広報戦略だった。これまで岡藤社長は、取材や記者会見の場でも「商社

①

②

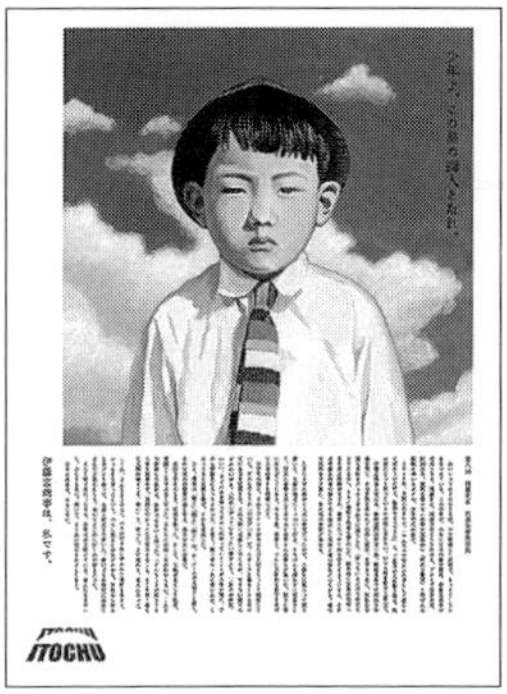

2014年「伊藤忠商事は、私です。」広告画面
「おさるのジョージが、教えてくれた」①と、岡藤社長②

出所：https://www.itochu.co.jp/ja/corporate_message/

は何をやっているかわからないと見られている」「もっと商社のビジネスの社会的意味を伝えたい」などと発言してきた。

「無数の使命」に向け共鳴・共振が波及

■歴代社員の思いをつなぐ「ひとりの商人」

広報部は社長の考えを受けて、社内外の経営者や業界関係者にヒアリングを行ない、伝統的な広報手法にとどまらず、広告宣伝手法も活用する伊藤忠版コミュニケーション計画を立案した。それが独自に組織化した専属チームで推進するブランド・コミュニケーション計画だった。

チームメンバーは、伊藤忠ファッションシステムｉｆｓ未来研究所の川島蓉子所長を取りまとめ役に、アートディレクターの葛西薫氏、コピーライターの国井美果氏をはじめとするデザイナー、イラストレーターなどで構成され、大手広告代理店はメディア交渉のみの役割に限定した。最初に行なったのは、各部署の社員約七十人に対するヒアリング活動である。各人の仕事への思いやさまざまな経験、生き方、ライフスタイルなどの聞き取りを続ける中で浮かんできた言葉が、「ひとりの商人」だった。

東京本社の近くにある伊藤忠商事の広告は「社内外広報」

商人という言葉は今日、ほとんど見かけない。しかし伊藤忠商事の創業者は「三方よし」を気質とする近江商人のひとりであり、その旧邸（伊藤忠兵衛記念館）[*1]には毎年、新入社員から管理職、新任役員・トップマネジメントが訪れて創業者の事績を学んでいる。社員の心のよりどころとなる、会社のＤＮＡが「ひとりの商人」という言葉だったのだ。

コミュニケーション計画の展開は、この「コーポレート・メッセージ」の制定からスタートした。キーワードの「ひとりの商人」は専属チームとコーポレート・スタッフ（広報部や業務部、人事部メンバー）との検討の中で、時を同じくして取り組まれていた「働き方改革」と共鳴していくことになる。

■生産性の向上とコミュニケーション施策の連動

働き方改革は二〇一三年にスタートした新たな経営改革の取り組みである。もともとは、〇三年に開始した長時間労働の是正と、女性社員や多様な働き方を希求する社員ニーズに対応する取り組みだった。

これをさらに加速するため、一三年に大幅に見直し、「厳しくとも働きがいのある会社」をテーマに、「生産性の向上」をゴール目標として継続して実施してきた活動である。「朝型勤務」「げんこつ改革」「健康経営」「脱スーツデー」など一連の経営改革は、かつて創業者・伊藤忠兵衛が明治の世の胎動の中で、当時としては斬新な経営改革に取り組んだことを彷彿とさせる。これがコーポレート・メッセージを核とするコミュニケーション施策と連動しつつ、伊藤忠商事の変革を支える重要な柱となっていった。

展開されたのは、インターナル・コミュニケーションを通じて形成されたメッセージとリアルな社員の姿や声を、新聞広告、イントラネット、社内報「ITOCHU MONTHLY」から、さらにテレビＣＭ、デジタルサイ

＊1　滋賀県犬上郡豊郷町にあり無料で見学できる。忠兵衛は商売道について「商売は菩薩の道、売り買い何れも益し、世の不足をうめ、御仏の心にかなうもの」と述べていた。

ネージ、FacebookなどSNSにも拡げていくことである。そこでは、長文の広告コピーや職場の写真、ビジネスや通勤時の動画など、多様な場を捉えつつ、社員の「素顔」を描くことをテーマとしている。

一四年、当時CM活動を始めるにあたり最初に相談したのが、一八年に『万引き家族』でカンヌ国際映画祭最高賞のパルムドールを受賞した是枝裕和監督である。数多くのドキュメンタリー作品をプロデュースしてきた経験をもとに「社員の素顔を通じて商社やそのビジネスを理解してもらう」という方針のもと、一五年四月からテレビCMが流れ始めた。

思いや感動、共感といった情緒的側面からコーポレート・メッセージを浮き立たせ、事業活動を担う社員の生活や仕事の「リアル」で描く映像は、多様な社員の一面しか描いていないが、まるで「隅から隅まで知っている」かのような印象を視聴者に与える。*2

「隅から隅まで知っている」は英語では、know inside outという。インサイド・アウトは「ひっくり返して」とか「裏返しに」という意味だが、商社という非常に幅広い仕事に従事する社員の「リアル」に光を当てることによって、一人の人間の多様な仕事や生活を浮き立たせ、結果として企業という組織の持つ多様な側面を広く社会に伝えることになったのではないだろうか。

トップマネジメントの思いを伝える

■トップダウン情報は「対話」への入り口

伊藤忠商事の社内広報ツールは他社とあまり変わらないように見える。社内広報が主題だから当然のことだ

*2　伊藤忠商事　テレビCMサイト
https://www.itochu.co.jp/ja/about/media_center/tv/index.html

が、「社内報」「イントラネット」「社内動画」の三つのメディアが主軸である。これに二〇一四年からシリーズ広告が加わって、社内・関係先以外への普及が一段と増していった。

社内報は日英二ヵ国語表記の通常五十二頁立てである。一〇年からは中国語版も発刊している。退職者や関連会社、同社担当のアナリストやメディア関係者にも配布する関係で、社員数の四倍近い部数となる約一万六千部を発行する。

イントラネットでは、社員がパソコンでトップページを開くと「社長メッセージ」「社長トピックス」「重要なお知らせ」の各画面が現われる。特に社長メッセージは年数十件、社長トピックス（通称、社長ブログ）も年間数十件にのぼる。写真と短い説明でトップの主要行事の様子や来客・訪問先での懇談内容などを伝える。それらは社員全員に注目してもらいたいという意図のもと構成されている。

また、重要なお知らせをクリックすると「各部門のウェブサイト」につながってその内容が把握できる。

社長メッセージを掲載するようになったのは、丹羽宇一郎社長時代の一九九八年からであり、社長トピックスは岡藤社長の提案を受けて二〇一二年から開始した。広報部によるトップダウンの情報発信ばかりに注力されているように見えるが、けっして伝達ばかりの一方通行ではない。トップが社員やその家族、関係者とさまざまに交流する機会を設けている。

同社では、丹羽社長の時代から社員と直接対話する機会が多かったというが、岡藤社長になってから、他社ではなかなか見られない社員の退職セレモ

伊藤忠商事社内報「ITOCHU MONTHLY」

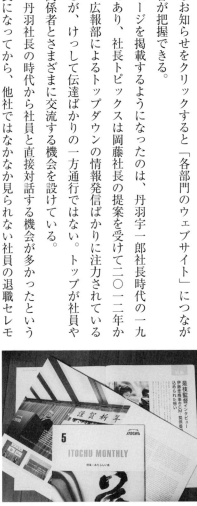

ニーを開催したり、社員の子どもを招待するキッズデー（パパ・ママ参観日）を設けて家族ぐるみで交流したりというイベントが増えた。特に社員からの提案で始められた退職セレモニーでは、閉会時になると社長直筆の感謝状や当日の集合写真、各自の経歴書が入ったプレートを直接、手渡しするプログラムが用意されている。

■「伊藤忠らしさ」の言葉から「企業理念」を読み解く

トップマネジメントの言葉や行動を数多く発信するようになった背景には、同社が一九九一年から取り組んだCI（コーポレート・アイデンティティ）計画がある。バブル経済が崩壊し、戦後日本の経済成長を支えてきた社会・経済システムの「制度疲労」が各方面から指摘されていた時期だった。これまでの旧態依然としたビジネスモデルをどのように進化させ、衰退する事業や資産を入れ替えていくかが課題となった。社史を見ると九二年の項目には、「六月一日、伊藤忠商事の新しい英文社名と企業理念が発表された」とある。

日本の社会・経済が大きく転換しようとする時、伊藤忠商事も全世界の社員の参加を得て新たな英文社名「ITOCHU Corporation」やロゴマーク、企業理念「ITOCHU Committed to the Global Good.—豊かさを担う責任」を決めたのだった（写真参照）。この時に設定された「豊かさを担う責任」という言葉は、十七年後の二〇〇九年になって、より具体的な概念にまとめられ「伊藤忠グループ企業行動基準」として発表された。それがITOCHU Valuesであり、「先見性」「誠実」「多様性」「情熱」「挑戦」という五つの言葉で定義された。

しかし、その浸透度は期待していたほどではなく、「伊藤忠らしさに欠ける」という指摘もあった。どの用語も、すでに多くの企業のミッションやメッセージ、スローガン等に使われていたからではないだろうか。

一〇年四月一日。社員がパソコンを立ち上げると、「みんさん、こんにちは。四月一日から社長に就任した岡藤です」から始まる「社長メッセージ」が流れた。続いて社員に向けた自己紹介が語られ、次に強調されたのが「（伊藤忠は）だれにでも挑戦する機会を与え、自由闊達に仕事ができる」会社であり「すばらしい伝統だと思います」という一節だった。

また営業部門に対しては、働きやすい会社にするために、会議や資料作成や予算・決算のあり方を見直そうと呼びかけ、管理部門に対しても、現場主義に徹し、規則やルールで縛らないようにと提案し、逆にみなさんは社長をきちんと監視すべきだと述べたのである。そして最後に、こんな言葉で締めくくった。

「大企業病、官僚主義、甘え、下手なプライドに「喝」、「活」き活きとした現場の復活、稼いで「勝つ」」

驚くほど直截的な表現である。企業理念の「豊かさを担う責任」と比べると、具体的であり、社員とフラットに向き合おうという姿勢から発せられた表現であることがわかる。その後も社長は、伊藤忠社員の活動の原点は「商人」にあるのだと折に触れて強調した。それは長年にわたりアパレルの現場で商売をしてきた自身の体験から、さらに成長していくためには、伊藤忠社員のすべてが「商人魂」を忘れることなく「無数の使命」を果たしていくイメージをつかんだのだろう。

ここで一度、『伊藤忠商事１００年』を紐解く。[*3]

企業理念

＊3　伊藤忠商事株式会社社史編集室編『伊藤忠商事100年』1969年

商人魂と、社員と向き合う姿勢

■創業十四年後に革新的な経営コミュニケーション施策

伊藤忠商事は安政五年（一八五八年）を創業年と定める。この年、井伊直弼が幕府大老に就任し、日米修好通商条約が調印された。明日もわからぬ幕末の世相の中で、近江商人の血を引く初代・伊藤忠兵衛は十五歳にして郷里を旅立ち、大阪を経由して和歌山に行き、麻布の持ち下りの商売を始めた。

創業から十四年後の一八七二年に大阪に呉服太物商「紅忠」を設立する。このとき初代忠兵衛は、店法を制定して経営の合理化と組織化をはかったと伝えられている。店法には、店員の義務と権利が明記され、洋式簿記を採用するとともに、店の純利益を本家納め、本店積立、店員配当の三つに分配するという「利益三分主義」も定めた。

また会議制度を採用し、忠兵衛自らが議長を務め、毎

コーポレートメッセージ「ひとりの商人、無数の使命」

ひとりの商人、無数の使命

ひとりの商人がいる。
そしてそこには、数限りない使命がある。
伊藤忠商事の商人は、たとえあなたが気づかなくても、
日々の暮らしのなかにいる。
目の前の喜びから100年後の希望まで、
ありとあらゆるものを力強く商っている。
彼らは跳ぶことを恐れない。
壁を超え、新しい生活文化をつくる。
そして「その商いは、未来を祝福しているだろうか？」と
いつも問いつづける。
商人として、人々の明日に貢献したい。
なにか大切なものを贈りたい。
商いの先に広がる、生きることの豊かさこそが、
本当の利益だと信じているから。
人をしあわせにできるのは、
やはり人だと信じているから。
だから今日も全力で挑む。
それが、この星の商人の使命。

伊藤忠商事。

コーポレート・メッセージ

月および半期ごとの会議を開催して経営関連情報を開示するとともに、広く店員の意見も求めたという。店員とのコミュニケーションを重視している表われである。加えて「一六」と称して、一と六のつく月六回は全店員参加のすき焼きパーティーを開き、忠兵衛と店員が無礼講で酒を酌み交わすほか、相撲見物や納涼船遊びなど、今日の福利厚生制度にも劣らぬ数々の行事を催して店員を慰労したという。

同社はその後、一八九〇年三月に定価五銭で月刊雑誌『実業』（英文名：The Business）を発行する。一八九五年創刊の『東洋経済新報』や一九一三年創刊の『ダイヤモンド』などに先立って登場したこの雑誌には、政治、経済、社会時評から貿易、金融、商品市況、景気動向、さらに小説、俳句、列車時刻表、観光案内などが掲載されていたとされ、社史にも「当時ト シテワ 内容豊富ナ 機関誌デ アッタ」と書き込まれている。

■明治後期に「グローバル社内報」を創刊

その後、伊藤本店は二代目忠兵衛に引き継がれ、一九〇九（明治四十二）年に社内報「本部旬報」を発行するようになる（『滋賀大学経済学部附属史料館研究紀要』）。ようやく企業で社内報が発行され始めた時期だった。本格的な社内報としては、一九〇二年の日本生命保険「社報」を先陣として、〇三年の鐘淵紡績（現：クラシエ）、真宗信徒生命保険（後の東京生命保険）、帝国生命保険（現：朝日生命保険）などが続き、〇七年に日本陶器（現：ノリタケカンパニーリミテド）、〇八年には大同生命保険が刊行する。伊藤忠商事もこれらに続く取り組みだった（『Public Relations in Japan』）。

「本部旬報」は伊藤各店（本店・京店・西店（輸出店）・糸店・糸店東京支店・京城出張所・上海出張所）からの報告（日報と推測される）をもとに商況を編集し、十日おきに発行されていた。つまり本部と現場との双方向コミュニケーション・メディアとして機能し、全店で経営情報を共有しつつ店員が互いに知る機会も提供したのである。

第一号では、発刊の趣旨として、①店員に関する一切の情報、②本部の命令、規則・訓示、③各店相互間の商況、④特種な視察に関する見聞録、⑤本業に関する所説などを提供すると述べられている。その誌面構成では、まず①②に関する情報が掲載され、続いて④⑤にあった「当主の消息」や海外出張した店員の動向や元上級店員の独立開業のニュースや所説、さらに「重役の動静」「店員の動静」が続き、最後に③にかかわる「各店の商況」が掲載されていた。

「店員の動静」では、国内外に出張した店員の氏名・出発日・所属・出張先が明記され、また入営者や病気などによる一時帰省者も記録されている。「当主の消息」では二代目忠兵衛が留学のため到着したニューヨークから、七月二十日に瓜生中将とともにロンドンに渡り、グラスゴーにて西店の取引先であるフィドレー氏の優遇を受け、イギリス人の「真実の温情」に触れて感激したことが記されている。

いまから百十年前の社内報とは思えないほど、多彩な誌面構成であるとともに、トップの行動を通じて、同社の経営を俯瞰するような視点が提供されていたようだ。

初代伊藤忠兵衛

「実業」誌表紙
出所：『伊藤忠商事100年』1969年

■アーカイブス機能を果たしてきた創業家

最初の「本部旬報」は一九一六年二月の第二三一号から「旬報」に改題されるとともに、謄写印刷から活版印刷となり、二〇年九月の第三九七号をもって廃刊となる。最終号の廃刊の辞には「険悪なる財界の雲行未だ底止する所を知らず、綿業界益々非ならんとする今日（中略）茲に十有余年の間発行し来たりたる本部旬報を廃刊するの止むなきに至りたる事を御報告致候」とある。

一九二〇年春からの第一次大戦後の恐慌により経営に大打撃を受けて組織を分離・再編成して新たな事業体を設立したことにともなう措置である。ただしこの時も、いち早く同年十一月五日に月刊の「社報」発行に踏み切り、再刊号に二代目伊藤忠兵衛が寄せた「社報創刊に際して」と題する文章には、「①各種通達及報告、②各支店出張所商況、③各種経済資料及統計、④雑録（諸通信及一般投稿類）、⑤発行日、毎月五日、⑥原稿締切、商況は毎月三日、其他の原稿は発行前月末日、尚、雑報欄の一般投稿は論説、研究、随筆、其他運動記事等を遠慮

1933年、日印会商に綿業団代表および政府委員顧問として渡印した際に、デリーの旧跡を見物する二代目忠兵衛（中央）

出所：伊藤忠商事ホームページ（http://shonin.itochu.co.jp/content/advertisement/aru_shonin/1/）

なく寄稿せらるることを歓迎す」[4]とあり、基本的な内容は「本部旬報」とほとんど変わらない。

明治後期に創刊された「本部旬報」、続く「旬報」から「社報」への変遷について、その具体的な内容がわかるのは、伊藤忠兵衛家（滋賀県犬上郡豊郷町）に創業以来の社内文書の多くが送られて保存されてきたからである。現在でも創業家では、新入社員や新役員などの研修が行なわれ、近江商人としての履歴やゆかりの来歴を学ぶという。

「社員だけでなく人に優しい」経営が形づくる企業文化

■業界の発展と総合商社ナンバーワンへ

二十世紀末まで、日本の五大商社の一角に位置してきた伊藤忠商事だが、岡藤社長は二〇一〇年四月に社長に就任すると、中期計画「Brand new Deal 2012」を制定するとともに、「か・け・ふ」（稼ぐ！ 削る！ 防ぐ！の頭文字）というスローガンを掲げた。さらに一三年には中期計画「Brand new Deal 2014」で「非資源No.1商社を目指して」を宣言する。一三年には、東南アジアのIT企業大手やアメリカ・ドール社のアジア青果物事業などを買収したほか、トルコの製油所建設やイギリスにおける発電プロジェクトなどの受注にも成功している。

こうした攻めの経営姿勢で、一一年度決算で連結純利益三〇〇五億円を達成し過去最高益を更新したのに続き、一二年度決算で三菱商事、三井物産に次ぐ総合商社第三位の地位を確保する。また一五年には、中国最大の金融グループ・中国中信集団（CITIC）と提携するなど、同社が得意とする分野・地域で積極的な投資を進

＊4　宇佐美英機「伊藤「本部旬報」について」（『滋賀大学経済学部附属史料館研究紀要』第46号、2013年、54頁）

めてきた。こうした取り組みによって、一五年度決算で伊藤忠商事は、他社が資源価格低落による減益決算に陥る中、減益ながらも総合商社第一位の座を確保したのである。

しかし伊藤忠商事はこの成果に満足しない。自社だけでなく、総合商社という業態自体の発展があってこそ伊藤忠商事の経営も盤石なものになると考えているからだ。さまざまな分野で「一位をめざす」という明確な経営目標を設定し、社員の事業意欲を喚起する一方、社員の「働き方改革」を徹底して推進していく。

■自らを鍛える「働き方改革」と「朝型勤務制度」

商社特有の長時間労働を是正する取り組みとして「働き方改革」を進めていたが、多くの日本企業同様、残業削減キャンペーンや各部署単位での数値目標の設定といった方法では、なかなか目標を達成できなかった。そのような折、一三年十月から、これまでの常識を覆す革新的な方法を試行的に導入した。

同社はまず、一九九八年から導入していたフレックスタイム勤務制を二〇一二年九月に廃止し、定刻勤務時間制（休憩一時間をはさみ、九時～十七時十五分までの七時間十五分勤務）に移行し、同時に二十～二十二時の残業は上司への届出制として原則禁止、二十二時以降の深夜勤務は全面禁止とした。仕事が残っていた場合には「翌日朝勤務」（五～九時）に移行させ、深夜勤務と同等の割増賃金（時間管理対象者一五〇％）を支給することとした。あわせて、朝食として約五十種類にも及ぶ飲食を無料で提供したことは、テレビニュースでも大きく取り上げられた。

この制度導入には思いがけない効果も見られた。それは朝型勤務への転換による経費削減効果である（図表2－3参照）。

翌一四年からは女性社員の活躍を支援する「げんこつ改革」をスタートさせた。げんこつ改革とは、「個別」支援をするとともに、会社と常に「つながり」を持つという意識を醸成する、「現場」に根ざした血の通った改革である。特に注力する分野は、女性の「登用」「駐在」「育児」である。すでに一〇年一月には東京本社に隣接した社員用託児所を開設していたが、一六年四月からは育児・介護などで勤務時間に制約のある社員に対する在宅勤務制度を設けた。

このほかにも一六年からは「健康経営」への取り組みを開始した。同年六月「伊藤忠健康憲章」を制定し、初年度には国内勤務者の定期健康診断一〇〇%を実現している。続く一七年八月には「がんとの両立支援施策」を制定するなど、病気の有無を問わず、すべての社員がやる気とやりがいを持ち、安心して思う存分に働き、最大限に能力を発揮できるような体制を整備した。また同年六月からは「脱スーツデー」を設け、毎週水曜日と金曜日はカジュアルウェアで勤務できるようにした。社員の

図表2-3　朝型勤務制度（導入後の成果）

	導入前	導入6ヵ月後	導入2年後	導入3年後
退館 20時以降（うち、22時以降）	約30%（約10%）	約7%（略ゼロ）	約6%（略ゼロ）	約5%（略ゼロ）
入館 8時以前	約20%	約34%	約40%	約45%
時間外勤務時間（月平均） 総合職	約50時間	▲約10%	▲約12%	▲約15%
時間外勤務時間（月平均） 事務職	約30時間			
朝食利用者数（1日平均）		約700人	約1000人	約1200人
コスト/月［残業手当＋軽食代］			▲4% ※残業手当約7%減	▲6% ※残業手当約10%減

※所定労働時間7時間15分ベースで計算

〈参考〉
［タクシー代］
約30％削減
※導入3年後比較

社員エンゲージメント・サーベイ（肯定回答）

項目	2014年	前回比	日本平均
エンゲージメント	78%	＋5%	＋19%
社員を活かす職場	67%		＋9%

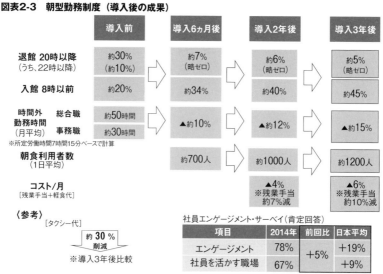

発想をより自由にという施策の浸透は、社長自らがジーンズとスニーカーで勤務する姿を社員に見せることで促進されている。

■経営者と社員が思いや感動を共有する

二〇一五年六月十九日午前に定時株主総会が終了し、その日の午後四時に同社大阪本社で岡藤社長からマネジメント・メッセージが発表され、東京本社や支社・支店にも同時に衛星中継された。

それは株主総会の報告にとどまらなかった。幹部社員に対する「未来の経営者」報奨制度の導入が発表されるとともに、ある登山隊の雪崩による遭難事例を紹介しつつ、明確な目標と希望を共有することこそが奇跡的な生還につながったことを強調した。

「まず、組織を機能させるには何事につけても組織員にやる気がないといけません。もし失意の底にある隊員たちに明確な目標と希望がなく、またそれらが共有されなかったら、全員の生還はむずかしかったであろうことは想像にかたくありません」

続いて、われわれのビジネスに永続する勝利の方程式はないと指摘しつつ、「この話のように、みなで具体的な目標を共有し、一丸となって進めば、たとえ最初の方向性や信じていた目標そのものが実際に多

社員食堂での朝食支給（朝型勤務制度）

脱スーツデー

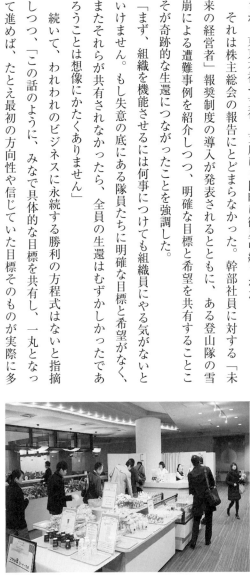

少違っていたとしても、みなの力で補い、奇跡的な力を生むことはできるのです」と語りかけ、一人ひとりや各組織において「士気は十分に上がっているか、あるいは目標を設定、共有し、そしてその達成のために活発な議論ができているか、胸に手を当てて考えてみてください」と続けた。[*5] 一見すると「督励主義」とも受け取られかねないが、「社員だけでなく人に優しい」経営は伊藤忠商事の組織文化にもなっているのではないか。

約四千億円にのぼる不良債権処理の大鉈をふるった丹羽宇一郎社長も、「クリーン、オネスト、ビューティフル」をスローガンに、収益構造の変革や社員の意識改革を進める一方、二〇〇一年から全社員総会を開いて、経営方針や人事考課、業務内容など、幅広く全社員と対話をしてきた。[*6] その経験も踏まえて、後に「リーダーとして周りを引っ張っていくためには、思いを共有しなければなりません。そのためには自分の夢やビジョンを語り、部下がどんなことを考えているのかを知っておく必要があります。コミュニケーションをとって、お互いに思いや感動を共有するからこそ、仕事の目標や責任が明確になり、やりがいにつながっていくのです」[*7] と書き記している。

コミュニケーション戦略推進の成功要因

二〇一四年に同社が実施した「社員エンゲージメント調査」では七八％の社員が「主体的に会社に貢献したい」と回答し、「会社が社員を活かす環境を整えている」という回答も六七％に達している。これらの企業別比較はむずかしいが、かなり高い数値といえよう。岡藤社長を先頭とした経営陣の経営意思や数々の施策が現場の社員にまでかなり浸透していることを表わし、それらの「社内事実」が社会にも伝わりつつあるのだろ

＊5　伊藤忠商事社内報「ITOCHU MONTHLY」2015年8月号
＊6　丹羽宇一郎『人は仕事で磨かれる』文春文庫、2008年、212頁
＊7　同書、206頁、212頁

う。一例として、大学生の企業イメージ調査の結果を掲げる。

またそれは、岡藤社長の考えが部門長によく理解されており、それぞれの部員に対して「自分の言葉」で語り伝えることができているからではないだろうか。社内外への活発なコミュニケーション活動によって理解の輪が広がっていることをも示しているようだ。

もともと伊藤忠商事は、歴代社長によりトップダウン型のリーダーシップで会社が運営されてきたという特徴がある。一方でそれは、独善的な経営スタイルや閉塞的な風土を形成しかねない。そのため、トップ経営陣と部門長とのコミュニケーション回路を適切に設計し運営するだけでなく、トップ自身がまず自らを社内にもさらしていく努力が不可欠である。

これらの点を踏まえて、伊藤忠商事・岡藤社長時代の経営およびコミュニケーション施策をＩＣ経営の観点から眺め見ると、以下の三点の成功要因をあげることができる。

①トップダウンと速やかな施策展開

まず、強力なリーダーシップと同等の目線での積極的なコミュニケーションをあげることができる。岡藤社長は二〇一〇～一八年にわたる八年間の社長在任期間中に数百件以上のトップメッセージを発信した。それを広報部などコーポレート・スタッフがフォローして具現化する形で各種施策

図表2-4　大学生の就職人気企業ランキングにみる伊藤忠商事

	2016年卒予定	2017年卒予定	2018年卒予定	2019年卒予定
マイナビ（文系総合）	25位	22位	10位	9位
ダイヤモンド就活ナビ（文系男子）	2位	3位	3位	3位
キャリタス就活［DISCO］（文系総合）	18位	12位	7位	2位
Rakuten みん就（総合）	3位	3位	3位	2位
文化放送キャリアパートナーズ（総合）	16位	17位	26位	19位

が実現されてきた。たとえば一七年の「がんとの両立支援」は、岡藤社長の「がんに負けるな」というメッセージ発信を受ける形で施策が立案され、三ヵ月後には実施されたが、これほどのスピード感は大企業ではなかなか見られない。

②社内の組織連携の仕組みと企業風土

同社広報部は、経営施策と連動して、実質社長直轄の組織として機能してきた。それは髙田広報部長が述懐するように、歴代広報責任者が常々、経営者と一体になって施策実行の労をとるだけでなく、広報部門独特の広聴機能を発揮してトップに直言してきたことがあげられる。また業務部（他社の経営企画部門に相当する機能を持つ）や秘書、人事、総務、開発調査などコーポレート・スタッフと緊密な連携をとり、広報部がそのネットワークのハブとなって、社内外の情報マネジメントを行なっているからでもある。

③定性情報も含めた人事評価の徹底

伊藤忠商事の「チャレンジする風土」を築いてきた要因の中で、キードライバーとなるのが、一九九〇年代後半から導入してきた評価・査定制度であろう。岡藤社長時代にも、管理職への報奨制度が新たに導入されたが、単に数字だけでの評価にとどまらず、定性的な部分も含めた評価が行なわれている。そこでは、たとえ失敗したとしても、挑戦した人としなかった人の評価が大きく異なる仕組みとなっており、これにより社員が「自分がやりたいこと」に挑む組織文化が根づいてきた。

その一方、「社員を大切にする」ことを具体的な制度設計で実証してきた実績が、会社に対するフェイル・セーフ（万が一、間違った取り扱いをしても常に安全側に制御すること）があるという信頼感にもつながっている。

第３節　経営者と二百四十人の社員が「日報×フォーラム」で日々討論し協働する

［事例］アイワード

【ＩＣ経営のポイント】

◆アイワードは一九七四年に経営指針を策定して新生への道を歩み出し、新鋭設備の導入やＰＲ活動の開始など、経営近代化に次々と取り組み、今日では地域密着・全国通用の切れ味のよい企業へと発展してきた。

◆同社の事業・活動のコアに「日報×社内報」システムがある。全社員が仕事や生活の中での気づきを毎日「日報」に書き、それに経営者や部門長がコメントを付して会社へ提出。その中から必要な情報を翌日「フォーラム」（討論の場）という社内報に掲載して全員に配布し、社員の自主的・自覚的な行動を促す。

◆二十一世紀の企業サバイバルは「人と技術の差別化がカギ」とも言われる中、同社は経営政策としてＰＲ、非価格競争力、社員共育の三点を掲げる。一九八〇年代からコンピュータ化に取り組んだ成果は近年、主力工場のスマート化やカラー写真のデジタル復元技術の開発として結実し、経営を支える。

◆地域の文化貢献や障がい者雇用でも一歩先をいくアイワードは、社員の教育・啓発活動に「共育」という文字をあてている。社会人として「当たり前のこと」ができ、「全国に通用する仕事」ができる社員はもう一つの競争力といえる。

◆社員共育の成果はPR活動にも活かされ、自費出版や記念出版の展示会や印刷知識を解説した小冊子配布などを通じて、顧客と社員のつながりを拡げている。

一九八三年から「IC経営の原型」を志向

二〇一七年一月、NHKの全国放送番組「超絶 凄ワザ！」[*1]で「褪色カラー写真のデジタイズ復元技術」が取り上げられた。開発したのは、北海道大学と産学協同研究を進めてきたアイワード（本社・札幌市）。劣化し色も薄れてしまった古い写真の所蔵者が、色鮮やかに再現される様子に涙する場面が印象的な番組だった。

株式会社アイワード　会社概要

代表者	：代表取締役社長　奥山敏康
本社所在地	：札幌市中央区
設立	：創業1965年
資本金	：6700万円
社員数	：役員8人、正社員200人、契約社員18人、嘱託10人（2018年4月1日現在）
売上高	：38億4000万円（2018年3月期）
事業内容	：ブック印刷事業、情報処理・システム開発事業、褪色写真復元事業など
表彰	：2009年　元気なモノ作り中小企業300社に選出 2009年　北海道地域文化選奨特別賞受賞「月刊アイワード」 2006年　「第１回北海道エクセレントカンパニー」優秀賞 2005年　第１回北海道男女平等参画チャレンジ賞 1991年　障がい者雇用において労働大臣賞など

＊1　https://www.nhk.or.jp/ten5/programs/chozetsu/

同社訪問当日、なぜ印刷会社が？　という疑問に、同社の奥山敏康社長が差し出したのが「印刷事例のご紹介」なる八頁立て冊子だった。平安末期から鎌倉期に描かれた絵巻物『病草紙』の研究書（『病草紙』中央公論美術出版、二〇一七年）の図柄を、同社の技術を活用して編集し、高精細印刷で刊行したプロセスが説明されている。「私どもアイワードは、「ブック印刷専業宣言」を掲げるブック（書籍）印刷・高精細カラー・情報処理の会社として、北海道内だけでなく首都圏でも仕事をいただいています」と語る。

家族や夫婦の「ある日の記録」がアイワードのカラー復元技術で復元されることによって、その時々の人々の絆が甦るように、企業活動の日々の記録や情報を共有することは、社員にその活動の持つ意味の確認を迫る。また、経営理念や経営方針を理屈だけでなく、体感的にも実感させることができる。

■ほぼ日刊の社内報「フォーラム」を通じた双方向コミュニケーションの仕組み

アイワードでは全社員が業務終了後に提出する「日報」と、その内容をフィードバックする社内報「フォーラム」という二つの双方向コミュニケーションの仕組みを装備し、三十五年間にわたり実行している。これらを通じて全社業務の「見える化」を実現し、社員の自主性を高める経営施策の具現化につなげている。なかでも社内報「フォーラム」は、北海道のカラー印刷の草分けと言われた田上印刷（一九四五年創業）の再建に着手した八三年に創刊されたもので、同社グループの新しい船出を象徴する経営ツールとなった。

当時、アイワードでは「新しいＰＲ誌創造展」（八三年）、「第一回全国自費出版展」（八四年）を相次いで開催し、また自社独自開発の「文字情報処理システム」（八五年）を発表するなど、新市場開拓を進めるだけでなく、社員対象の「教養講座」や「技術講座」を毎月一回、社内で開催するなどの施策を次々に打っていく。

この頃にアイワードは経営基盤を確立するとともに、単なる社内コミュニケーションや社内広報ではない仕組み、すなわち「IC経営」の原型ともいうべき新たな経営システムを確立しようとしていた。それは、印刷工程のコンピュータ化と同時に構築した「日報×社内報」による全社員情報共有化システムを基盤とした、社員の自主・自律による開かれた経営である。

■スマート化された業務プロセスとコミュニケーション

ＪＲ札幌駅南口から徒歩約十五分。かつて「開拓使麦酒醸造所」として知られていたサッポロビール第一工場跡地が再開発され、いまサッポロファクトリーという複合商業施設が建つ。そこからほど近い場所にアイワード本社はある。

一階には生産管理部と総務・共育部がある。パソコンがズラリと並び、多くの社員が画面を見ながらキーボードをたたく。営業部が受注したブック印刷案件は、原稿の打ち合わせから入稿、工程管理、編集・組版、校正、装幀、色校正、製版、刷版、印刷、製本、納品に至るまで、パソコンとデスクの配列と軌を一にするフローで流れていく。

この室内からは、近郊の石狩工場も見えないが、常時、仕事の進捗状況がチェックできる。こうした経営情報システムと生産管理システムをいち早く取り入れた結果、印刷工程のスマート化[*2]が可能となった。何枚かのペーパーはデスクの上に見えても、製品は電子情報で処

本社社屋

＊2　スマート化：企業内のあらゆる機器、製造装置をネットワークでつなぎ、個々の稼働状況の把握とプロセス情報の蓄積によって、最適な稼働を実現する環境を満たすこと。スマート化が実現された工場をスマートファクトリーという。

理され、個別業務の手順や部門間のやりとりも電子化されているので、突然の訪問者には一人ひとりが何をしているのか判然としないほどである。

■「フォーラム」は開かれた経営の実践だった

経済広報センターが三年ごとに『企業の広報活動に関する意識実態調査報告書』を発行している。その二〇一八年版によると、調査回答企業二百十三社のうち、社内報発行企業は百九十一社（八九・七％）にのぼる。しかしその多くが、四半期に一回か毎月一回の発行で、毎日発行は〇・九％にとどまる。

アイワードはなぜ毎日のように発行できるのか。奥山社長は「社員が毎日提出する日報があるからです」と答える。筆者がインタビューを終えて地階の広々としたプリプレス部があるフロアに下りてみると、ちょうどこの日の社内報が配られている最中だった。総務や営業担当から製本・納品担当まで、すべての社員がその日の仕事の中で気づいたことを日報に記す。そしてＢ４判一枚の日報が毎日終業時までに各部門で収集され、本社の総務・共育部に集められたうえで、木野口功相談役と奥山社長の手元に届けられる。

営業部門からは顧客の意見が、印刷・製本、納品までの工程を担当する石狩工場からは進行上の問題や改善点が、総務・共育部からは福利厚生情報など、生産管理部やプリプレス部も含め、各部門の情報を総務・共育部が収集する。仕事以

本社空撮写真

1階入力部門

外の家庭内での出来事や子育てのこと、生活している中で気づいたことなども集まってくる。

　顧客情報も多数含まれているため、対外的には原則非公開とされているが、記載されている記事が経営内容とも密接にかかわっているからでもある。全社員へ伝達したほうがよいと思われる日報は、記載者名を併記して収録する。コメントが必要な場合は、相談役や社長、専務、各部門の部長が適宜、メッセージを付す。それだけにとどまらない。記載された個々の意見や報告、それらに対するコメントに対して、さらに提案や意見を全社員（もしくは当事者）に求めていく。これが社内報の名称を「フォーラム」（＝討論の場）とする由来である。

「フォーラム」に掲載する情報の選択は、社長時代、会長時代を通じて創刊以来、木野口相談役が行なっている。

経営理念の策定と経営方針の実践

■経営再建策として「給料二倍化」を提案

　同社の前身は一九六五年創業の北海道共同軽印刷という小さな会社だった。当時は日本中が高度経済成長で沸いていたこともあり、七三年には社

図表2-5　組織図

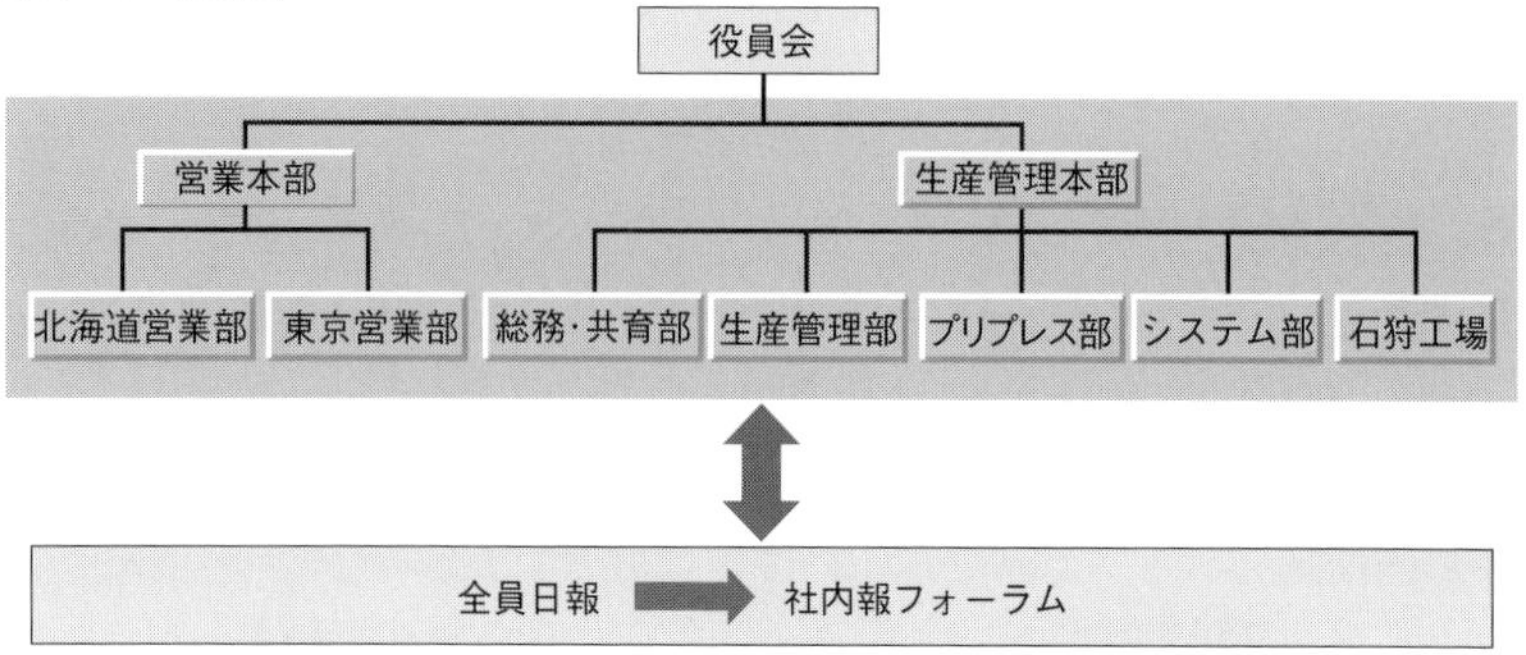

員は二十人にまで増えていたが、第一次石油危機が勃発したこともあり、たちまち経営危機を迎えてしまった。平均年齢二十五歳、年間売上高五八〇〇万円の会社は、世間並みの給与どころか、年末賞与も支給が困難な有様だった。

その零細企業の経営立て直しのために常務として請われたのが、現相談役の木野口功氏である。それまで北海道中小企業家同友会という経営者団体の事務局員として、六ヵ月間に七百人もの経営者を訪問したバイタリティが評価されたことによる。

七四年の正月明けに出社してみると、驚くことばかりが続いたという。その職場環境は劣悪だった。「古新聞が積んである、机の上は書類の山、灰皿には吸い殻が山盛り、出前のどんぶりが放りっぱなし」という具合だった。木野口氏によると「私の机もなかったので、クレンザーとタワシを買ってきて会社に出てこなくなった専務の机を磨き、その机を使うことにしました。次にバケツと雑巾でトイレを掃除しました」と述懐する。

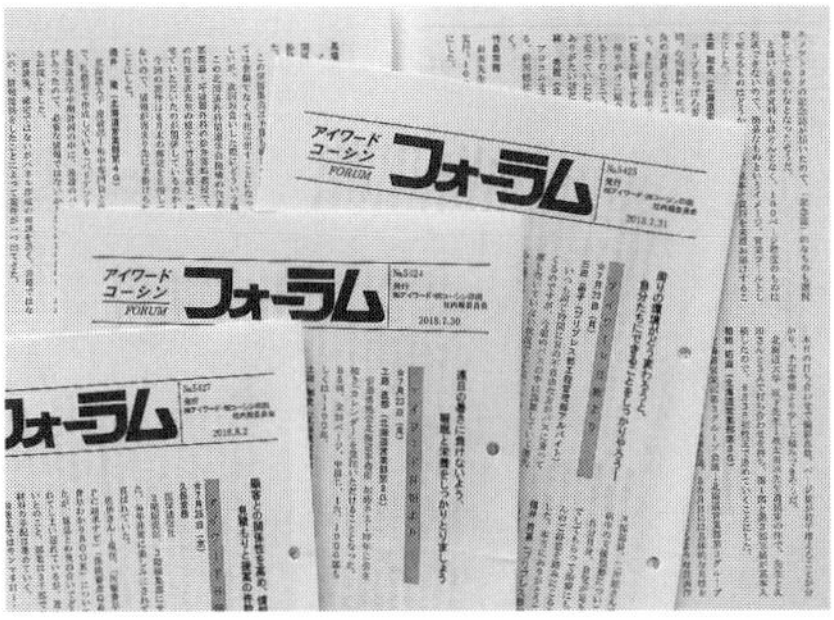

「フォーラム」バックナンバー

それでも、創業時からある労働組合からは、団体交渉で「三六協定の締結」「年末手当の早期支給」と年度末の「繁忙期対策」の三つの要求が出された。木野口氏はこの時、社員の本音が「世間並みの給料を払ってほしい」ことにあると見抜いた。当時、札幌市内の印刷会社勤務の二十五歳平均給与が約五万円なのに対し、同社は三万円だった。当時の賃金アップは約二〇%にも達していたから、春闘後の他社平均は約六万円となる。

同社が世間並みをめざすとすると「給料の二倍化」が必要だが、それでは会社は潰れてしまう。そこで木野口氏は社員に提案した。「給料は倍にしよう。しかしそのためには、売り上げも倍にしなくてはならない。やれますか」。この問いに対し、「わかった。しかし常務としてきたのだから、その方法はあなたが考えてほしい」という答えが返ってきた。

七四年一月から木野口常務（七六年二月に社長に就任）は経営再建に全精力をつぎ込んだ。それが実を結び、初年度の人件費は七十数％増となり、売り上げは八十数％伸びていた。そのエネルギーは、全社員と一泊研修をたびたび開催して、新たな経営方針の検討を始めたことに注がれた。社員の前でまず木野口常務が経営方向を提起し、自分はその場から退席する。本人は別室でじっと待つ間、社員同士で自由に討議してもらう方法を取ったのだ。

社員自らが討議し合い、自らで方針を決めなければ肚落ちしない、という信念からだった。

■経営者団体の理念に学んだ三つの経営方針

翌七五年一月になると、加盟団体である中小企業家同友会全国協議会（中同協）から一つの見解が発表された。「中小企業における労使関係の見解」とタイトルが打たれたメッセージには、経営者には「いかに環境がきびしくとも、時代の変化に対応して、経営を維持し発展させる責任がある」ことを確認するとともに、労使関係には「労働力の提供と賃金の支払い」という関係だけではなく「労使は相互に独立した人格と権利を持った対等な関係にある」と謳うものだった。しかしそれは、「ものわかりの良い経営者がイコール経営的にすぐれた経営者とはいえない」と釘を刺しつつ、「労使のコミュニケーションをよくすることは経営者の責任」と明言する内容だった。

ＩＣ経営の視点からは次の指摘も、きわめて現代的な提示だったと思われる。曰く「労使間の問題を団体交渉の場で話し合うだけでは不十分です」「職場内の会社組織を通じ、その他あらゆる機会をとらえて、労使の意志の疎通をはかり、それぞれの業界や企業のおかれている現状や、経営者の考え、姿勢をはっきり説明すると同時に、労働者の意見や、感情をできるだけ正しくうけとめる常日頃の努力が必要です」[*3]。

木野口氏がこの労使関係の見解と中小企業家同友会在職時の経験から学んだのは、以下の三点だったという[*4]。

◆経営者はいかに環境がきびしくとも、時代の変化に対応して、経営を維持し発展させる責任があること
◆経営指針を成文化すること
◆社員をもっとも信頼できるパートナーと考え、共に育ち合い、共育的人間関係を打ち立てていくことが大切

この三点を土台として経営理念に活かしていくことを決意したと、中同協での記念講演で語っている。

「中小企業における労使関係の見解」

■「われわれは、こうなりたい」を一言にまとめた！

経営理念をどうまとめるか。この議論を、当時の社員はむずかしいとか面倒だとか言っていたという。そこを粘り強く、繰り返し、繰り返し話し合い、その結果、まとまった言葉が「お客様の期待にお応えします」だった。きわめて単純なメッセージだが、自分たち自身の手でつくり上げたことに大きな意味があったはずだ。新たな経営の姿が少しずつ見えてくるようになってきた。

その後、経営理念は時代を経るごとに変化して現在の内容になったが、経営方針は七四年のまま継続させて

＊3　「中小企業における労使関係の見解」中小企業家同友会全国協議会、1975年1月
＊4　木野口功「中小企業家同友会全国協議会の「労使見解」を軸に真の人間尊重経営を求めて」第35回中小企業問題全国研究集会記念講演（2005年2月18日）

いる。それは経営理念が、未来完了形の「ありたい姿」を象徴するものであるのに対して、経営方針は現在進行形の「継続する姿」を意味しているからではないだろうか。

経営指針

アイワードは

「言ったことは、きちんとやりあげる会社」から

「驚いた、感動した、と言われる会社」をめざします。

従来の「印刷業」の技術を大切にしながら

「情報価値創造産業」への業態変革に取り組んでいます。

経営理念

1　私たちは〈文字〉や〈画像〉が「知性」や「感性」の豊かな運び手として、政治・経済・文化・生活に果たす役割を大切に考え、それらを印刷メディアや電子メディアを通して、広く社会に伝えるお手伝いをすることを自らの責務とします。

2　私たちは共に学び合い育ち合って、真心のこもったサービスと、より良質の製品を提供できるよう努力し、結果として環境や労働条件が改善され、従業員が「幸せ・ゆとり・豊かさを味わえる」会社づくりをめざします。

経営方針

1　民主的に運営します。

・開かれた経営…情報の共有化をはかります。
・男女の性による差別、障がいによる差別をしません。
2　自主的・自覚的な行動を大事にします。
3　目標と計画を大切にします。

経営政策（特に重視していること）
1　ＰＲ（パブリックリレーション）
2　非価格競争力
3　社員共育

めざす社員像
・いつも力を合わせていこう
・陰でこそこそしないでいこう
・働くことが一番好きになろう
・何でも、何故？　と考えよう
・いつでも、もっといい方法はないか探そう

■経営方針をサポートする「フォーラム」

ここに掲げた三つの経営方針は、普通の企業とはいささか異なる表現となっているが、第一点の「民主的運

営」は情報の共有化や開かれた経営の実践の遂行を意味し、いわば「オープンブック・マネジメント[*5]」の日本モデルともいえる経営方策である。また最近のダイバーシティ政策に先立って確立された性差別、障がいによる差別をなくすという先進的な取り組みも含まれる。

特に前項の「開かれた経営」には、まず「社内秘をつくらない」という点が基本にある。経営からは情報を開示して経営状況を共有し、その中で社員一人ひとりが客観的に「いま自分に何が求められているのか」を考え、そして自らが動くという風土をつくってきたのだ。

何が自己責任なのか、そして自分の責任はどう果たせばよいのかを考えたり、気づいたりするツール、それが社内報「フォーラム」であり、それを通じて経営者と社員の相互理解による「目標設定」と自主的な「計画達成」へとつながる仕組みになっている。

二点目の「自主的・自覚的な行動を大事にします。」も、一般的な企業では導入がむずかしい取り組みだろう。アイワードではそもそも、仕事にかかわる順番や当番などといった社員に対する割り当てがない。給与体系は簡素な年齢給と勤続給のみであり、人事考課も導入していない。自己啓発や技能レベルアップのための見学会や研修会を案内する場合は、行事やプログラムの案内を「フォーラム」で告知するだけで、希望する人が手をあげて参加するルールになっている。このことは経営計画や部門計画でも同様で、たとえば営業担当者にノルマを設定することもない。

要はみんなで徹底的に討論する中で、自主的に目標設定をしてもらうことが前提となっている。ただし、社員の成長を促す観点から、経営側として期待目標は考えておくが、それはあくまでも人間としての成長が前提にある。このことが三番目の「自主的な目標と計画」に掲げられている。

＊5　オープンブック・マネジメント：企業のあらゆる経営指標をすべての社員に開示し、経営の透明性を高めて社員の自律性やモラールを最大限に高めようとする経営手法。単に業績を開示するだけでなく、業績数字の意味をわかりやすく説明する研修や自社の業績に責任感を高めるための現場への権限委譲、成果の公正な分配をルール化することなどの制度と組み合わせることが成功する条件といわれている。

「共育」視点の人材育成

■新鋭工場で働く障がいのある社員

取材当日、奥山社長の案内で石狩工場を訪ねた。刷版から印刷・製本工程までの説明を受けた後、製本作業に従事する二人の社員に話を聞いた。

聴覚に障がいのある宮下良夫氏（勤続四十三年）と水口正人氏（勤続二十六年）との会話には、総務部門の社員が通訳者として同席した。

「毎日の作業は、作業指示書の確認から始まる。理解がむずかしいところは上司や同僚に確認するが、時には身振り、手振りで教えてもらうこともある。一口に製本といっても、製品によって仕様が異なるから、作業時間を計算したうえで、納期に間に合うようにするにはどういうふうに作業をするかを常に考えている」と言う。

それでは、「社内報・フォーラムは役に立ちますか」と質問すると、「社員旅行や忘年会など社内行事の案内などはあらかじめ計画が立てられるのでよく読みます」とうれしそうに語る一方、「仕事の面では、作業ミスを見つけることに役立ちます。特に営業活動の記事は参考にしています。お客様の声はうれしいですからね。本を買う際にどう仕上げればきれいに見えるのだろうかと考える時に、そういう声は参考になります」と。

「フォーラム」に関して紡ぎ出した二人の「作業ミスを見つけるのに役立つ」という言葉は、「次工程に迷惑をかけない」という意味も含まれている。通常、作業ミスは、製品完成時の検査工程で不具合を発見してミスとするが、同社では「一人ひとりの作業基準の不適合」もミスとしてカウントし申告させる。こういう社内独特のルールは、一見きびしすぎるように受け取られがちだが、一過性の情報の大量印刷とは異なる「一品生産型書籍」を創り出す同社の生命線である。後日、大手印刷会社の札幌支社営業マンから「アイワードさんの印刷物の仕上がりには、われわれはまったくかないませんでした」と回顧する言葉を聞いた。

■社員教育の枠を超えた「共育」の推進

同社中興の祖ともいうべき木野口氏は、「なぜ共育を重視するのか」について、次のように答えている[*6]。

「わが社では社員に「給料を払うための会社ではなく、印刷・出版・情報処理という仕事を通して、社会のお役にたっていくことが使命である」と徹底して教えています。さらに「アイワードの社員だからではなく、社会人として当たり前のことができる人間に育ってもらいたい」と話しています。夜は寝て、朝は起きる、食事は三回する、整理整頓であるとか、挨拶など当たり前のことができないようではわが社の社員としてふさわしくない、ということを共育の基本に据えています。

加えて毎日出社してなんとなく時間が終わっていくというのではなく、「せっかく印刷業に入ったのだから、全国に通用する仕事をしよう」と呼びかけ、それぞれの仕事で目標をもたせています。また、分別をつける力、世の中の道理をわきまえる力を育てることを大切にしています」

石狩工場製本部門

石狩工場外観

＊6　第35回中小企業問題全国研究集会記念講演（2005年2月18日）

現在でもアイワードの「共育」は、社員研修以外にも全員参加形式で行なわれている。それが、入社時の経営理念や経営方針、企業風土を理解してもらうための「基礎共育」、部門ごとの詳細な数字を交えての「部門会議」である。また年一～二回開催される「全社会議」では、奥山社長ら経営幹部の報告を聞いた後に、各部門で討議資料をもとに全員討議を実施している。

経営政策が意味するもの

アイワードのホームページには「経営政策」が掲げられている。それが、①ＰＲ（パブリックリレーション）、②非価格競争力、③社員共育という、他社ではなかなか目にしない言葉である。

パブリックリレーションは通常、企業などの広報活動や広聴活動を意味する言葉として理解されている。アメリカの著名な教科書『体系パブリック・リレーションズ』には、「組織体とその存続を左右するパブリックとの間に、相互に利益をもたらす関係性を構築し、維持するマネジメント機能である」と説明されているが、アイワードでは、より身近でわかりやすい言葉を用いて説明している。

■本来の意味での「パブリックリレーション」

まずパブリックリレーションについては、お客様をパブリックの一員であり「お客様と良好な関係をどのようにして保つことができるかを考え続けること」と捉える。そして、その意味を具体的な態度、行動に落とし込んで表現する。

たとえば、一九八一年から二〇〇八年まで発行していた北海道の印刷文化情報誌の「月刊アイワード」は、北海道庁の「平成二十年度北海道地域文化選奨特別賞」（企業市民文化賞）の受賞実績があるクオリティレベルの高いPR誌だ。同社では長年、「月刊アイワード」を営業マンが顧客のもとに直接持参してきた。同誌編集の一部は、プロライターに取材依頼をするが、道内で刊行される新刊書の書評などは交代で執筆するなど、社員が多くの編集業務に携わり、共育の一環としての役割も担っていた。

広報誌「月刊アイワード」バックナンバー

■「非価格競争力」は顧客とのウィンウィンの関係づくり

経営政策の二番目である非価格競争力は、同業者に真似ができないような技術や仕組みをいち早く持てるようめざすことを意味する。それは、顧客にプラスになるだけでなく自社にもプラスになるようなウィンウィンの関係を築き上げることを表わしている。

たとえば、その象徴となる注目すべき開発ストーリーが、業界でもいち早く導入した同社独自の「文字情報処理システム」開発である。アイワードがまだ社員五十人ほどだった一九七九年のこと。北海道大学の教授を招いた学習会のあとで、これからの印刷業について意見を伺った際、「印刷の技術にコンピュータの技術を組み合わせる」とのアドバイスをいただいた。そして新技術開発に取り組むためにと、北海道大学の学生を採用し、東京のコンピュータ会社に出向させることにした。

外部企業への研修は三年間かかったが、帰社した社員は独自開発の文字情報処理システムを完成させた。このニュースを取り上げた日本経済新聞の記事を手がかりとして、全国の企業信用録の受注に成功したのである。

冒頭に紹介したように、アイワードの褪色カラー写真のデジタイズ復元技術は、二〇一五年に北海道大学と劣化写真の復元に関する産学共同研究を開始し、写真等にわずかに残る三原色ベクトルを劣化前の色データに復元して図版を作成する技術を完成させたもので、一六年には学会論文誌に共著論文を発表した。この技術が早速、平安末期の絵巻物の研究書編纂に活用されたことは既述のとおりである。

■「社員共育」から顧客や社会への眼差しが育つ

最近、出版不況という記事を見かけることが多いが、自然科学や人文科学分野に関する書物の社会的影響力はまだ相当大きい。新聞・雑誌の書評欄を参考にする人も多く、市中の公立図書館には人があふれている。それらの書物の影響力の何％かを印刷会社の知識や技術が担っていることはいうまでもない。

アイワードは企業のコア事業を「ブック印刷」と捉え、近年「ブック印刷専業宣言」を発して社会にアピールしている。それは顧客からの文字や図形、写真などの原稿を営業部が受注し、生産管理部門とプリプレス部門で印刷原版をつくり上げ、石狩工場で印刷・製本して全国の発注者に納品するという一連の「工程品質」を訴えるだけではない。その工程に組み込まれた「編集品質」によってブックの価値が見える化される。

その意味で社員共育においては、企業が顧客と印刷やデータを共有するだけでなく、異なる作業工程にいる社員が個々の情報の意味にとどまらず、作業工程全体の意味をも理解する仕組みが求められる。その一つが、日々の仕事を通じて生起する仕事を記録し、そこから意味を探り出す「日報とフォーラム」であり、もう一つが、社内で開催されるさまざまな部門会議や各課学習会なのではないだろうか。

　またPR誌「月刊アイワード」は二〇〇八年のリーマンショック直後に、残念ながら第二三〇号をもって休刊を余儀なくされたが、その前身は一九八一年一月に創刊された「ニュースきょうどう」にさかのぼる。第一号の特集記事は「北海道の出版社」、その後「チラシを考える」「北海道の印刷」「北海道の自治体広報」「北海道の自費出版」と続き、第一三八号の特集は「地域総合研究―十勝学」だった。

　これらの特集、シリーズ企画、書籍紹介などの記事一覧をめくると、ガイド書には取り上げられないさまざまな北海道の歴史や文化を取り上げる。大手出版社のPR誌にもひけを取らない内容である。「ほっかいどうの本」と題した地元関連の書籍紹介記事は、社員が交代で原稿を書いてきた。郷土の文化継承や創造に貢献してきた「月刊アイワード」は、ようやく二〇一九年に季刊誌として復刊されるという。

ブック印刷にかかわる商材用小冊子の一部

　アイワードは書籍文化を担い発展させようと、今日に至るも自費出版や記念出版のための展示会を開催したり、印刷技術を解説したパンフレットを刊行したりするなど、顧客の書籍や編集・印刷技術の知識向上を支援しながら、本業を通じた社会・文化貢献の取り組みを続けている。

第４節

ここまでやるか！　レベルの「社員ファースト」経営で驚異の社員満足度八六％を記録する

［事例］シンコーメタリコン

【ＩＣ経営のポイント】

◆暑苦しいまでの「社員ファースト経営」実践企業。誕生日には手当十万円＋家族宛メッセージカードが、結婚記念日にはメッセージカードとホテル食事券が送られてくる。メッセージカードは、すべてオリジナルの社長直筆。報奨金や資格取得手当などは、いつも現金を手渡ししている。一見時代の流れと逆行するような面倒な方法を取っているが、テクニカルな仕組みや手法に依存しない、気持ちが伝わるコミュニケーションをもっとも重視するのがシンコーメタリコン社流である。

◆年一回の社員旅行は、ここ数年ずっと海外（スペイン、ハワイ、オランダなど）で、もちろんお小遣いつき。必ず社員全員参加で不参加者はクビらしい。

◆「人材育成評価シート」を使って社員個々人が仕事上の目標と、生活や人生の目標を会社と共有する仕組みを導入。個々人の目標と達成度は、全社で共有される。年末恒例となっている忘年会は全社員参加必須の一泊コースで、その年に頑張った社員を表彰する社長賞が発表され、金一封も授与される。異様なまでの一体感の中、笑いと涙で忘年会が盛り上がる。

◆年一回の七日間連続休暇「ドリームセブン」は、取得を義務化。男性の育児休暇「イクメンファイブ」の二〇一七年度の取得率は一〇〇%。「時差・時短勤務」「定年後継続勤務」のほか、社員向けの婚活支援まで実施しており、社内結婚は六組にのぼる（社員数は八十三人）。世話好きというかお節介というか、福利厚生の域を超えている。

離職率四〇%の逆境で社長に就任

「メタリコン」とは、溶射、つまり金属やセラミックスなど多様な材料を高温加熱して溶かし、対象物に高速で吹き付け、皮膜をつくる表面コーティング技術のことだ。同社はその溶射技術を日本に導入したパイオニア的存在の専業メーカーである。滋賀県湖南市に本社工場があり、社員数八十三人、売上高十三億円強

株式会社シンコーメタリコン　会社概要

代表者	：代表取締役　立石豊
本社所在地	：滋賀県湖南市
設立	：1935（昭和10）年11月8日
資本金	：3000万円
社員数	：83人（2019年1月時点）
売上高	：13億217万円（2018年10月）
事業内容	：各種金属・セラミックス、サーメットの溶射施工および付帯関連業務

と、典型的なローカル中小企業だが、ニッチな市場を牽引する存在だ。

そんな企業に全国から見学者が押し寄せ、毎月のようにメディアの取材が入っているようだ。注目を集める理由は、技術の特殊性でも業界の牽引力でもない。社員満足度が驚異の八六％、「滋賀でいちばん大切にしたい会社」[*1]に選出された実績を誇る、徹底した「社員ファースト」経営を推進する経営戦略にある。

同社の創業は一九三三年と古く、現社長の立石豊氏は三代目だ。立石社長が九四年に三十三歳の若さで会社を引き継いだ当時は、いわゆる３Ｋ職場で離職率が四〇％にも達していたという。溶射の現場は粉塵や酷暑など、きびしい環境下での作業を余儀なくされる。生半可な仕事ではない。また、もともと技術力の高さには定評があったが、一部の職人的技術者に経験や技術が蓄積され、組織としての対応ができない。それゆえ納期の遅延が日常化し、顧客へのサービス品質が低下していた。いきなりの苦境に直面した立石社長は、「とにかく社員が辞めない会社にしなければ、何もできない」と腹をくくったという。どん底からのスタートを味わった立石社長は、悩み抜いた末、「働く人が主役の会社をつくろう」という結論を出した。

大学は芸術学部卒業で、とにかく人を喜ばせることが大好き、人を喜ばせてナンボ、という根っからの関西人である立石社長の性分が、そこまでやるかというレベルにまで「社員ファースト経営」を加速させる。特に待遇の濃厚さは特筆に値する。いくつか紹介しておこう。二〇一七年度の決算賞与は実績二ヵ月、資格手当は十万円（資格取得の受験料も会社負担）と大盤振る舞いだ。誕生日には手当として十万円＋自宅に家族宛の特製メッセージカードが届き、結婚記念日にも自宅に特製メッセージカードとホテル食事券が送られてくる。メッセージカードは、印刷でもメールでもなく、すべて社長直筆のオリジナルだ。

こうした報奨金や手当などは、いつも現金を手渡ししている。年一回の社員旅行は、ここ数年ずっと海外

＊1　2014年度、滋賀県中小企業家同友会

（スペイン、ハワイ、オランダなど）で、もちろんお小遣いつきである。なんとこの旅行、必ず社員全員参加で不参加者はクビと宣言しているそうだ（クビになった実績はないらしい）。すばらしいというか、暑苦しいというか。なぜそこまでやるのか。立石社長曰く「社員の笑顔が見たいから。社員の幸せこそが、すべての源泉だから。やるならとことんやらないとね。中途半端はアカンと思うんです。そんなに特別なことをやってるつもりはないんですが」。

社長直筆のメッセージがびっしり書かれたバースデーカードが家族の元に届く

社員旅行ででかけたローマ・コロッセオ前で

「気持ちの伝わるコミュニケーション」を重視

しかしここまでやると、果たして社員の反応はどうだろうかと、余計な心配もしてしまうほどだ。昔は福利厚生の王道だった社員旅行も、いまや実施する企業は激減している。折しも働き方改革が叫ばれる時代だ。

個々の希望を最大限尊重し、自由を認めてほしいという社員も多いはずだ。これに対して立石社長の考え方は明確だ。

「働き方改革で「とにかく残業減らせばいい」「個々の希望を満たす自由度があれば社員は満足する」という風潮には、あまり賛成できません。顧客の要望に応えるためには、どうしても残業や部門を超えた応援が必要な時だってある。仕事は一人でやってるんじゃないんです」

「やるときはやる、休むときは休むというメリハリが重要」

「仲間に、お客様に認めてもらえることこそが、社員にとって一番大事。社員の一体感はそのベース」

「社員はプライベートが充実さえしていれば、報酬さえ高ければ、満足するというものではない」

全員が必ず参加の社員旅行や、手書きメッセージ、現金手渡しなど、一見時代の流れと逆行するようにも感じられる方法を、立石社長は確信を持って行なっている。それは、テクニカルな仕組みや手法に依存しない、気持ちが伝わるコミュニケーションをもっとも重視しているからだ。決算賞与ひとつ渡すのにも、一言ずつ添えながら、ありがとうの肉声とともに手渡しすれば、半日ではすまないという。それでも、あえてシステムやツールに頼らない直接対話に気持ちを込める。社長がハブとなり、自らの言葉でつながり続けることに意味を見い出している。

紹介を続けよう。「ドリームセブン」と名づけられた、一年一回七日間連続休暇は、取得が全社員に義務づけられている。また「イクメンファイブ」は、男性のための育児休暇で、最低五日の取得が可能となっており、二〇一七年度の取得率は一〇〇％と好評だ。さらに出産して育休期間中の女性社員に義務づけられているのが「育休出勤」で、月一回、子どもと一緒に出勤することになっている。一見負担のように思えるが、実は育休明けの職場復帰の不安解消につながっているという。そして小さな子どもがいる社員向けに用意された「時差・時短勤務」も利用者が増えている。さらに「定年後継続勤務」も用意されており、まさに至れり尽くせりだ。

社員の婚活までも手がけるお節介経営

これだけではない。驚いたことに、社員向けの婚活支援まで実施している。なんと社内結婚はすでに六組（社員数八十三人の会社にもかかわらず）。ここまでくると、世話好きというかお節介というか、福利厚生の域を超えている。

同社にはこんな逸話が残っている。二〇一三年二月十七日。びわ湖大津プリンスホテルで、ある結婚披露宴が盛大に開かれていた。新郎は吉田満さん、シンコーメタリコン取締役技術部長だ。四十四歳にして晴れの日を迎えた。その会場にはなんと特設のプロレスリングが設けられていた。レフリーもレスラーも、同社社員が演じている。リングの中央には、正義の味方役を演じる吉田さんと、悪役の覆面レスラーが組み合う。この覆面レスラーこそ、前代未聞の結婚披露宴特設プロレス開催を企画し実現させた立石社長だ。リングアナがプロ顔負けの実況アナウンスで盛り上げる。最後には悪役レスラーを倒したヒーロー吉田さんと新婦の由香さんがリング上で喝采を浴び、会場のボルテージは最高潮に達した。

このプロレス開催、きっかけはおよそ一年前にさかのぼる。「ある時、社長に子どもの頃の夢を聞かれて、ふと「プロレスラーになりたかったんですよ」と言ってしまったんですよ」と吉田さん。これを真に受けた立石社長は、彼の晴れ舞台でプロレスリング設置を思いつき、ホテルに直談判して実現にこぎつけた。聞くとこ

育休出勤で職場復帰の
不安も解消

プロレスラーになりたかった社員の夢を結婚披露宴で実現

ろによれば、吉田さんが結婚したがっていると耳にした立石社長は、婚活の申し込みからデートのコーディネート、勝負服一式の買い物まで面倒をみたらしい。いやはや、社員思い、いや、お節介にもほどがある。まるでわが子かわいい父親か、それ以上である。「どうしたら彼が幸せになってくれるか、それだけです。だから会社総出でやっちゃおうと企みました」と立石社長は話してくれた。

社長はもちろん、その企みに同調して悪ノリした社員のだれもが、吉田さんの結婚を祝い、その場を楽しんだ。チャンピオンベルトを巻いてもらった吉田さんの勇姿を前に、会場には笑いと涙があふれたという。かつて例を見ない結婚披露宴でのプロレス開催は、シンコーメタリコンの伝説となった。さすがにこんな会社、見たことも聞いたこともない。

ジャストサイズの企業規模が手厚いケアを実現する

立石社長が推進する「社員ファースト」の経営戦略は、日本独特の経営戦略でもなければ、同社の専売特許というわけでもない。広く世界に目を向ければ、イギリス・ヴァージンアトランティック航空のリチャードブランソン会長や、アメリカのスターバックスを率いた前会長のハワード・シュルツ氏などが有名だ。日本でもこうした考え方の経営者が増えていると感じる。インド発のＩＴ企業であるＨＣＬテクノロジーズ社の前ＣＥＯ、ヴィニート・ナイアー氏は、その著書『Employees First, Customers Second』（社員を大切にする会社）[＊2]で、「社員を第一にすることで、社員の創造性や情熱が引き出され、結果として顧客に真の価値をもたらす。つまり究極的には顧客が第一」という考え方を述べている。企業にはさまざまなステークホルダーが存在する

＊2　Vineet Nayar, *Employees First, Customers Second*, 2010（穂坂かほり訳『社員を大切にする会社―5万人と歩んだ企業変革のストーリー』英治出版、2012年）

が、社員と顧客、あるいは株主のだれを一番とすれば、企業の成果が最大となるのか。その答えが「社員ファースト」にあると考えたのは、立石社長も同じであろう。

ただ同社が異色なのは、その徹底ぶりだ。これが大企業となると、ここまで手を掛ける手法は物理的に無理が生じるだろう。社員数八十三人という企業規模は、徹底的にやりきることができる、経営者自らが牽引できるギリギリのサイズ感ではないだろうか。

一体感を生み出すクレドの存在

筆者が取材でシンコーメタリコンを訪問した時に感じたのは、なんとも言えない一体感だ。スタッフも営業担当者も現場の技術者も、爽やかな挨拶で出迎えてくれた。同じ空気感、同じ匂いを感じるのだ。社長が強力なリーダーシップで社員を牽引するだけで、これほどまでの一体感が生まれるのだろうか。

同社には社是や企業理念と称されるものはない。しかし「私たちの会社　私たちのコトバ」と題され、クレド化[*3]されたものがある。そこにはこんな言葉が書かれている。

私たちが願う社会
「日本を、機械長寿の国に。」
私たちのありかた
「機械に、未来を溶射する。」

＊3　クレド：社員が心がけるべき会社の信条や理念。

私たちの付加価値（行動指針）

1　広く、深く、しつこく、聞く。（ヒアリング力）
2　最適なプランを設計する。（プランニング力）
3　ノーと言わない。やりきる。（現場力）
4　納期を、全社員で守る。（納期対応力）
5　技術だけが一流の会社は、三流。（サービス力）

クレドに書かれたこの言葉は、月一回の全社朝礼と週一回の部署ごとの朝礼で唱和され、共有される。そしてこの考え方に沿って、社員個々人がどんな行動をすればよいかを自分の言葉で発表する個人スピーチを行なっている。目標はだれもが同じ。でもその実現の仕方は、社員個々人で違いがあって当然。それを職場メンバーで共有し、時に応援し、時に叱咤激励する。この個人作業で腹落ちするかどうかが、もっとも大事だ。

クレドをつくっている企業はほかにもたくさんある。また、ここに書かれている言葉は、だれもが認めざるをえない、いわゆる「正しい」道しるべだ。しかし個々の社員が、この道しるべを踏まえ、何をめざして、どう動くかを考えられなければ、クレドは絵に描いた餅にすぎない。

また同社には、「人材育成評価シート」を使って社員個々人が仕事上の目標と、生活や人生の目標を会社と共有する仕組みがある。このシートをもとに、年に二回、社員と上司と社長の三者で面談し、目標を共有している。これにより、会社や部門の目標と個人の目標との相関を明確化している。

個人の目標と達成度が処遇に反映されるのは当然だが、同社ではそれが全社で共有される。そして、その年に頑張った社員は、年末恒例となっている忘年会で表彰される。忘年会は、全社員参加必須の一泊コースである。そこで社長賞が発表され、金一封とともに表彰される。前回の社長賞は、「彼女できたで賞」「頼もしくなったで賞」「おうみ若者マイスターで賞」「イベント大将で賞」「食いしん坊で賞」といった具合だ。笑いと涙で忘年会が盛り上がることは想像にかたくない。

「「認めてもらう」ことこそが、社員のやる気を引き出す最大の秘訣。経営者の仕事は、頑張った人を認め、褒めてあげること。これができれば、だれも辞めないし、だれもが頑張る会社になる。この考え方は、これまでも、これからも、ずっと変わらないと思いますよ」

この、立石社長のブレない「社員ファースト」経営の結果が、社員満足度八六％、「滋賀でいちばん大切にしたい会社」選出という勲章をもたらしていることは間違いない。

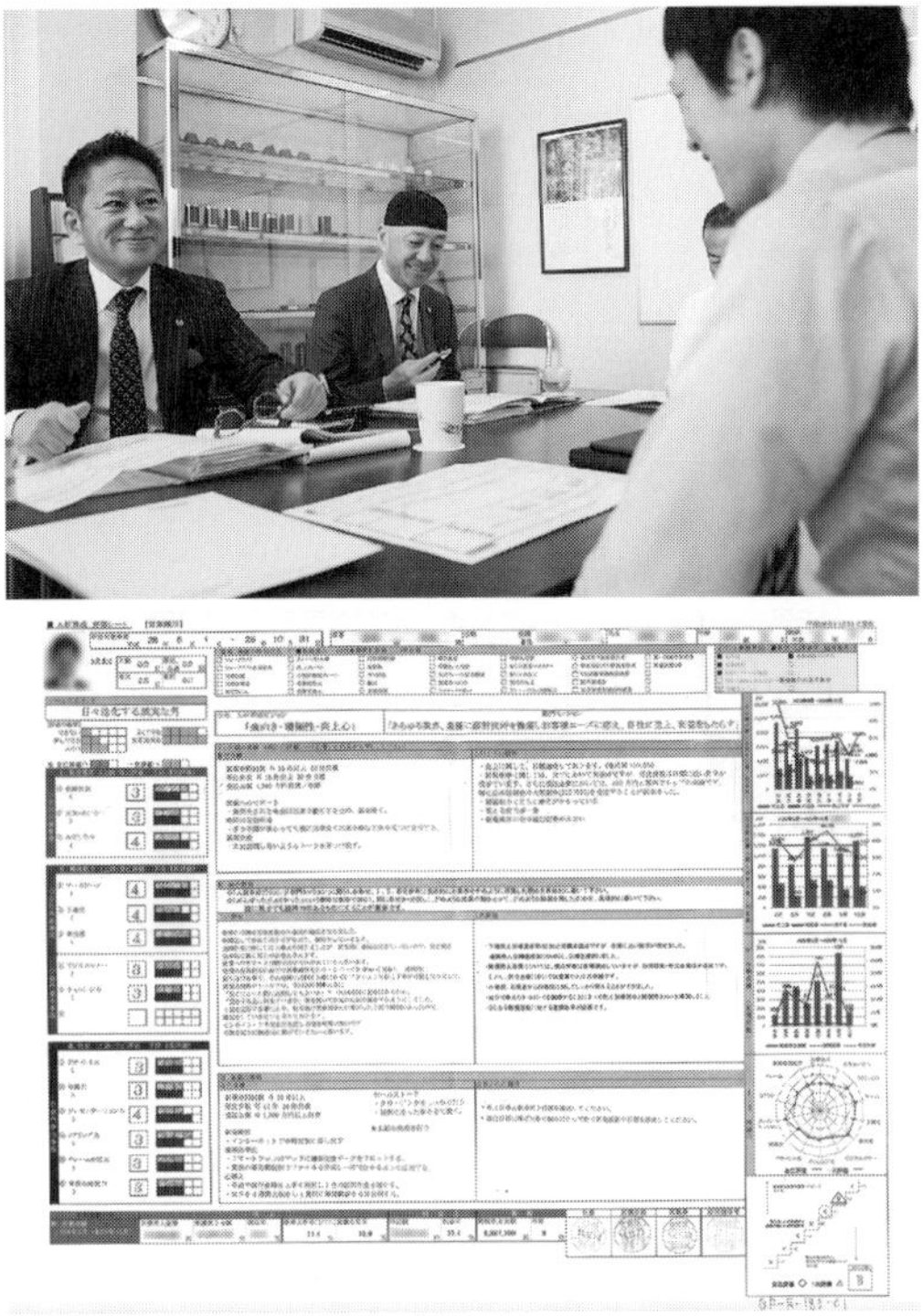

働く側、育てる側の思いが詰まった人材育成評価シート

第5節

鋼材R曲げ加工技術を「働く写真」で魅了経営者・全社員がＩＣで顧客とつながる

［事例］フジテック

【ＩＣ経営のポイント】

◆三十人ほどの企業でもコミュニケーション・ギャップはある。そこで組織にタテだけでなくヨコのつながりもつくっている。たとえば経営者と社員が経営課題を共に学び、その実践に向けて、社員全員がヨコ割組織の委員会（品質向上、環境、親睦、広報）に輪番で所属し議論しつつ活動する。この結果、経営団体や行政からも高い評価を得ている。

◆職場は勉強の場所。辛い勉強も楽しくなる「学校の楽しさ」がある職場にしていくため、「親睦委員会」が企画・運営を業務として担う。

◆経営理念に基づき経営者・社員全員で経営計画をつくるとともに、年四回、社員全員で四半期進捗状況を確認する。この計画には、誇りを持って働ける企業をめざし「学ぶ姿勢」「お客様満足」「社員満足」なども含まれる。
◆長期ビジョンの達成に向けて「社内コミュニケーションを通じた利益創出と社会貢献による顧客満足向上活動」を進める。経営者が先頭に立って、仕事から社会貢献活動まで積極的に発信する。インターンシップや会社見学も積極的に受け入れる。
◆これらの活動は、社員一人ひとりに焦点を当てた月刊広報誌「FTC Times」やメルマガを通じて配信するほか、事業や技術の特徴をホームページに積極的にアップして顧客にアピールしている。

「社員が主役の広報誌」を支えるＩＣ経営

社員三十人ほどの鉄鋼加工会社が埼玉県川口市にある。フジテック株式会社は典型的な小規模事業者だが、経営者が先頭に立って企業情報を発信するだけではなく、社員全員が働く現場からのメッセージをインターネットで送っている。ＩＣ経営の原点ともいうべき姿がここにある。

それは企業メディアの多さからもわかる。「お客様と社員をつなぐ」を謳い文

フジテック株式会社　会社概要

代表者	：代表取締役社長　藤田昭一
本社所在地	：埼玉県川口市
設立	：1965年1月（創業1963年1月）
資本金	：1000万円（2018年時点）
社員数	：31人（2018年12月現在）
売上高	：約5億円
事業内容	：各種鋼材Ｒ曲げ加工

句とする月刊広報誌「FTC Times」は、A4判一頁にネット配信の写真誌風レイアウトがなされている。このほかに、非公開だが、社員相互の情報交換誌のような月刊社内報「みんなのブログ」もある。

後者の社内報は広報委員会が発行しているが、前者の広報誌は本社にある経営サポート部の社員四人が担当する。ただし、うち一人が育児休業中のため、実質三人で、総務・経理・福利厚生から、健康経営の推進、ホームページやメルマガ・SNSなどの入力・管理までの多様な業務を担っている。

このように、一人が何役もの仕事をこなすのが同社の経営スタイルだ。社内には、経営課題別に「品質向上委員会」「環境委員会」「親睦委員会」「広報委員会」の四つの委員会があり、社員はいずれかの委員会に輪番制で加わることが原則となっている。このうち、広報委員会の活動内容としては、「平成二十九年度活動指針」に以下の六項目が記されている。

①社内外に情報を発信し、コミュニケーションおよび営業活動の推進を目的とする
②メンバー三名は、社長が指名する
③任期は二年とする
④委員会に選出された者には毎月委員会手当を支給する

経営サポート部

本社社屋

⑤月一回のミーティングを行なう

⑥毎月の活動報告書を提出し、活動内容を明確に報告する

「広報委員会活動指針」を見ると、経営者と実務部隊の「経営サポート部」とが、典型的な「ＩＣ経営」を支える。この仕組みが、インターナル・コミュニケーション活動で成果をもたらすのである。

「FTC Times」の創刊は二〇一七年四月。〇二年に実父の先代社長から経営を引き継いだ藤田昭一社長は、従来の家族的経営の良い点は残しつつ、経営の近代化に向けてさまざまな改革に取り組んできた。そして〇八年のリーマンショック時の経営危機や東日本大震災をも乗り越えてきた経営をさらに発展させていこうと、広報誌の発行に踏み切った。

創刊号と同様、毎号、第一線の現場で働く社員の写真が、Ａ４判一頁大の誌面の約三分の一を占める。そして各部門の業務紹介や地元の名物・観光記事、展示会出展案内、社会貢献活動の報告などが各号で順番に紹介されている。

誌面の基本デザイン（レイアウト）も毎号の記事執筆も経営サポート部が制作する。ただ、「オヤッ」と思わされるのは、一般企業の広報誌とは異なる印象の誌面であることだ。普通の企業ならば社内報に掲載するような写真や記事が広報誌に載っているからではないだろうか。なぜですか、と藤田社長に尋ねた。

「FTC Times」創刊号誌面

社員との距離感を縮めたＩＳＯ認証取得

「それまで経営の近代化に向けて、社外の研修に社員を送り出していました。しかし社外研修を継続していても、社員と仕事に関するコミュニケーションをなかなかうまく交わせない。大卒・高卒に関係なく、ですよ」と言う。

新入社員研修、コミュニケーション・トレーニング、アセスメント研修、幹部アカデミーなど、機会があるごとに試した。また十五年前からは、年二回の個人面談も始めた。面談を始めた頃は社員一人当たり十〜十五分程度だったが、いまでは一人に約一時間をかけ、個人的な事情にも配慮して話しやすい工夫を取り入れて、できるだけ話を聞くようにしている。

小さな会社でもあり、社長と社員は毎日のように顔を合わせている。立場の差も社歴の長短もあるが、このような状況だけに社長自身、「てっきり同じ仲間だと思っていたのですが」と振り返る。「やはり距離感はかなりありますね」。それを縮めるのは「社長のほうでしょう。社長だからこそ、下げられる。お互いの距離はゼロにはならないにしても、近づけられると思うんです」と語る。

職場改善の努力は、二〇〇五年に埼玉県から「彩の国工場」の指定を受けるなど徐々に成果が見え始めた。そして社員とのコミュニケーション改善の機会は、意外なところから訪れた。藤田社長は、環境保全は社会貢献になるだけでなく、職場環境の改善にも役立ち、コストダウンにもなると理解できたので、〇六年に国際的な環境マネジメントの仕組み導入を決意した。社長を含む三人のメンバーが委員となり、コンサルタントの指導を受け、環境マネジメントの仕組みであるＩＳＯ１４００１の勉強を始めたのである。

とはいえ、「普段の仕事では使わない用語」という壁にすぐにぶつかった。環境側面から始まって、要求事項、目的・目標、力量、相互作用、不適合からマネジメントレビューまで、一つひとつ説明を聞いたうえで改めて考えなくてはならない用語があふれていた。そこで、社長と社員が席を並べて、共に勉強をした。一緒に学べば、お互いに教え合うこともあり、また、同じ言葉を覚えていくので、日常業務に戻って専門用語で会話をすると、それまでと違ってすぐ共通の理解となる。共に学び、共に環境マネジメントの活動目標も立てることになるので、共通の目標もできる。こうして環境マネジメントシステム規格の認証が取得できると、その日々の実践が認証維持の条件となるので、環境保全活動を推進するための横串組織である「環境委員会」を発足させることになった。

次いで取り組んだのが、品質向上である。品質管理については、国際認証は取得せず、副社長を筆頭に社内で品質の向上に努めており、これも環境と同様、「品質向上委員会」として継続運用されている。

こうした取り組みの中で、藤田社長の職場イメージに「学校」が立ち現われた。勉強は嫌いだったが、仲の良い仲間と過ごすことができる学校は好きだった。「そんな学校のような職場にできないだろうか」。職場は勉強の場所でもある。

「勉強の場所だった学校はどんなイメージなのか」。勉強も辛い、クラスの仲間と顔を合わせるのも辛い。これでは、まず登校するのもいやになる。登校しなければ勉強もできず、ますます学校に行きたくなくなる。

「どうすれば、勉強が辛くても学校に行きたいと思うのだろうか」。

そこから、業務推進の活動だけでなく社員親睦のための「親睦委員会」も設立された。この委員会の目的は

「社内コミュニケーションの推進」と「親睦会や歓送迎会、研修旅行等の計画」であり、親睦も業務目的に位置づけられている。

さらにサークル活動も立ち上げ、まさに学校のような職場に近づいたのではないか。

「経営計画書」に盛り込まれたコミュニケーション能力向上

フジテックでは年に四回、「全体会議」を開いて経営理念を確認しながら、四半期の全社経営計画を確認したり、四半期の進捗状況を確認したりしている。年間計画については、およそ十一月末頃から年末にかけて、社長以下、全部門、全委員会で議論を行ない、部門計画を策定のうえ「経営計画書」にまとめる。その基本的な内容は、以下のとおりである。

経営理念

私たちは、素直な気持ちで誇りを持って働く企業を目指します

社訓

【学ぶ】学ぶ姿勢を忘れず、前向きに職務に取り組む

【協調】「顧客満足」・「社員満足」の達成のため、協調性を持って職務に取り組むと同時に、会社の発展と安定に全力を尽くす

【貢献】利益を生み出し、社会に貢献し、企業の役割・社会人としての役割を果たす

ビジョン

曲げ加工の総合メーカーになる（二〇二七年）

平成三十年度各部署年間目標

【お客様サポート部】ガツガツ行こう

【経営サポート部】人事の仕組みを作ります

【川口工場】個々がレベルアップしチーム全体で深化します

【加須工場】ハッキリハキハキと応えます

【配送部】Let's do it together ～一緒にやろうぜ～

経営計画書

経営理念や社訓は別として、部署の年間目標はクラブ活動や同好会の活動目標のようなノリだが、その随所に「学ぶ姿勢」や「お客様満足」「社員満足」あるいは「家族の一員」「明るく元気よく」「社内コミュニケーション」といった文字に目がとまる。藤田社長が願う「職場を楽しく元気な学校のようにしたい」という目標が社員にも共有されつつあることがうかがえる。

平成二十九年度経営計画書に記載されている、社長による前期の振り返りの主題は「コミュニケーション」である。曰く「コミュニケーションが全体的に毎年向上しているのが行動に表われている。なぜコミュニケーションが必要なのかが、全体に浸透したのではないかと推測する」と評価しつつ、ＩＣ経営の理念となる言葉も述べられている。すなわち「お客様に喜んでいただくためには社内のコミュニケーション能力を上げ、常に学び実践し社内での信頼関係を築くことが大切だ」。

ＩＣ経営の仕組みで、社員満足を高めて顧客満足

フジテックでは、経営理念「私たちは、素直な気持ちで誇りを持って働く企業を目指します」に基づき、社訓として「学ぶ」「協調」「貢献」を導き出し、二〇二七年に向けた長期ビジョン「曲げ加工の総合メーカーになる」の達成をめざしている。その戦略の実現に向けて、トップが経営サポート部にリクワイアメント（情報要求）を行なうインテリジェント・サイクルを回し、「社内コミュニケーションを通じた利益創出と社会貢献による顧客満足の向上」をめざす活動である。

たとえば「FTC Times」の企画・制作にあたっては、社員のデータや社会貢献活動にかかわる事実を集め（データ収集）、それらを持ち寄って検討（整理・分析）して原稿にまとめたり写真を用意したりしたうえでレイアウトし（情報開発）、広報誌配布およびメルマガ配信、そしてホームページアップに至る活動を行なっている。

もとの情報は、一人の社員の休日の過ごし方であったり、地元の名所や名産品の紹介だったりとありふれたデータにすぎないが、三年目にもなると全社員の性格や趣味、仕事への姿勢などがわかってくるほか、会社周辺の地理なども自然と意識するようになる。むろん自社の鉄骨や鉄板の曲げ加工の技術紹介にも自然と目がいく。まさにＡ４判一頁に収められた、写真数枚と長くても四百

図表2-6　フジテック　IC 経営の仕組み

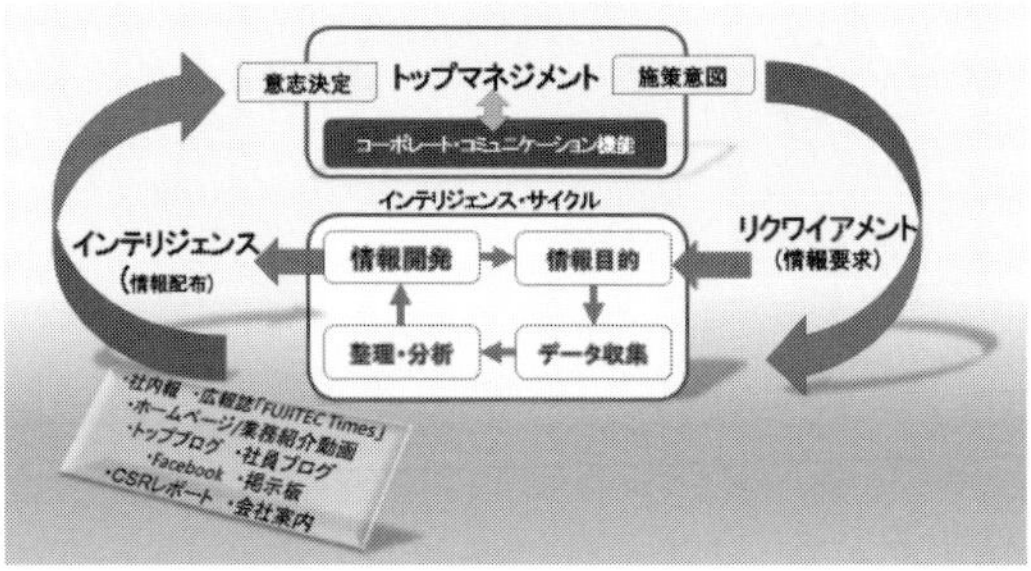

字程度の短文の社員紹介を通じて、同社の専門技術や社内外の活動から社会環境までが自ずと伝わる仕組みになっているのである。

改めてフジテック流のＩＣ経営を図解すると、図表２‐６のとおりである。社員全員が部門・委員会別に検討してまとめて確定した「経営計画書」に基づき、社長・副社長などトップマネジメント陣の施策意図に基づくリクワイアメントを受けて、経営サポート部（インターナル・コミュニケーション機能）が社内外の情報を収集、整理・分析し、広報誌「FTC Times」やメルマガを作成するほか、ホームページなどに掲載していく。その一方、社員同士のサークル活動や親睦活動は、社員自身の手による社内報によって共有される。

これらの活動は年四回の全体会議で点検されてトップの意思決定に反映される。いわば社内情報の循環を通じて、経営者と社員が仕事への思いやリクワイアメントをすりあわせる。そして人材（能力）と技術に支えられて顧客満足につながる品質（Quality）、環境（Environment）、コスト（Cost）、配送（Delivery）のレベルを高めているのだ。それは、認定を得ている埼玉県知事指定「彩の国工場」（二〇〇五年、川口工場）、ＩＳＯ１４００１（環境マネジメントシステム：〇七年、認証）、川口産業振興公社「川口の元気な企業」（一〇年）、「川口市技能振興推進モデル事業所」（一四年）、川口商工会議所「川口 i-waza ブランド」（一四年）、「埼玉県多様な働き方実践企業」（一七年）などの実績からもわかるだろう。

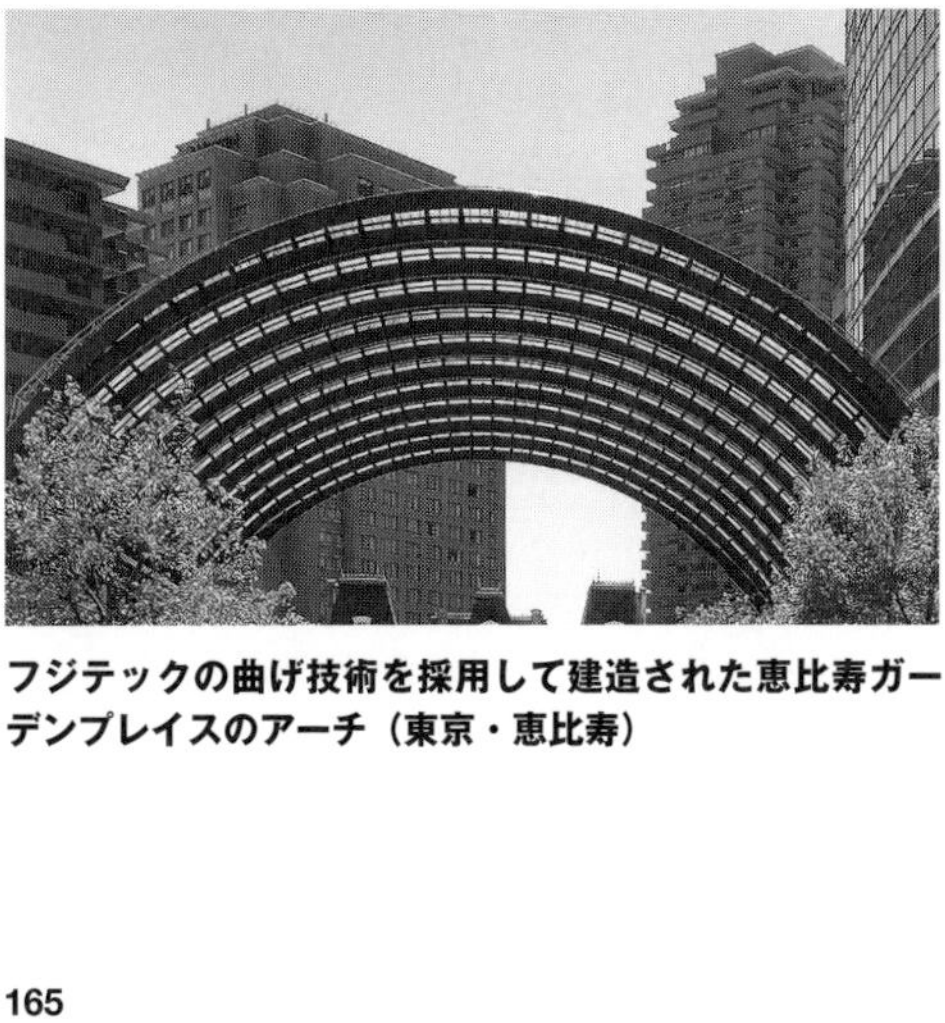

フジテックの曲げ技術を採用して建造された恵比寿ガーデンプレイスのアーチ（東京・恵比寿）

コラム

社歌と社内広報のコラボレーションを

二〇一七年六月末の日本経済新聞に「なぜ今、社歌ブームなのか?」という記事が掲載された。近年、少なからずの企業が「社内運動会」や「社内旅行」、さらには「社内バー/カフェ」から「飲み会手当」まで復活する動きがある。その中に「社歌」も加わってきた。夏の都市対抗野球での社歌による応援合戦はよく知られている。

外国人社員が七割を占めるNTTデータでは二〇一三年五月、言語や文化などが異なる多様な社員の参画のもと、グループ意識を盛り上げようと「NTT DATA One Song」をつくり上げた。二〇一六年十二月から毎年「社歌コンクール」も開催されるようになり、第一回の受賞企業に文房具販売のクラブン(倉敷市)が選ばれた。

⌘社歌は世界共通のコミュニケーション・ツール

このように大企業だけでなく小規模事業者でも社歌創造の動きが出てきている。なぜインターナル・コミュニケーションの本に「社歌」が出てくるのか、いぶかる向きも多いかもしれないが、社歌は経営理念の浸透など、抽象的な概念を言葉とメロディーにのせて共有するツールとして他に類を見ないものだからだ。特に歌詞を上手に翻訳すれば、世界共通のコミュニケーション・ツールとなることは論をまたない。

日本経済新聞の記事は、この社歌が第四次ブームを迎えていることを取り上げて、その背景や理由を解説している。その記事によると、明治時代後期に紡績業などで「工場歌」が登場し、やがて大正時代から昭和初期にかけて、各産業が確立し大規模化してくると、社歌の第一次ブームが到来したという。

⌘社歌と社内報の発展の歴史は連動する

社歌と社内報の歴史をたどると、両者の歴史はほとんど重なっている。社内報は明治時代後期に、日本生命保険や鐘淵紡績の社内報創刊から始まり、一九二〇年代〜三〇年代に第一次ブームが到来した。これにより、それまでの紡績・鉄鋼・鉱山業だけでなく、電機や機械、百貨店等の産業にも社内報創刊が広がった。

同時期に、北原白秋作詞の富岡製糸場工場歌「甘楽行進曲」（一九二一年）や同じく白秋作詞の八幡製鉄所「所歌」（一九三〇年）などが登場した（寺岡寛『社歌の研究』同文舘出版、二〇一七年）ことを考えると、社内報と社歌の連動はまったくの偶然というわけではないだろう。

前述の寺岡氏は『社歌の研究』の中で、社歌の制定を必要とした、あるいは必要とせざるをえなかった社会状況の出現や実際に社歌を必要とする企業の増加が歴史的背景だと指摘する。労働運動の高揚とともに広まった労働歌に対抗して、工場歌も登場してきたという。そして「工場などの集団作業のやり方、あるいは、会社の経営方針などを従業員にただ単に伝えるだけであれば（中略）口頭で伝えるか、あるいは文書などで通知すれば済む。にもかかわらず、なぜ社歌が必要とされるのか」と問う。この問いかけは今日の組織コミュニケーションにも向けられよう。

その答えは、言葉を歌曲にのせると「浸透性」「効率性」「広範囲性」「繰り返し性、暗唱性」という四つの要素によって、歌詞が社員に浸透するからだと説明する。いかにも経営学者らしい説ではあるが、本当にそれだけなのだろうか。みんなで歌う合唱活動を経験すると、歌詞だけに限らない効用や要素に気づく。

社歌は一人で歌うことは少ない。みんなで共に歌うのが基本だ。その時ハモったり、ピタリと音程が合うと胸が震えるような喜びがわいてくる。参加者は歌詞の内容（主張や理屈）だけで感動するのではなく、音声やメロディーを聞きとり、自分の声と他人の声とが共鳴することを体感的に理解し、共感するのだ。

⌘「認知的文化」と「情緒的文化」の共鳴の場を

『ＤＩＡＭＯＮＤハーバード・ビジネス・レビュー』（二〇一六年七月号）に「組織に必要な感情のマネジメント」

という翻訳論文が載っている。企業文化は社員の思考や行動に影響を与えるが、実際には二つ種類があると指摘する。

一つは「認知的文化」で仕事のうえでの発想や行動を方向づける。もう一つは「情緒的文化」で、これがあることによって職場におけるメンバーの感情の表出が決まるという。

論文を執筆したシーガル・バーセイドなどの十年にわたる研究によると、情緒的文化が社員満足度やチームワーク、さらには財務業績などの定量的な側面にも与える影響は大きいと主張している。社歌が企業文化を形成するうえで重要なのは、おそらく情緒的文化も形成するためだろう。

それが強くてしなやかな企業文化を形づくる。社内報と社歌。この関係を読み解いて新たな施策を展開することが、ＩＣ経営のもうひとつの方向性となるだろう。

第3章

新事業創造を核にしたＩＣ経営

第1節

新事業創造型インターナル・コミュニケーション
——個を活かすコーポレート・カルチャー

第3章では、新事業創造型のインターナル・コミュニケーション経営に焦点を当てる。事例で取り上げるのは、「個」を活かしながらも「企業らしさ」を構築し、組織風土を活性化させるコーポレート・カルチャーづくりに成功し、ヒト・モノ・カネ・情報といった経営資源の集約が強化され、業績向上を果たしている企業である。

企業を取り巻くパラダイムシフト

労働人口減少にともなう働き方改革、労働環境の変化、市場のグローバル化、ＳＮＳの普及をはじめとする情報環境の変化など、外部環境の急激な変化により、企業は大きな転換期を迎えている。そのため、社内でのコミュニケーションのあり方も大きな変化を遂げざるをえない状況となっている。

その傾向は、特にここ数年、多くの企業で顕著になっており、まさに時代は、〝揺り戻し〟が起きているといっても過言ではない。日本は、戦後時代を先人たちの自由な発想や着眼で高度成長を遂げ、二十世紀の終わりには世界第二位の経済大国にまで上り詰めた。しかし、バブル崩壊後は、護送船団方式が終焉し、日本は閉塞状態に陥った。企業もコンプライアンスやガバナンスへの過剰な配慮から、自己規制を強化せざるをえない状況となったのである。まさに閉塞感の漂う失われた二十年であった。加えてグローバル化の波は、大企業にとどまらず中小企業にまで押し寄せている。日本企業は、閉塞感のある状況から脱却し、生産性を高めていかなければ、そして過去の高度経済成長期に見られたような自由闊達な組織風土を取り戻さなければ、グローバルな競争に打ち勝つことはできない。

情報流通構造の変化も大きな影響を与えている。これまで情報の多くは、政府や企業・団体など組織側に集中し、組織と生活者の間で情報の非対称性が生じていた。たとえば、政策・規制にかかわる重要情報は政府や行政機関が発表し、人々はその内容を新聞やテレビの報道を通して知ることしかできなかった。企業の情報も同様で、情報を持っているのは企業側であり、企業に関係する情報のほとんどは、企業側から生活者にトップダウンで流通する非対称的な情報流通構造であった。

ところが近年、ソーシャルメディアの普及により、その情報流通構造に大きな変化がもたらされている。個人が情報発信の機会を獲得し、個人のつぶやきが的を射たものであれば仲間の共感を呼び、ネット上で拡散し、世論を形成して、企業活動にも大きな影響を与えうる時代になったのである。

いまや企業は、かつてのように情報を独占することはできず、自らの知らないところで、自社にかかわる大切な情報が生まれ、あるいは流通し、独り歩きしていく時代である。このような情報流通構造の変化に対応するためには、企業活動において、自らも情報発信手段を増やすとともに、ステークホルダーに対し、より丁寧な直接対話によって信頼関係を構築することが求められるようになってきている。もはや、「企業が情報の主導権を持つ時代」「企業が情報の中心に存在する時代」ではないのである。

従来のマスメディアに加えて、ＳＮＳで個人が情報の発信主体となったことは、生活者および社員の行動様式にまで大きな影響を与えている。「個」が重視されるように生活者感覚が浸透し、世の中の空気を変化させているのである。また、個々人の価値観も多様化しており、上からの押しつけ情報だけでは心が動かされなくなっている。個が起点となって考え行動するようになり、それにともなう個の重視は、インターナル・コミュニケーションにおいても重要になってきている。

企業を取り巻く環境は、さまざまな側面で大きくパラダイムシフトしている。このようなパラダイムシフトに対応し、組織一丸となって事業活動に取り組むべく、組織内部と積極的にインターナル・コミュニケーションをはかる機運が一層高まっている。これまでのような上からの情報共有や浸透ではなく、個を活かし創発を生み出すようなコミュニケーションの仕掛けが求められている。

業績向上につながる三つの組織能力

「個」が重要になってきているのは確かだが、企業においては、個人である社員がバラバラに仕事をしていては、業績を上げることはむずかしい。個々の社員がいくら能力を発揮しても、個々人のベクトルが同じ方向を向いて組織全体として行動しなければ、いい仕事をすることはできない。リクルートマネジメントソリューションズ（ＲＭＳ）組織行動研究所（２０１０）によれば、業績を高める組織能力は三つあるという（図表３‐１参照）。

その三つとは、「ビジョン共有力」「知の創出力」「実行・変革力」である。「ビジョン共有力」とは「組織が大事にしている価値観や方向性を背景・意味・文脈を含めて組織の隅々に浸透させる力[*1]」であり、「知の創出力」は「縦・横・ななめにコミュニケーションを行ないつつ豊かな関係性を育み、信頼や配慮などの感情を相互に通じ合わせ、知を交換・結合して新たなアイデアを生み出すという、組織レベルでの知の創出を可能にする力[*2]」である。最後の「実行・変革力」は「組織能力のうち業績に直接関係するものであり、「実行」と「変革」を同時実現する力[*3]」のことである。

そのどの力が欠けても機能はしない。しかし、ここで特に強調しておきたいのは、「ビジョン共有力」は、「知の創出力」および「実行・変革力」の起点となっているという点である。ビジョンの共有が組織能力の基盤となっているのだ。ビジョン共有力が向上することが、業

図表3-1　業績を高める3つの組織能力

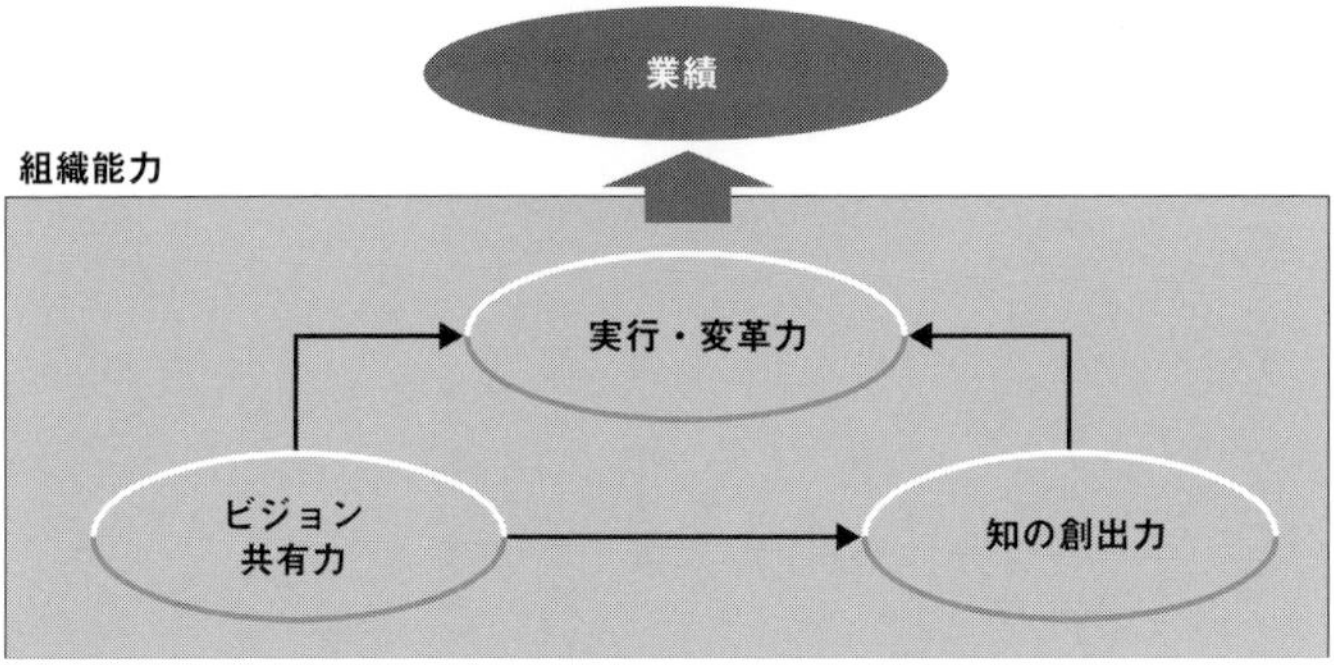

出所：RMS 組織行動研究所『日本の持続的成長企業』（東洋経済新報社、2010年）

＊1　RMS 組織行動研究所（2010）、80頁
＊2　RMS 組織行動研究所（2010）、69頁
＊3　RMS 組織行動研究所（2010）、53頁

績を高めるためには必要不可欠であることを示している。

ビジョン共有力と業績向上の関係

ここでいうビジョン共有力は、「組織が大事にしている価値観や方向性」ということなので、経営理念や企業理念、あるいはビジョンということになるであろう。インターナル・コミュニケーションは、経営理念の浸透を目的として行なわれることがある。しかし実際のところ、どのように経営理念の浸透が業績の向上と結びついているのかを理解できない経営者も多く、それを明確に説明できるコミュニケーション実務担当者も少ないのが現状である。

実際に、RMS組織行動研究所が行なった調査データ（二〇一〇年）の分析では、調査対象となった七十四社[*4]について、企業業績の代理変数として、過去五年間の平均売上高成長率、平均ROA、対TOPIX株価上昇率という中長期的な業績指標を用いて、組織能力との関係を分析している。図表3-2は、それらのデータをもとに、共分散構造分析を行なった結果であり、この共分散構造分析の結果から、潜在変数[*5]として「知の創出力」「実行・変革力」「業績総合指数」が抽出されている。

この構造を見ても、「知の創出力」および「実行・変革力」は、ビジョン共有力に影響を受けていることがわかる。またパス図の方向を見れば、「知の創出力」および「実行・変革力」は、ビジョン共有力がなければ成り立たないことがわかる。

また、ビジョン共有力が起点となって、「知の創出力」が向上し、そして「実行・変革力」が向上すること

＊4　社員数1000人以上の大手企業の中で企業全体として回答した161社のうち、上場して複数年の財務データおよび上場して30年の株価データを入手できた企業を対象としている。
＊5　潜在変数とは直接観測できない変数。複数の観測した変数を組み合わせて表現されている。

により、業績総合指数が向上するという構造が明らかとなった。

ＲＭＳ組織行動研究所（二〇一〇）の言葉を借りれば、この共分散構造分析の結果から導き出された組織能力と業績の関係は、「会社の方向性や大事にする価値観が組織内で浸透して日常化され、縦・横・ななめにコミュニケーションが活発化して新たな知が生まれ、経営における実行と変革が同時実現してこそ、業績が向上する」[＊6]という流れを示している。

二つのインターナル・コミュニケーション

インターナル・コミュニケーションの観点から述べると、二つの側面からのコミュニケーションが重要になる。一つは、「経営理念・企業理念やビジョンを組織に浸透させ、日常化させるというコミュニケーション」、もう一つは、「個と個のコミュニケーションを活発化させて新たな知を生み出すコミュニケーション」である。これら二つの側面からのコミュニケーションが、経営としての実行と変革を生み出し、業績を向上させるということができる。

第３章で紹介する新事業創造型の企業では、インターナル・コミュ

図表3-2　共分散構造分析の結果

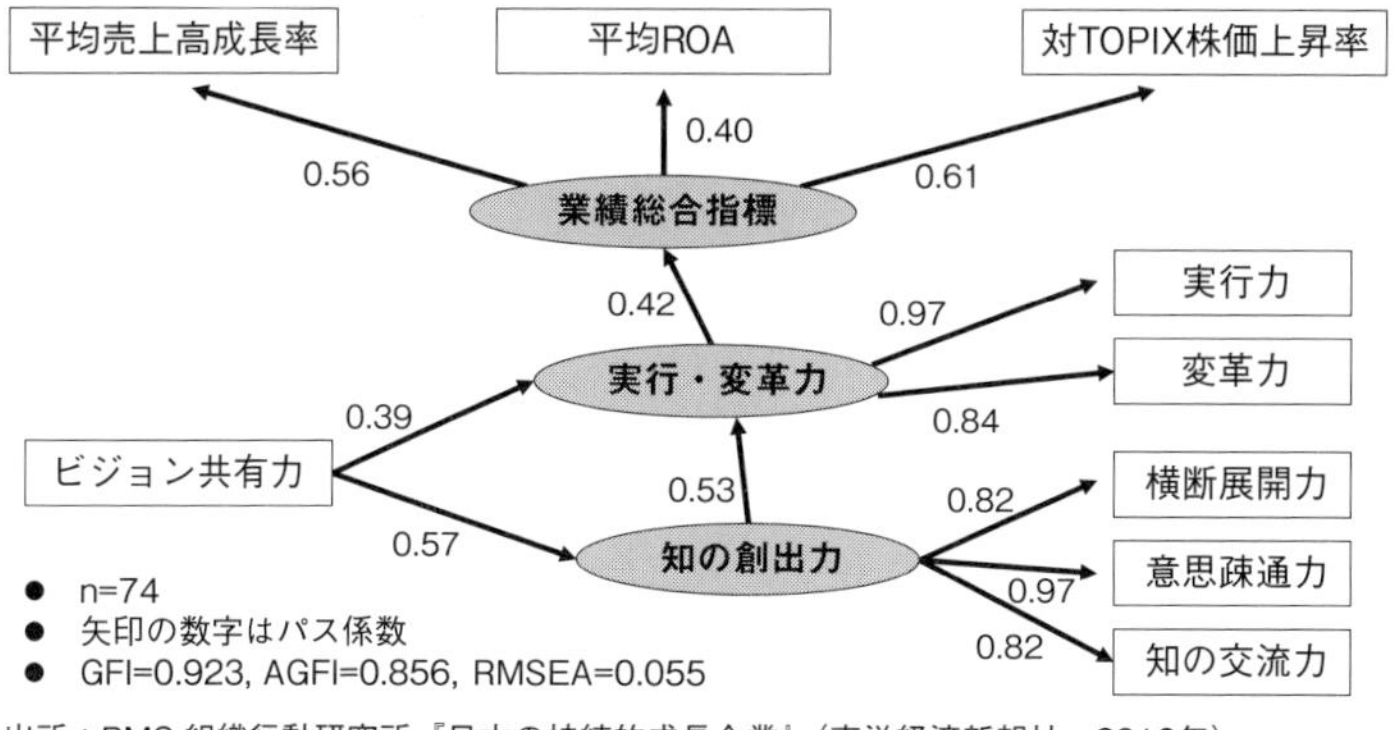

出所：RMS 組織行動研究所『日本の持続的成長企業』（東洋経済新報社、2010年）

＊6　RMS 組織行動研究所（2010）、44頁

ニケーションとして、二つのコミュニケーションが綿密に、かつ強力に、同時並行で行なわれていることが特徴としてあげられる。「経営理念・企業理念やビジョンを組織に浸透させ、日常化させるというコミュニケーション」を進めることにより、その企業らしさが強化され、企業の独自性を強め、コーポレート・ブランドを強化できる。また、「個と個のコミュニケーションを活発化させて新たな知を生み出すコミュニケーション」を通じてイノベーションが創出される。

イノベーションを起こすためには、個を活かして、従来の組織の枠を超えて、個が柔軟に連携してアイデアを生み出すことが必要となる。そのような創発を生むコーポレート・カルチャーが求められている。

圧倒的なビジョン共有力

新事業創造型の企業の特徴の一つに、圧倒的なビジョン共有力がある。インターナル・コミュニケーションにおいて、どの企業でも経営理念の浸透はきわめて重要な事項である。しかし、新事業創造型の企業では、企業のDNAともいうべき創業者の思いや、創業時の言葉や理念などが具体的に明確化され、言葉として表出化されている。

以下で紹介するVOYAGE　GROUPでは、経営理念の見直しをかけ、経営陣の言葉で腹落ちできるワードにまで経営理念が落とし込まれ、それがSOUL「360°スゴイ」と、八つのCREEDの形で表わされている。

リクルートでは、「起業家精神」「圧倒的な当事者意識」「個の可能性を期待し合う場」という三つの言葉で創業以来の独特の企業文化を表現している。

沢根スプリングでは、経営理念の価値感を社内の行動にまで落とし込んだ四項目八点にわたる「共通の価値観」が存在する。「共通の価値観」とは「考える（チャレンジ、熱意）」「行動する（創意工夫、たゆまぬ努力）」「築く（チームワーク、技術・開発）」「磨く（自己革新、鼓舞する）」である。

いずれの会社でも、それらの言葉は、単に職場に貼られるポスターのような飾り物ではなく、その言葉に日常から触れることができるように、さまざまなコンタクトポイントで活用されている。ＶＯＹＡＧＥ　ＧＲＯＵＰでは、オフィスであり、イベントであり、採用基準であり、評価であり、すべてが経営理念をもとにして設計されている。

自由闊達なコミュニケーションと個を活かす企業文化の醸成

もう一つ、新事業創造型の企業の特徴として、自由闊達なコミュニケーションと個を活かす企業文化の醸成がある。

自由闊達なコミュニケーションという面では、ＶＯＹＡＧＥ　ＧＲＯＵＰでは、いまも残る企業文化として、トップと社員の間で非常にフラットな関係が続いている。社長や役員を「〇〇さん」や「あだ名」などで呼ぶことが普通であり、社内では「社長」と呼ぶ人はいないという。このような自由闊達さが革新を生み出す原動力となっている。

個を活かす企業文化の醸成という面では、リクルートは、成果を出した人が、成果を出すための秘訣や過程を同僚や部下と共有する「場」を設けて、企業文化である「個の可能性を期待し合う場」を具現化している。

また沢根スプリングでは、社員同士が講師や塾生に交互になって教え合う仕組みである「沢根塾」を開講し、時に教える立場を経験することによって、社員それぞれが成長している実感を持てるようにしている。

新しい知識を生み出し、イノベーションを実現することは容易なことではない。企業内にはさまざまな能力や経験を持った「個」が存在するが、個人の能力やノウハウの拡張には限界がある。野中・竹内（一九九六）が論じるように、組織として知を創出するためには、ノウハウや知恵といった「暗黙知」と、文字化・マニュアル化のような「形式知」の間での「共同化」「表出化」「連結化」「内面化」といった知識の変換を行なうことが重要とされる。個人によって得られた知を、グループや組織レベルの知に変換するためには、まずは暗黙知を共有するところから始める必要がある。

そこで重要になるのがコミュニケーションである。組織内においては、円滑なコミュニケーションは個と個を相互に結びつけることにより、組織への知の変換がスムーズに行なわれ、新たな知の創造につなげることが可能となる。

「社員相互が信頼に満ちあふれ、意思疎通が容易な組織」と「不信が蓄積され、社員の意見を阻害するような組織」とでは、知の創造のプロセスにおいてその違いは明白であろう。企業の創業期には組織規模も小さいので、組織内の情報は流通し、新しい知を得ることは比較的容易にできる。しかし企業が成長して企業規模も大きくなり、複雑になり社員が増えてくると、情報の共有がなされることは少なくなり、企業としての活力が失われていくことになりかねない。企業規模が大きくなるにつれて、知識とノウハウを成文化することを動機づけ、社内の構成員間で共有化し、組織知として定着化させていくためには、個と個が気軽にコミュニケーションをはかることができる風通しの良さが欠かせないのである。

また、風通しの良いコミュニケーションは、型にはめるのではなく、社員のあらゆる可能性を引き出すことが望まれる。たとえばアートや音楽など、趣味の知識や趣味でつながったネットワークは、これまで業務には関係がないと思われていたが、それが思わぬビジネスアイデアを生み出すことにつながることがわかってきた。社員が自分自身を型にはめずに、多様な個性や嗜好に光が当たるようにすることは、社員にとっても「やりがい」や「生きがい」を感じることにつながるのである。

第2節

経営理念の体感と新たな競争力を生み出すコーポレート・カルチャー

［事例］VOYAGE GROUP

【IC経営のポイント】

◆企業活動のすべてが、経営理念に基づいて設計されている。オフィス、イベント、採用基準、評価などのどれもが経営理念を体現し、経営理念に共感するクルー（社員）が自然と集まってきている。それが同社の強みとなっている。

◆AJITOと呼ばれる「近未来的海賊の隠れ基地」をコンセプトにした社内バー（BAR）を設置。組織を活性化させ、経営理念を体感させる同社の象徴的な存在である。内装も、経営理念にあるような「挑戦」や「仲間」を体感させるような仕立てとなっている。

◆「ナナメのつながりをつくる」きっかけづくりとして、ＶＯＹＡＧＥ　ＦＥＳＴＩＶＡＬ（社内運動会）[*1]を開催。事業部内の「タテのつながり」と、同期や職種の「ヨコのつながり」だけでなく、全社を横断した「ナナメのつながり」を創造することで、組織の活性化をはかる。

◆環境変化の激しいデジタル業界では〝人〟が一番の資産。人を活かすために、「企業文化」（コーポレート・カルチャー）を非常に大事にし、経営理念を念頭に、経営理念を具現化するオフィスをつくったり、インターンシップの世界観や言葉などを統一させるなど、すべての企業活動を経営理念に焦点を合わせて行なっている。

会社概要と現状の課題

ＩＣ経営において、理念やビジョンを組織の中に浸透させるためには、言語コミュニケーション手法以外の施策を織り交ぜる必要もある。ここでは、世界最大級の意識調査機関Great Place to Work®が実施した「働きがいのある会社ランキング」で、二〇一五年、一六年、一七年に第一位[*2]となったＩＴ系企業である株式会社ＶＯＹＡＧＥ ＧＲＯＵＰの事例を紹介する。

ＶＯＹＡＧＥ　ＧＲＯＵＰは、宇佐美進典氏が一九九九年十月に創業した

株式会社 VOYAGE GROUP　会社概要

代表者	：代表取締役社長兼 CEO　宇佐美進典
本社所在地	：東京都渋谷区
設立	：1999年10月8日
資本金	：10億5900万円（2017年9月末時点）
社員数	：317人（2017年9月末時点）
売上高	：258億9500万円（2017年9月期、連結）
事業内容	：アドプラットフォーム事業、ポイントメディア事業、インキュベーション事業

＊1　本書執筆時の2018年８月現在では、新しい形を検討中のため、中止して見直しをはかっている。
＊2　中規模部門（社員数100～999人）

「株式会社アクシブドットコム」を起源とするIT系企業である。二〇〇四年には、価格比較サイト「ECナビ」を立ち上げ、〇五年には「株式会社ECナビ」に社名を変更している。ECナビが同社の主力事業となる中、価格比較サイト事業だけではない事業を模索し、一一年に「株式会社VOYAGE GROUP」とした。価格比較サイトで名を成した「ECナビ」も一四年にはポイントサイトに転換している。現在は、アドプラットフォーム事業、ポイントメディア事業、インキュベーション事業の三事業を柱とし、非常に変化の激しいデジタル業界にあって、一四年には東証マザーズへの上場、一五年には東証一部への上場を果たした成長企業である。

VOYAGE GROUPは、デジタル市場の成長を追い風に、アドプラットフォーム事業が全体の成長を牽引している。また、ポイントメディア事業でスマートフォンへの対応を進め、OtoO（Online to Offline）などの新しい切り口での事業成長をめざしている。デジタル市場を取り巻く環境は変化が非常に激しく、同社には常に新しい挑戦が求められる。

そこで新たな成長をはかるべく、M&Aや投資なども積極的に推進し、事業拡大につなげている。一方で、M&Aで一緒になった会社のクルーにVOYAGE GROUPをもっと知ってもらい、グループとしての一体感を高めることは、経営課題であり、広報部門としても大きな問題意識を持っていた。

事業が拡がり、オフィスも三拠点となり、物理的にも拡がった。ある程度の遠心力は、VOYAGE GROUPを自分ごと化してやっていくという意味ではよいが、それが強く働きすぎたときに、グループとしての一体感が希薄になっていくというむずかしさがある。最近、オフィスが複数に分かれ、直近の課題となっているのである。どうやって一体感をつくっていくのかは、まさに課題であった。

事業の成長と、内部の一体感の醸成に同時に取り組むことはなかなかむずかしい。

ＳＯＵＬとＣＲＥＥＤからなる経営理念

同社では、経営理念を非常に大事なものだと考えている。自分たちのことを、「人」を軸にした事業会社と標榜するように、人をとても重要視している。すべての行動が経営理念に結びついた経営をめざしているのである。

同社の経営理念はＳＯＵＬとＣＲＥＥＤで構成されており、以下のように掲げられている。

ＳＯＵＬ：「360°スゴイ」

ＣＲＥＥＤ：「挑戦し続ける」「自ら考え、自ら動く」「質を追い求める」「圧倒的スピード」「仲間と事を成す」「すべてに楽しさを」「真っ直ぐに、誠実に」「夢と志、そして情熱」

ＳＯＵＬは、同社の宇佐美社長が創業時代から持っていた「何かスゴイことをやりたい」という思いを形にしたものである。ＣＲＥＥＤは同社の価値観を表わした、行動指針のようなものである。

社名変更する以前の「ＥＣナビ」時代には、別の経営理念とビジョンがあった。「シリコンバレーのベンチャーのように」というビジョンだったそうだが、それが問題だった。

当時、シリコンバレーに行ったことがない役員のほうが多く、イメージだけで、腹落ちしにくい言葉というのは意味がないということになり、最終的にビジョンはないほうがよいのではということになった。各事業部は異なる事業を展開しており、それぞれにビジョンがある。その大本であるＶＯＹＡＧＥ ＧＲＯＵＰがビジョンを掲げると、子会社の足かせになる可能性もあったというのだ。そこで、ビジョンはやめよう。その代わり、ビジョンはなくとも、ベクトルが同じ方向を向く〝魂〟みたいなものはあったほうがいいということで、宇佐美社長が創業時代から持っていた「何かスゴイことをやりたい」をそのままSOUL「360°スゴイ」として掲げたのである。ビジョンよりももっと根底にあるものであった。人によって捉え方はさまざまになるかもしれないが、それでよいということになった。それぞれのスゴイがあってよいということであった。

かつて、CREEDは十個あったという。コンパクトな言葉ではなく、もっと長いものもあったようだ。以前はほかからの借り物的な言葉も交じっていることもあったという。しかし、二〇一〇年頃に社内のコミュニケーションが希薄になった時期があり、見直しをかけた。自分たちの言葉にしようということで見直し、CREEDが十個から八個に集約された。その際に出てきた「挑戦」「仲間」などの単語を具現化したのが、AJITOなのである。

経営理念に見直しをかけ、自分たちの言葉で、腹落ちできるワードにまで落とし込まれたものが現在の経営理念であり、それだけに経営陣の会社に対する思い入れが強く感じられる。

経営理念を体感する場―AJITO

同社内にある社内バー（BAR）の名称が、AJITOである。「近未来的海賊の隠れ基地」をコンセプトに設計されている。二〇〇七年、会社の規模が大きくなり社員数も百五十人を超えてきた頃、「社内でもっと熱く議論できる場所がほしい」「コミュニケーションが生まれる場所がほしい」という声が上がり社内BAR

構想が企画された。使われないものでは意味がないと、内装は徹底的にこだわったものに仕上げ、さらには定時後の十八時三十分以降は無料でお酒が飲める。

単なる社内ＢＡＲではなく、組織を活性化させ、同社の象徴的な存在となっている。内装も、経営理念にあるような「挑戦」や「仲間」を体感させるような仕立てである。同社では事あるごとにＡＪＩＴＯが使われ、活用率はかなりの頻度にのぼるようだ。経営理念を体感すると同時に、組織内コミュニケーションの拠点として活用されている。しかも会社からの一方的なコミュニケーションではなく、部署を超えて、社員が自然に集うような場所となっている。

ＡＪＩＴＯをつくった時には、正直、使われるかどうかもわからなかったようだ。お酒を無料にしたら、おいてあるお酒が持って帰られてしまうのではないかなど、不安はいろいろあったようである。しかし、そこは性善説でいこうということになり、無料で設置された。最初のうちは会社側からＡＪＩＴＯプロジェクトを立ち上げて、バレンタイン、クリスマス、ハロウィンなど多くのイベントを企画し、使い方などを検証していったという。

しかし、いまとなっては、管理する人はだれもいない。クルーが自発

AJITO

出所：VOYAGE GROUP ホームページ（https://voyagegroup.com/culture/environment/ajito/）

的に、過ごしやすい空間、居心地のよい空間にしたいと、どんどん勝手にレベルアップしている。いまＡＪＩＴＯに行くと、びっくりするくらいのお酒が並んでいる。すべてクルーが持ち込んでいるのである。会社が用意して支給しているのは、缶ビールや缶酎ハイなど、冷蔵庫に入れているものくらいである。ＡＪＩＴＯにこういうものがあったほうがよいとか、こうしたら過ごしやすいなどの運営から、掃除までも、特にエンジニアたちが中心となって行なっている。いまではＡＪＩＴＯでのミーティングのことを、「AJITING」のように呼んでおり、結構な活用率になっているという。

ＡＪＩＴＯをつくったことは、広報面ではもちろんのこと、採用面、社内コミュニケーション面でも非常にプラスになっているということである。

同社では、ＡＪＩＴＯ以外のオフィスでも、経営理念を体感できるようなオフィスづくりをコンセプトにしている。たとえば段ボールやスチールなど、普通では使われないような素材を用い、それぞれにストーリー性を持たせるようにしている。そのため会議室などでも、会議をしながらＣＲＥＥＤを実感できるのだという。

「ナナメのつながりをつくる」きっかけづくり

「人」を軸にした事業会社を標榜する同社として、経営理念を具現化し、人を活かす組織運営は非常に重要であると考えられている。そこで取られている活性化施策の一つが、年一回、真剣勝負で行なわれる社内運動会「ＶＯＹＡＧＥ　ＦＥＳＴＩＶＡＬ」[*1]である。

通常の業務の中で得られる、事業部内の「タテのつながり」と、同期や職種の「ヨコのつながり」だけでなく、全社を横断した「ナナメのつながり」を創造することが、組織の活性化には欠かせないと同社では考えている。

ナナメにつながることにより、組織内に多くのコミュニケーションラインが生まれ、活性化もはかられ、さらに、つながりが強くなることで相談できる人も増え、環境変化に柔軟に対応できる強い組織が創られるという。

ＶＯＹＡＧＥ　ＦＥＳＴＩＶＡＬのために、本番の約一ヵ月前からは、昼休みや就業後に会社前の広場で自主練習も行なわれる。本番だけの交流にならないよう、事前に練習や戦略を必要とする種目が多く設けられているようである。それぞれのチームが競技ごとに分かれて、施策を練ったり自主的に練習に取り組んでいる。

当日、参加することも、もちろん大事だが、事前の自主練習が社内コミュニケーションの場になっているという。

ナナメのつながりをつくるためには、ＦＥＳＴＩＶＡＬのチーム分けにも仕掛けがある。チームメンバーは事業部に関係なくドラフト会議で選抜され、何年かに一度のシャッフルのタイミングまで基本的に変わらない。以前は四チームに分かれていたが、社員数も増えたので、現在では八チームになっているという。

VOYAGE FESTIVAL

出所：VOYAGE GROUP ホームページ（https://voyagegroup.com/culture/activation/vg-fes/）

チーム分けについても工夫がなされている。

たとえば、赤チームになったとしたら、シャッフルになるまで、ずっと赤チームに所属する。そうすると、VOYAGE　FESTIVALは年一回しかないが、今年はもっと上をめざそうと、チームとしての一体感が生まれてくる。チームごとのカラーも出てくる。赤チームは徒競走が強い、青チームは綱引きが強いなど、どうやったら勝てるかみたいなものが醸成されてくるのだという。

基本は一回入れば同じチームだが、中途採用の社員や新入社員などはドラフトで選抜されていく。ドラフト会議は夏ぐらいにチームリーダーを集めて行ない、うちのチームは女性がいないから女性がほしい、足が速い人がいないから足が速い人をと、ドラフトを行なっていくのである。

チーム編成は、事業部とはまったく関係がない。タテのつながりは、事業部などのラインででき、同期入社などでヨコのつながりはできる。ナナメのつながりをつくる仕掛けの一つがVOYAGE　FESTIVALなのである。普段であれば絶対に話さないような人ともコミュニケーションができるので、たとえば何か困ったときに、同じ赤チームのあの人に聞いてみようなど、話しかけやすくなるといった効果があるのだ。ナナメのコミュニケーションの機会をつくることは、間接的にではあるが事業にも影響を与えることにつながるのである。

経営理念とコーポレート・カルチャーの重要性

インターネットサービスの業界は非常に変化のスピードが速く、常に変化を繰り返している。自分たちの会社はこれが強いと思っていても、翌年には業界では通用しなくなっていることが往々にしてあるという。

これだけ変化が速いと、何が本質的に企業にとっての資産となるか、宝となるかが重要になる。何をやっているかではなくて、だれとやっているか、つまり〝人〟が重要になる。人が一番の資産であって、その人たちが一番働きやすい環境で働けることが大事になってくる。人はもちろん事業にも影響を与える。働きやすい環境だと、社員も頑張って働いてくれるのである。そこから、いいサービスが生まれ、売り上げにもつながるのだ。好循環を生み出す源になるのが〝人〟なのである。

同社は、「企業文化」（コーポレート・カルチャー）を非常に大事にしており、経営理念自体も言葉に落としたり、経営理念を具現化するオフィスをつくったり、インターンシップの世界観や言葉なども、すべて経営理念に焦点を合わせている。言い換えると、オフィスであり、イベントであり、採用基準であり、評価であり、そのすべてが経営理念をもとに成り立っているのである。普通に仕事をしていると、経営理念が自然に染みついてくるという。

さまざまな事業部が本当に多様なことを手がけていて、ぱっと見、やっていることはバラバラだが、大きな目で見たときに、経営理念に立ち返り、大きな船にクルー（社員）が乗って航海（VOYAGE）しているという思いが大事だという。それが同社の強みにもなっているのだ。

経営理念について、入社前はそこまで腑に落ちている人も多くないという。ただ、何となく合いそうだという感覚は入社時にはある。ただ、辞めていく人もいないわけではないので、長く在籍しているクルー（社員）は、そこがすごくマッチしているということであろう。

特に新卒は、経営理念に基づいた採用基準を見て採用するようにしているという。どんなに優秀であっても、経営理念であるＣＲＥＥＤに合わなかったら採用はされないのだ。そういった意味では、入口のところで、ふるいにかけている部分はあるのかもしれない。

同社は、二〇一四年七月に東京証券取引所マザーズに上場を果たし、一五年九月には東京証券取引所市場第一部に市場変更している。ベンチャー時代の気質がいまも残る企業文化として、トップと社員の非常にフラットな関係が続いている。社長や役員の呼び方も「〇〇さん」が普通であり、社内ではあだ名での呼びかけはあっても、肩書きで呼ぶ人はいないという。

経営理念を組織の求心力にして、新たな競争力を生み出すことに成功しているのである。

第3節

個人の可能性こそ事業の未来　強い企業文化を土台に据えたＩＣ経営

［事例］リクルートホールディングス　リクルートマーケティングパートナーズ

【ＩＣ経営のポイント】

◆一九六〇年に学生ベンチャーとして創業したリクルートは今日、世界六十ヵ国以上で事業を展開し、海外売上比率四六％、グループ社員数四万人を超える大企業となった。そして二〇一八年にグループの経営理念を再定義し、「一人ひとりが輝く豊かな世界の実現」という創業以来の理想を掲げ、近年の急激な社会変化に対応しつつ成長しようとしている。

◆ここ数年、グローバル化や株式公開、国内分社化、ＩＴ化等に取り組み、既存事業の効率化の一方、新事業創造に向けて、組織変革とともにイノベーションを生み出す人づくりにも力を入れる。その源泉こそが同社独特の強い企業文化であり、それこそがグループの競争優位をもたらしている。

◆強い企業文化は明文化されるだけでなく、経営者・社員のタテ、ヨコ、ナナメさらに社外の人々も含めた多層的なコミュニケーション活動や、個の可能性に期待し合う多様な場づくりを通じて、新しい価値を生む人材を育てている。ここでは具体例として、リクルートホールディングスに加えグループ会社のリクルートマーケティングパートナーズ（ＲＭＰ）社を取り上げ、対話から新事業コンテストまでのユニークな施策の一端を紹介する。

◆他方、経営理念を実現するためには、企業文化を体現するための制度的な工夫が求められる。ＲＭＰでは組織・個人によるオンラインコミュニケーションの効率化を進める一方で、だれもが安心して会社の仲間になれるような配慮も行なう。

株式会社リクルートホールディングス　会社概要
代表者　　：代表取締役社長兼 CEO　峰岸真澄
本社所在地：東京都千代田区
設立　　　：1963年（創業1960年）
資本金　　：100億円
従業員数　：609人（2018年3月31日現在）
売上高　　：2兆1733億円（2018年3月期、連結）
事業内容　：グループの経営方針策定・経営管理

株式会社リクルートマーケティングパートナーズ　会社概要
代表者　　：代表取締役社長　山口文洋
本社所在地：東京都品川区
設立　　　：2012年
資本金　　：1億500万円
従業員数　：1292人（2018年5月1日現在）
事業内容　：婚活・結婚・出産育児情報、自動車関連情報、まなびコンテンツ、高校生の進学情報サービスなどを展開

リクルートグループの特質と現状の課題

インターナル・コミュニケーションなどを通じて企業文化を創り上げ、発展させていくことを経営の重要事項として多くの資源を投じている企業の一つに、情報サービス業のリクルートグループがある。ここでは、株式会社リクルートホールディングス、およびそのグループ企業の一つで、ライフイベントを事業ドメインとする株式会社リクルートマーケティングパートナーズの取り組みを紹介する。

リクルートホールディングスは、一九六〇年に創業した株式会社リクルートが二〇一二年に五つの事業会社と三つの機能会社に分社化した際に新たに設立された持株会社である。その後、一八年にも体制の変更を行ない、現在はＨＲ（ヒューマンリソース）テクノロジー、メディア&ソリューション、人材派遣の三つをビジネスの柱とする、グループ社員約四万人の日本を代表する大企業である。近年では一二年にアメリカの求人検索エンジン大手Indeedを買収したことや、人材派遣事業の海外進出などで海外売上比率が五〇%近くまで伸び、グローバル化が急速に進んでいる。

このように分社化と中途採用者の急増といった変化もあったが、これまで大事にしてきたリクルートらしい企業文化は絶対に変えてはいけないという強い思いを、経営トップをはじめ社員の多くが持ち続けてきた。

とりわけ、二〇一二年に分社化した事業会社の一つ、株式会社リクルートマーケティングパートナーズ（ＲＭＰ）は、「ゼクシィ」（出会い・結婚・出産）や「カーセンサー」（自動車）、「スタディサプリ」（学習・進路）を展開しており、社員数は約一三〇〇人となっている。

会社設立当初、事業が多岐にわたり、しかも異なるバックグラウンドを持つ社員が多数を占めていたことが同社の大きな課題になっていた。すなわち「会社のビジョンが見えない」「部門を超えたヨコのつながりがほとんどない」などの声がよく聞かれる状態だった。

そこで二〇一三年に社内コミュニケーションの活性化を目的とした全社プロジェクトをスタートさせ、以下のようなプロセスを通じてビジョンの明確化に取り組んだ。*1

①会社のビジョンを明確化するためのイベント「シェアド・ビジョン」を開催し、部門も肩書きも異なるメンバーが二人一組になって互いにインタビューし、それぞれが「二〇二〇年に実現したい未来」の絵を描く。一千三百枚にわたる絵からキーワードを分析して、RMPビジョン「しあわせの総量を増やし、人生に拍手の機会と量を増やしていく」を策定する。

②次に、策定したRMPビジョンを個々の社員のビジョンにつなげる（「シェアド・リビジョン」）。その一つが、二〇一六年に行なわれた「シェアド・リビジョン2016」である。全社員が全国二十二ヵ所で同時開催された「事業・職場・立場を超えた関係の質を高める」イベントに参加し、アイスブレイク（四人一組のチームをつくり自己紹介）、アイスブレイキングゲーム（マシュマロやパスタ、マスキングテープなどでタワーをつくり高さを競い合う）、ストーリーテリング（その競技での経験を二十分間の物語にして語る）を体験する。

③社員の意識調査を実施する。ビジョン明確化の取り組みをただ継続するだけでなく、その効果が、どの段階でどの程度表われているかを年一回、意識調査で確認する。主な質問項目は、「会社のビジョンに共感しているか」「自分自身のビジョンは明確か」「自分のビジョンはこの会社で実現できるか」などである。二〇一五年の結果を見ると、意識面で九〇％以上、また行動面でも七〇％以上が肯定的な回答をしている。

＊1　http://www.mmm.co.jp/office/post_it/meetingsolution/casestudies/case_h-2.html

創業時から開かれた社内コミュニケーション

■情報の公開・共有で「社員皆経営者」

リクルートグループの社内広報は現在、①「Recruit Group Times」（創業（一九六〇年）三年後の一九六三年九月に「週刊リクルート」として創刊）、②月刊「かもめ」（七一年八月創刊）、そして③「リクルートグループ報ＷＥＢ」（二〇一六年十月にサイトオープン）の三メディアで構成されている。特に①は経営に関する情報の正確な伝達・共有、②が社員間の意思疎通や社内外の動きの伝達、経営者・社員の学習の場という目的のもとに創刊された。*2 また③は電子メディアの特徴を活かして、①②のほか、これまでに刊行された多様な社内用メディアに掲載された約一万件にのぼる会社情報を収載し、会社情報に関する「電子図書館」の役割も果たしている。

また「かもめ」は社内報コンクールなどで毎年連続受賞するなど、関係者以外にも知名度の高い問題提起型コミュニケーション誌だったが、その役割がとりわけ注目されたのは、一九八八年の自社にかかわる「リクルート事件」を特集した時だった。自社の不祥事は積極的に取り上げないというそれまでの「社内報の常識」を超える誌面づくりを行なったのである。

当時、創業者の江副氏も「かもめ」誌上で次のように語っている。

江副「わが社の公開主義は今後とも貫いていきたい。情報を公開するということは、わが社の経営理念の一つだが、これは、社員皆経営者主義と表裏一体をなすものであり、情報を一握りの経営上層部が持っていて、

＊2　『原点探訪リクルート学』（「月刊かもめ」別冊、リクルート創業30周年記念、1991年）210～215頁

社員に伝えないということになれば、社員皆経営者主義の根幹を揺るがすことになる」[*3]

また独特なのが、社内報が部門レベルでも数多くつくられていることだ。通常、社内報などは多くの企業で発刊されているが、本社広報部などで一つにまとめられていることが多い。リクルートに数多くのコミュニケーション誌が存在する背景には、「社員皆経営者主義」という創業者の思いがある。常に「お前はどうしたい」「あなたならどう考える」を問われ続けること、そしてその意思を発信しないと認められない風土があることにも、つながっているのだろう。

グループ報「かもめ」
出所：リクルートホールディングス

■すべての価値創造の基盤は企業文化

リクルートでは創業時から経営環境や世情に合わせて、展開するメディアや事業をさまざまに変化させてきた。その原動力として強い企業文化がある。二〇一四年には株式公開を機に、リクルートらしさを創っている「企業文化の言語化」に取り組み、経営陣とともにおよそ一年半かけて完成させた。

なぜリクルートはここまで企業文化を大事にし、こだわるのだろうか。それは、「すべての価値創造の基盤は企業文化である」、つまりリクルートではこれまでの大きな成長や新規事業が育ってきたのは独自の企業文化のおかげだと、マネジメントのトップから現場の社員まで理解しているからだ。

リクルートは一九六〇年の創業から七〇年代、八〇年代と急成長していく中で六八年に社是を定め、独自の

＊3　『原点探訪リクルート学』（月刊「かもめ」別冊、リクルート創業30周年記念、1991年）209頁

企業文化を、変化を重ねながら育ててきた。しかし、八八年のリクルート事件で創業者が退き、企業としてのあり方の見直しが求められた。八九年には経営理念を見直し、「私たちは常に社会との調和を図りながら新しい情報価値の創造を通じて自由で活き活きとした人間社会の実現を目指す。」とした企業理念と「新しい価値の創造」「個の尊重」「社会への貢献」の三つからなる経営の三原則を掲げ、これまでの商業的合理性を追求する姿勢から転換し、新しい価値を創造することを経営の中心に据えた。そして現在に至るまで、新たな価値を生み出す取り組みをビジネス、マネジメントの両面で積極的に展開している。

二〇一二年の分社化を経て、一四年には東証一部に上場した。一三年には企業理念を「私たちは、新しい価値の創造を通じ、社会からの期待に応え、一人ひとりが輝く豊かな世界の実現を目指す。」に変えたが、そこに「新しい価値の創造」にこだわりながらもより社会からの期待に応えるという決意が込められている。独特かつ強い企業文化があるからこそ、それぞれの変革期においても、社員一人ひとりが当事者意識を持って、あるべき姿を求めていくことができたのだろう。

新事業を生み出し続ける仕組みづくり

■制度と風土の両輪で支える企業文化の浸透

企業文化を浸透させるには制度と風土の両輪で回していくことが肝要である。

リクルートの企業文化は、「起業家精神」「圧倒的な当事者意識」「個の可能性を期待し合う場」という三つの言葉に表わされている。そして、ただ文化を言語化し、伝えるだけでなく、実際にこうした文化を体現する制度が数多く存在する。

起業家精神を体現するプログラムの一つが「Ring」（Recruit Innovation Group）である。もともとは、「社員皆経営者主義」の風土の全社的な浸透とともに、小集団活動による新規事業創造の仕組みとして一九八二年に創設されたもので、のちに新規事業案件に特化し、さらに二〇一八年には「新しい価値の創造」というグループ経営理念を体現する場としてリニューアルされた。

「Ring」は、レポート提出までの活動費として一グループ五万円が支給されるだけでなく、三人以上のグループには社外メンバーの参加も認められていることが特徴であり、グループ社員からの新事業提案は二二七件（二〇一一年）から一三一八件（二〇一六年）まで、五年間で五・八倍にまで増えている。

また新たな価値を創造したイノベーション事例を表彰する「ARINA」や、リクルートグループ横断でプロフェッショナルな知識創造事例を表彰し共有する「FORUM」のような制度もある。その一つとして、顧客接点から生まれた、新たな事業戦略の「兆し」につながる成果を表彰する「TOP GUN AWARD」制度もある。

同社グループの人事施策も特徴があり、一人ひとりが仕事を通じて実現したいこと（Will）を明らかにし、上長とすり合わせ、その実現のために何ができるか、どのようなことができるようになる必要があるか（Can）を確認し、何をすべきか（Must）を考えるサイクルを半年ごとに行なっている。当事者意識を喚起す

Ring 風景写真
出所：リクルートホールディングス

る狙いからだ。

■新たなカンパニーとしての「働き方変革」

企業文化の浸透に積極的に取り組んでいるリクルートグループの一つＲＭＰでは、「Cheers! Your life. 人生に、拍手があふれる世界を。」という理念を掲げている。ＲＭＰは、分社化により新たに設立され、「ビジネスモデルが異なる領域同士が一つの会社になり、一体感の醸成が必要とされている」「企業の強みとなる、新たなビジネスの種となる新規事業を生む文化を強めたい」という大きな二つの経営課題に直面していた。

この経営課題を解決へ導くために二〇一五年より「働き方変革」と銘打って、世の中で社会課題となっている働き方改革を独自に解釈し直し、経営の中心テーマに据えることで、優先課題として、関連する制度の設計およびインターナル・コミュニケーションを積極的に実施してきた。そこでは、取り組みを成功させるカギとして、ミドルマネジャーが重要な支援者であると位置づけ、トップとミドルマネジャー全員が参加する定例会議で、企業文化とマネジメントに関するインプットとアウトプットを行なっている。この活動を通じて、ミドルマネジャーへ理念・文化の浸透をはかるとともに、具体的に実践するには適切な権限委譲も大事なことから、当事者意識を持って取り組める環境づくりにも力を入れている。

ＲＭＰでは働き方変革を進めるために、生産性向上の手段として「リモートワーク」を導入している。すべての社員がいつでも、どこでも自分のスタイルで自由に働くことを選択でき、現在約六割の社員が週に一回以上利用している。社員向け育児体験インターンシップ「育ボスブートキャンプ」のような制度もある。

さらにＲＭＰでは、普段所属しているグループ・事業部・会社を超えて交わり、協働して新たな価値を生み出そうと、コ・クリエーション（価値共創）の場を積極的に設定し、毎年一回、全社員参加イベント「One RMPの日」を開催している。全国にいるOne RMPプロジェクトメンバーが中心となり、RMPのありたい姿と社員一人ひとりのありたい姿について考え、相互交流によって気づきや刺激を受けたり、事業を超えて交流したりする一日となっている。

こういったコミュニケーションを進めるにあたっては、社員同士の「心理的安全」の形成を意識しており、ポジティブリフレクションの場などで拍手や称賛をし、ワン・オン・ワンの場などでも意見が言える関係づくりをめざしている。

これらのコミュニケーションを進める際のポイントとして、組織の二割を動かすこと、異なる意見を持つ場合も否定せずに全体を巻き込んでいくことを意識して推進している。

■ＩＣの徹底を「人事」で形にする

企業文化の浸透に積極的に取り組んでいるリクルートでは、創業時代から半世紀以上も連綿とインターナル・コミュニケーションの取り組みを通じて企業文化を伝承し続けてきた。そして、今日でも社内外の環境や経営の変化に合わせて進化させている。

そうした取り組みを支えるのが、同社独特の人材開発の仕組みだ。リクルートグループ全体を統括する「人材開発委員会」が、プレイヤー、マネジャー、役員など各レイヤでの育成・キャリア開発にあたっている。人材の最高レベルには、ホールディングスの執行役員候補も含まれる。

たとえば執行役員候補に対しては、各社社長や執行役員が年に一度、二～三年以内に執行役員になる可能性がありそうな候補者について、二日間をかけて議論をする。そこでは、プレゼンターが各候補者についての簡単なプレゼンテーションの中で、十六の項目に細分化して点数をつけ、この人の強みはここにある、また課題はこの点にあるなどと評価する。

それに対してプレゼンター以外から、それは良い、それは普通のことなのでは、などの疑問や別の視点が提示されるなどで評価討議が進行していく。その強みを活かすために海外での経験を積ませよう、その弱みをカバーするためにスタッフ職を経験させよう、などの具体的なスキル開発の議論が同時に展開されるのである。

企業文化の定着・伝承から創造への営みは、こうした人事面での制度設計と運用により担保されるのである。

第4節
社員の「人生」も会社の経営も大切にするばね五千品目の「世界最速工場」
―タテ・ヨコのコミュニケーションでいい会社を支える

［事例］沢根スプリング

【IC経営のポイント】

◆経営理念の第二項に「人生を大切にする」、第四項に「いい会社にする」を掲げて、社員の健康と仕事の満足度を高めて社会からも評価され、そして自己成長にも目を配る。

◆社員自らが主役となって、考え行動すること、「人」（社員）それぞれが自分を大事にすることが、同社の経営や価値観の中心となっている。

◆経営理念を行動レベルに落とし込み、「考える」「行動する」「築く」「磨く」の四項目、計八点にわたる「共通の価値観」を掲げている。この共通の価値観を共有するために、アイデアに富んだＩＣツールを用意している。

◆自分の人生を大切にしてもらうことで、人を大事にすることを考える仕組みがある。その一つ、社員同士が講師や塾生になって交互に教え合う「沢根塾」では、講義資料は講師役の担当社員が作成する。常に指導されるという立場ではなく、時に教える立場を経験することによって、自分の長所や短所が把握でき、相手の気持ちや課題も理解できるようになる。この経験を積むことによって、社員それぞれが成長している実感を持てる。

景気の浮沈はあっても会社の存続が大事

沢根スプリング株式会社は、浜松市にある社員五十人、売上高八億円ほどの典型的な地方都市の中小企業である。一般的なコイルばねだけでなく、線加工品、うす板ばね、医療用や精密機器用の極小ばねなど幅広い品種を手掛ける。ばねは、その多くが車両（輸送機器産業）に用いられ、数万、数十万というロットで大量生産されることが普通だが、沢根スプリングでは、各種ばねを一個単位で生産し販売まで手がけている。どのような仕組みや企業文化が宿っているのだろうか。

会社は社員を大事にするだけでなく、地域社会にも貢献し、最新の技術でさま

沢根スプリング株式会社　会社概要

代表者	：取締役会長　沢根好孝、代表取締役　沢根孝佳
本社所在地	：静岡県浜松市
設立	：1966（昭和41）年5月10日
資本金	：3000万円（2018年4月現在）
社員数	：50人（2018年4月末時点）
売上高	：7.8億円（2017年実績：12月決算、2018年は8.1億円の見込み）
事業内容	：ばね及び関連製品の製造販売、医療関連コイルの製造販売

ざまな業種にばねを供給し社会に貢献している。その会社が、いま世界から注目され、連日来訪者があるという。その多くは工場現場の見学ではなく、社長の話を聞きにくる。同社の創業は昭和四十一（一九六六）年。現在の社長は二代目で、創業者である会長の沢根好孝氏の後を引き継ぎ、三十六歳で社長となった。先代の社長から経営哲学を引き継ぎ、社員に対する強い思いを秘めている。

「会社は倒産するもの。だからみんなで努力する。手と頭を使ってもっといい会社にする」と沢根社長は語る。だから「人」が主役であり、そのために働き方を変える。社員みなが生き生きと働けること、生産的な働き方をすることが重要で、そのためには職場のチームワークを大事にし、家族的な働き方をしているとのことである。

同社は、経営理念を次のように掲げている。

経営理念（抜粋）

1　会社を永続させる
適正な利益を上げ、適正規模を守り、「やらまいか精神」で堅実経営に徹し、自らの力で考え・作り・売るを推進する。

2　人生を大切にする
お互い一回だけの限られた人生であり、その人生を大切にする。

3　潰しのきく経営を実践する
社員が健康で幸せになり、八〇％で満足し働く喜びや自己成長を感じられる会社にする。

何時でも五年先を思案し、バランスよく、どんな環境にも対応できる柔軟な潰しのきく経営を実践する。

4　いい会社にする
自分の人生をより豊かに、みんなの人生にも配慮できる人の集団にする。
いい人、いい会社と付き合い、正しい商売をし、他社のやらない、やれない難しい仕事にも積極的にチャレンジする。
会社を取り巻く全ての人々から「いい会社」と言われる会社をめざす。

5　社会に奉仕する
教わったら教えよ、恩を受けたら返せの往復の考え方を大切にし、人のため社会のために奉仕し、国際的な協調もする。

経営理念のトップに会社の永続を掲げ、二番目に「人生を大切にする」として社員の健康と仕事に対する満足、そして自己成長にも目を配る。会社と社員、あるいは組織と個人は、両立しがたいと古来より言われてきた。それが「働き方改革」活動の底流にあるのだが、第三項にあるように両者を「バランスよく」両立させ「柔軟な潰しのきく経営」を実践してきたのが同社の優れた点だ。

それは第四回「日本でいちばん大切にしたい会社大賞」（二〇一四年度）で中小企業庁長官賞を受賞したことにも表われている。その表彰理由が、「一九六六年の創業以来、五十二期連続して黒字経営を続けるバネおよび関連製品メーカー。社員一人当たりの時間外労働は月間六時間未満と極端に少ない。社員の士気はきわめて高く、業績も業界平均をはるかに上回っている」である。

世界最速の「ばねの一個作り」で従来の常識を覆す

経営者にとっても社員にとっても「いい会社」をめざしている沢根スプリングではあるが、リーマンショックの時には経常利益率は二％に落ちた。ここ数年は五％台以上を確保しており、当時、多くの企業が事業継続の瀬戸際に追い詰められたことを考えると、潰しのきく会社であることは間違いないが、何事も順調にきたというわけではない。

一九九〇年代には、同社のばね製品は自動車向けの大口（汎用品）が八割を占めていた。大企業依存の典型的な下請け企業である。業績は順調だったものの、オイルショック後の構造改革の動向を見据えた沢根社長は、量産品の生産からの転換をはかった。

「スピードとサービスによる付加価値の拡大」にこだわる経営への経営戦略の転換である。自動車産業向けの大量生産・大量販売で特定企業に依存する生産体制から、スポットを含む小口のマーケットを対象に、ユーザーの特注オーダーにも即応して販売できる経営へと戦略を切り替えたのだ。

それは、「世界最速のばね製造小売業をめざす」ことだった。お客様からの問い合わせには「二時間以内に回答、受注後三日以内の製品発送」という、いわば製造業のサービス化を狙った新たな仕組みをつくり出した。ただし、それは単なるサービス事業に転換することではない。

お客様の、「この一つ」が欲しいという要望に応えることは、すなわち「必要なもの」を「必要な時」に

「必要なだけ」届けることである。そのためには「おもてなし」の精神が求められ、これまでの標準品をつくる際の作業標準書に従った作業ではなくなる。とりわけ小口や特注品の注文では、臨機応変でお客様のニーズに対応することが必要となることから、広い意味での人間力がきわめて大切になる。

その結果、一九九〇年代初めに八割を占めていた大口取引は現在、約三割に下がり、小口取引が約七割にのぼっている。実際、取引高比一〇％以上の取引先は二社のみで、売上高比一％以下の取引先が四百社以上に達している。

このような小口取引の拡大に合わせて、顧客へのネットやファクシミリなどで二十四時間販売を行なう別会社も設立し、五千アイテムにのぼる製品の直接販売も開始した。現在、ネット販売顧客は二万九千社にのぼる。それだけでなく、職人による手作り製品の製作・販売を行なう関係会社も設立している。

顧客にも「いい会社」を支える人間力

一方で、事業戦略の転換には社内、とりわけ社員の同意が欠かせない。またスピードを付加価値とするためには、営業、開発、生産など異職種間での緊密なコミュニケーションがとりわけ重要となる。何百人、何千人の社員がスピーディで的確なコミュニケーションを行なうことは容易ではないが、たった五十人でもそれはむずかしい。なぜなら、同社のように顧客ニーズ対応で多品種少量生産し、しかもデリバリーも時間短縮という業態では「人間力」に負う部分が多くなるからだ。

では、沢根スプリングでは、どのような対応をしているのだろうか。経営理念を行動レベルに落とし込んだ四項目八点にわたる「共通の価値観」を掲げている。

〔共通の価値観〕

「考える」　チャレンジ　熱意

「行動する」　創意工夫　たゆまぬ努力

「築く」　チームワーク　技術・開発

「磨く」　自己革新　鼓舞する

日本には古来より言霊という概念があった。言霊とは、言葉に宿る不思議な力であり、発した言葉どおりの結果をもたらす力があるとされてきた。多くの企業でいまも行なわれている朝礼等、始業時や終業時の経営理念や事業方針、安全スローガンの全員での唱和などは、全員が守るべき行動指針を再確認する象徴的行為だが、同時にそれは、社員同士が「何をすべきか」と相互に確認するコミュニケーション活動でもある。

沢根社長は自社のありたい姿（ありたい会社の姿）として、次の三点をあげている。

◆働く社員を幸せにする（目的）

◆小さくてもよいから永続させ少しずつ成長する（価値）

◆当たり前のこと、小さなことを、人並み外れてやり続ける（方法）

さらに沢根スプリングの経営を「〝八〇％〟経営」だとも自認している。これは「八〇％で満足し自己成長

働く女性

を感じられること」だという。人間は機械ではない。自然の営みと同様、昼に働き夜は休む。実際に社内では、軽量部品は自動機械で二十四時間連続稼働しているが、作業者による工程（日勤）では、基本的に残業はない。結果として、有給取得率八割以上に達し、月間の残業は平均六時間未満である。

これらの仕組みを見てもわかるように、社員自らが主役となって、考え行動すること、「人」（社員）それぞれが自分を大事にすることが、同社の経営や価値観の中心となっているのだ。

ＩＣツールはその目的に合わせて多様化する

このような経営理念と価値共有のため、沢根スプリングでは、社内にさまざまなインターナル・コミュニケーションの仕組みを設けている。

〔全社懇談会〕

◆毎月一回、一時間

◆一九九三年より継続

◆オープン経営（社員は知らないことで不安や不満を感じるとの観点から、経営情報ほか、悪いことも含めさまざまな情報を伝える）

◆司会、議事録は輪番制

〔経営計画書〕

◆毎年作成する七十頁程度の冊子（制作は総務部門＋社長）。経営理念や価値観も書かれている（「価値観」

は、かつてはカードで配布。現在は経営計画書に盛り込んでいる）
◆全社員に配布

〔朝礼〕

◆部門（チーム）ごとに毎日実施
◆経営理念や価値観を題材に読むだけでなく小グループで話し合い発表する
◆輪番制（部門長だけが仕切るのではない）

〔作文集「やらまいか」〕

◆毎年発行、全社員が書く。一九八五年より継続
◆自分の人生を考えるもので、退職時には本人の分を編集して贈呈している。「やらまいか」とは、遠州地方

経営計画書

作文集「やらまいか」

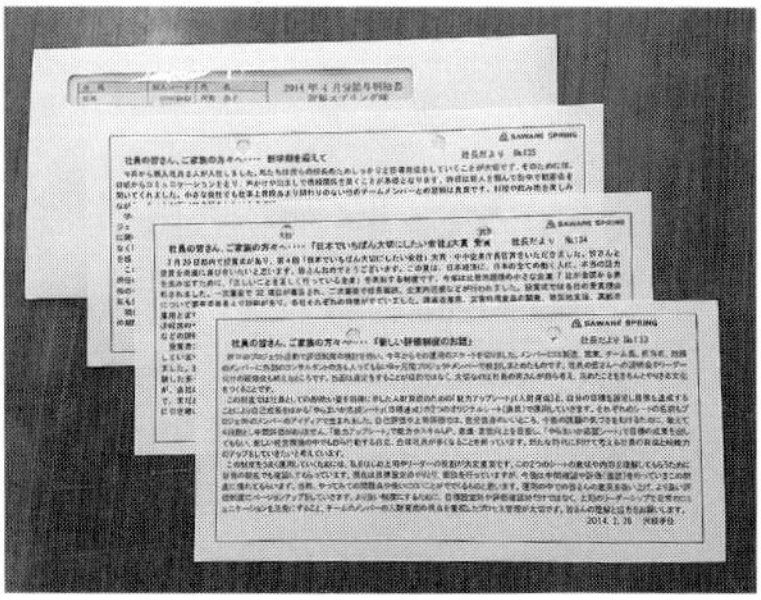
社長メッセージ

の方言で「やってみよう、やろうよ」という意味。経営理念の「人生を大切にする」ために、毎年パート社員から社長まで社員全員が作文を書いて冊子にまとめて読み合う

〔いいねカード〕

◆社員のいいところがあったら、だれもがお互いにカードを渡して褒め合う制度。この「いいねカード」で個人の魅力をアップさせ「いいね」の贈り合いをすることにより、より明るい職場・会社をめざすことを目的とする

〔社長メッセージ〕

◆毎月、給与明細とともに、社長からのメッセージを送る

誕生日パーティ

イメージソング

◆送り先は、社員とその家族
◆二〇〇二年より実施
〔誕生日パーティ〕
◆社員の誕生日にケーキや贈り物、チーム記念写真などでお祝いする（年五十回）
◆仲間意識・大切にされている意識を持たせる
〔クリスマスプレゼント〕
◆毎年全員に、クリスマスケーキをプレゼント
◆翌年の入社予定者の自宅にも届ける（親御さんへの挨拶を兼ねる）
〔イメージソング〕（社歌とは異なる）
◆「Yellow Factory～幸せの咲く場所～」を二〇一三年につくり、社員全員に配布
◆会社の思い（理念）を歌詞とメロディーにした

職場活性化を支える組織運営・人材育成

活性化した職場を支えるのは、組織運営と人材育成の諸制度である。組織運営上の仕組みとしては、職場の数人～十人で構成されるチームで運営される「チーム主義経営」、組織横断的な運営によって、チームでは解決できない課題をこなす「プロジェクト活動」、6S委員会、安全委員会、レクリエーション委員会、BCP委員会などで構成される「委員会活動」がある。

かつては委員会には原則、全員参加とされていたが、「最速経営」へと戦略変更してからは全員参加ではなくなった。一方で、このようなヨコのつながりは、事業別のタテ系列と組み合わせることによって、コミュニケーションの網の目をより一層整えている。

また人材育成面でも、さまざまな工夫が凝らされている。沢根スプリングでは、「身体」「心」「社会性」の健康が大切と考えられ、考える力、気づき、欲望を持ち、逆境は人を育てるとの観点から、以下のようなユニークな社員研修を試みている。

〔１００年カレンダーを考える〕

社員それぞれに自分の人生を考えさせる。二〇〇三年頃から実施。人生には限りがあることが認識できる。経営理念を説明するのによいきっかけとなる。

〔〝私〟の使命を考える〕

「今年やりたいこと」（短期）、「生きているうちにやりたいこと」（長期）を社員それぞれに考えさせる。これを利用して四ヵ月休業して世界一周してきた女性社員もいる。

〔人生のバランスシートを考える〕

自分の人生を大切にしてもらい、人を大事にすることを考える。ここでの「資産」は、他人に良いことをした。一方「負債」は、他人に良いことをしてもらった、「資本」は、自分自身である（資産は、負債＋資本と等分）。

このほか、自社内研修のコアとなる「沢根塾」がある。沢根塾は社員同士が講師や塾生に交互になって教え合う仕組みである。講義資料は担当社員の講師が作成する。二〇〇六年から毎週木曜日に実施しており、常に指導されるという立場ではなく、時に教える立場を経験することによって、自分の長所や短所がわかり、相手の社員たちの気持ちや課題も理解できるようになる。この経験を積むことによって、社員それぞれが成長している実感を持ちつつあるようだ。

また、二人の障がい者を雇用して職場のチームで受け入れているほか、特別支援学校の職場体験も積極的に受け入れている。

高い社員満足度と外部からの評価

同社では隔年で「社員意識調査」を実施している。六十項目の設問は社長が設定しているが、こうした取り組みに対して、社員から高い評価を受けている。

また、二〇一四年に「日本でいちばん大切にしたい会社大賞」中小企業庁長官賞を受賞し、さらに一八年には経済産業省中小企業庁の「はばたく中小企業・小規模事業者３００社」に選定される（生産性向上分野）など、社外からも同社の取り組みは高く評価されている。

このように、社長の経営哲学と社員に対する強い思いが、さまざまかつ具体的な取り組みとして行なわれている。沢根社長の次なる課題は、次代の社長へいかにこれらの思いを継いでいくかである。

コラム

言語技術教育でコミュニケーションエラーを減らす

日本航空

⌘限られたコミュニケーション手段で的確に情報を伝える

航空会社にとって安全運航は絶対条件である。安全運航を実現するには、その運航に携わる社員間の意思疎通に齟齬があってはならない。小さな誤解が、時に重大な結果をもたらす可能性があるからである。しかし、人間の能力には限界があり、エラーをなくすことは不可能なことから、特にコミュニケーションエラーを限りなく少なくするために取り入れられたのが「言語技術教育」である。

言語技術教育とはあまり聞き慣れない言葉だが、単に話し方を教えるのではなく、情報を「取り入れ、考え、発信する」能力を体系的に身につけるために行なうものである。

航空業界では、大きな飛行機事故を契機に、一九七〇年代からＣＲＭ（クルー・リソース・マネジメント）が世界中で注目されてきた。日本航空では、このＣＲＭを「安全で質の高い運航を達成するために、すべての利用可能な人的リソース、ハードウエア、および情報を効果的に活用すること」と定義し、ＣＲＭを行なうために必要な能力（スキル）を三つに分類している。一つ目は文字どおり飛行機を操縦する「テクニカルスキル」、二つ目は規定に沿って飛行機を運航する「プロシージャルスキル」、三つ目は航空機の運航に必要な認知、判断、対人にかかわる「ノンテクニカルスキル」である。そしてノンテクニカルスキルを補完するために二〇一二年から行なってきたのが、「つくば言語技術教育研究所」のプログラムをもとに構成された「言語技術教育」である。

パイロットはフライトの準備からその完遂までの間に、多くの人や組織との間で多岐にわたる情報をやりとりし、その取捨選択を行なう。その日、フライトを共にする機長と副操縦士は気象情報などを確認し、搭載燃料を決定する。また、航空機の整備状況を確認する整備士とのブリーフィング（打ち合わせ）、当該便の旅客やサービスについて客室乗務員と確認するブリーフィングもある。さらに、業務の負荷が非常に高まる離着陸の前に、想定される状況を考え対策を話し合っておく離陸や着陸のためのブリーフィングや、旅客担当スタッフおよび運航支援にあたる航務セクションとの情報交換など、多くの場面でコミュニケーションが必要なのだ。

しかも相手と対面して直接、コミュニケーションをはかる機会は少ない。フライトが始まると、同じ飛行機に乗っている客室乗務員とでさえも保安上の理由から、多くはインターホンを通して連絡をしている。もちろん管制機関や地上から運航支援を行なう航務セクションとの連絡は無線である。機材故障や急病人の発生時にも、音声のみのコミュニケーションで正確に情報を伝えたり、聞き取ったりしなければならない。

ここで、日本人同士のコミュニケーションにはどのような特徴があるかを考えていただきたい。欧米人によく指摘されるのは「表現が曖昧だ」「イエスかノーかがはっきりしない」「だれの意見なのかがわかりにくい」などであろうか。まさにこれらが日本人同士のコミュニケーションの特徴であろう。

たとえば、あまり興味がない、どちらかというと行きたくない飲み会に誘われた時、みなさんはどのように断わるだろうか。「すみません、あまり行きたくないので今回は失礼します」と理由を示してはっきり断わる人は少ないはずだ。「行けたら行きます」などと曖昧に断わっていないだろうか。「行けたら行きます」という言い回しは、日本人同士なら、「やんわりと断わられているな」と相手の気持ちを察することもできるが、欧米人にはそのような意図は伝わらない。「行けるか行けないか、いつわかるのだ?」と質問を重ねるに違いない。

このように、日本人のコミュニケーションには、「発言意図が明確に伝わらない」「意見や結論を最後に伝える」「主語を省略する」といった特徴がある。結果、相手の推測に頼る会話になってしまう。相手の推測に頼るということは、相手によってその伝わり方が違うことを意味する。このような推測に頼ったコミュニケーションでは、意思疎通に誤解が生じかねない。「言語技術教育」ではこの曖昧さを排除するように教育しているのである。

⌘情報伝達の体系的手法

言語技術教育とは、情報を「取り入れ、考え、発信する」能力を体系的に身につけるためのものである。情報を取り入れる場合、その情報を鵜呑みにするのではなく、論理的・分析的・多角的に捉えるべきだと教えている。考える場合も同様である。教育内容のすべてを詳細に説明したいところではあるが、ここでは「情報を発信する」点に焦点を当てて、主に二点を紹介する。

一般に、相手に客観的な情報を伝える場合、どのようなことに気をつけているだろうか。もしもあなたが、伝えるべき個々の情報を、順序を考えずに伝えると相手は混乱するであろう。ではどのような順序で伝えたらよいか。言語技術教育では「空間配列のルール」に従うよう、すなわち、大きな情報から説明していき、詳細な情報は後回しにするよう教育している。

たとえば、フランス国旗を説明する場合、「国旗の一番大きな情報は形です。フランス国旗の場合は、横長の長方形です。それが縦に三等分されていて、左から青・白・赤と三色の色が入っています。このように「概要」から「詳細」の流れで説明することがとても大切です」（日本航空の塚本裕司機長、「Sankei Biz」二〇一五年七月一日配信）となる。

次に考えるべきは、相手の視点である。航路上の揺れについて考えてみよう。パイロットと客室乗務員にとって揺れに関する情報は非常に重要である。しかし、視点の違いにより欲しい情報が異なるという。

パイロットにとっては、揺れの位置のほかに、揺れの原因も非常に重要な情報である。揺れを回避するためには、原因がわからないと対処できないからである。発達した積乱雲が揺れの原因であれば、夜間でも気象レーダーを利用して回避可能になる場合がある。一方、ジェット気流の蛇行などが原因の乱気流は日中でも目に見えないため、揺れの正確な位置を把握するのはむずかしい。

一方、客室乗務員にとっては、揺れの原因はあまり重要ではない。それよりも、揺れが原因でシートベルトサインが点灯するのか否か、さらに点灯した場合はどれくらい続くのか、が重要な情報となる。シートベルトサインが点灯すると、客室サービスを中断せざるをえず、サービスのための時間が短くなったり、食事を搭載したカートを安全のため収納したりするなど影響が出るからだ。

つまり、パイロット同士では揺れの原因、回避方法が情報交換のポイントだが、客室乗務員が相手では揺れの程度と時間がポイントとなる。このように「揺れ」という一つの情報についても、その受け手の視点によって、重要なポイントが変わってくる。このため、情報を伝える場合には、相手の視点に立って考えるように教育をしている。言い換えると、相手の立場になり、何から話すのかを考えなければならないということだ。

医療や鉄道など他の業界でも、些細なコミュニケーションエラーが重大な事態を招き社会問題にもなっている。ここで紹介した、概要から詳細を順番に伝える「空間配列」と、相手の視点に立って情報の重要度を考えるという、コミュニケーションのスキルアップをめざした取り組みは、読むだけではいとも簡単にできそうだが、現場で瞬時に考えて言葉にするのはかなりむずかしい。

日本航空では、コミュニケーションのスキルアップをめざして地道な取り組みを重ねているが、その効果は確実に上がっているという。

第4章

アメリカの企業に学ぶＩＣ経営

――最新トレンドは、社員個人と管理職への支援

アメリカにおけるＩＣのトレンド

ＩＣの目的は、社員のエンゲージメントを高めること、忠誠心を高めることなどである。これは世界共通であろう。しかし、たとえば日本とアメリカの企業では、労働条件（終身雇用的労働市場か、契約型労働市場か）が異なり、企業や職業に対する社員の考え方も異なる。日本に比べるとアメリカの労働市場は流動的といえる。こうした背景の違いから、ＩＣの目的も、日本では「チームワーク」や「組織」「協力・連携体制」の重要性が強調されているように思われる。一方、アメリカ企業のＩＣは個々の社員を対象にしているように感じられる。特に近年は、アメリカでは次のような観点でＩＣが推進されており、こうした傾向は日本のＩＣでも求められるようになってくるのではないか。

◆不満への対応（働くうえで不安や不満がある社員が半数を超え、自分たちの要望が職場に応えてもらえていないと感じている。コミュニケーション担当者は、そうした社員をまとめることが求められている）

◆ＥＢ（エンプロイヤーブランド）確立（雇用主としてのブランドである。その企業で働いたらどうなるかというイメージを、これから就職しようとする人たちを含め持ってもらうという意味でも重要）

◆企業発の情報と、社員発の情報のミックス化（現在、両者がつくるコンテンツに大きな差がなくなり、それぞれの情報を別々に扱うのではなく、企業は双方をミックスさせる形で発信する）

◆スイートスポット（リーダーと社員との認識のズレをなくすとの考え方。企業が伝えたいことと、社員が学びたいこととのバランスを考える）

◆ピュア・トゥ・ピュア（同僚から同僚へ伝わる情報を活用する。フェイスブック・アット・ワークが活用されている。また、ＣＥＯが最初の十五分程度コメントした後に退席し、その後は社員同士でＣＥＯのコメントについて話し合うのも、これにあたる。会議室におかれたドーナツ等をぱくつきながらインフォーマルに話し合うことから「ドーナツ会議」とも呼ばれている）

◆このほか、社員の情報発信の信用力（企業の公式発表よりも社員の発信のほうが信用される）や、情報発信の影響力（社員のフェイスブック、リンクトイン、ツイッターに大勢のフォロワーがいる）を対外発信に活用するためのＩＣ活動もある。

アメリカではこうした観点を踏まえてのＩＣ経営が実践されている。筆者が、経済広報センターの米国企業広報調査ミッションでヒアリングした、Ｊ＆Ｊ、スターバックス、マイクロソフト、ボーイング、マクドナルド、ノーザン・トラスト、ＣＭＥと、ＰＲ会社でのヒアリングで事例紹介されたＤＥＬＬ、ペプシコを第４章で取り上げたい。

■管理職へのコミュニケーション・トレーニング

アメリカでは、管理職を対象としたコミュニケーション・トレーニングが注目されている。業績に貢献した社員が昇進して管理職になったとしても、コミュニケーション能力があるとは限らない。管理職の発言は部下のやる気に大きな影響を及ぼす。日本でも保険会社の支社長や営業所長の発言は営業の外務員の士気に大きな影響を与える。管理職の中には、役員と部下の間で板ばさみにあってしまう者もいるだろう。これでは、トップと部下の「懸け橋」になるどころではない。コミュニケーション・トレーニングは、メディアなどの社外に向けたメディアコミュニケーションのトレーニングとは異なる。日本でいうとコーチングとも異なる。コミュニケーション・トレーニングは各階層の管理職にコミュニケーション・スキルを訓練するトレーニングである。

その内容は、主なメッセージをどのように伝えるか、どのように社員の言葉に耳を傾けたらいいのか、プレゼンテーションのやり方、社員をどうやって認めてあげるかといったものだ。プレゼンテーションのトレーニングでは、聞き手の心に響くストーリー構築の仕方、キーメッセージをどのようにつくるか、起承転結や結論までの組み立てなどに重点をおく。さまざまなトピックを設定し、ロールプレイングなどを通してトレーニングを行なう。ビデオによるオンラインのトレーニングもあれば、少人数のクラスで六時間にわたってトレーニングセッションを行なう場合もある。

なぜ、このようなコミュニケーション・トレーニングが必要なのかといえば、管理職の役割の一つが、部下に自社のビジネスをよく理解してもらうことであるからだ。競合他社に対抗していくために、生産性を上げ、コストを下げる努力をしなければいけない。たとえばボーイング社の場合、注文を受け航空機が納品されるまで七～八年かかるので、その間に社員が生産性を上げ、コストを下げないと、将来納品する航空機のマージンが上がらない。

そのためには、管理職と作業員の間のコミュニケーションを促進しなければならない。同社には一万一千人の管理職がいるが、その大半は現場にいる。作業員が話をするのは、ＣＥＯではなく密接な関係にある直属の上司であり、上司の話を聞きたいと思っている。コミュニケーション部門は、社員の代弁者でもあり、管理職のリーダーシップをサポートする重要な役割を担っている。インターナル・コミュニケーションがめざすべき目標は、会話を通して情報を共有し、社員が十分な知識を持って物事を判断できるようにすることである。自ら判断できる「自立した社員」を育てることといえる。

■人事との一環でのＩＣ

日本企業の広報部門は、メディア担当、社内報担当、ＳＮＳ担当など、ツール中心である。また、人事・総務情報の社員への発信は人事・総務部門が行なっている。これに対し、アメリカ企業では、人事情報・福利厚生の情報も含めて広報部門が発信する。人事部門が方針を決定し、広報部門がそれをわかりやすく説明しているといえる。

■インターナル・イズ・エクスターナル

これまでは社内広報と社外広報を別のものとして考え、企業ブランドやレピュテーションを向上させるには社外広報に注力すべきだと考える傾向が強かった。しかし、いくら社外にきれいごとを発信しても、顧客が接した社員の姿勢・発言がそれを具現化したものでなかったら、その評価は一瞬にして悪くなってしまう。社会にブランドを発信する際、まずは社員にブランドを理解し、行動してもらい、それが社外ににじみ出ていかなければならないと考えられるようになってきた。これが「インターナル・イズ・エクスターナル」である。

■ミレニアル世代、Ｚ世代とのコミュニケーション

近年、アメリカでは、「ミレニアル世代」が注目されている。彼らは一九八一年から九九年生まれで、アメ

リカの現在の消費や労働力の中心といえる。彼らはSNSを通じたインフルエンサー世代であり、インターナル・コミュニケーションにおいても、彼らとどのようにコミュニケーションをとり、企業にエンゲージさせていくかが課題となっている。ただ今後は、生まれながらにデジタル世代であるZ世代（二〇〇〇年以降に生まれた世代）とどのようにコミュニケーションをとるかが課題となろう。

デジタル世代の彼らが社内外で影響力を持っている。彼らの心に響くようなメッセージを発信しなければならない。SNSにおいては、動画の活用が注目されている。「いかにして最初の数秒間で視聴者を引きつけるか」が重要になってきている。また、プレゼンテーションも同様で、事前に用意された資料をただ読み上げるだけでは心に響かない。インパクトがない。いかにオーセンティックに語り口調で話すかがカギとなっている。オーセンティックとは「誠実さを持ち、語りかける」ことである。これは「ミレニアル世代」「Z世代」だけにあてはまるものではなく、全世代共通である。CEOには、社内ではタウンホールミーティングなどで、社外ではスピーチなどでこれが求められている。

■浸透させる仕掛けづくり

CEOの考えや経営理念、経営方針を社員に理解させ、行動してもらうにはどうしたらよいのか。単に社内報やイントラネットに載せるだけでは十分ではない。それを体現している社員を表彰したり、コンテストを開催したり、それを動画にしたりして社員にわかりやすく示すことが重要だ。また、社員が日常、もっとも接する機会がある管理職が、経営理念・方針をわかりやすく魅力的に語れるよう、管理職に理解してもらうミーティングや研修も必要だろう。そうした仕掛けづくりを行なっている企業も多い。

事例研究

■進化するタウンホールミーティング【マイクロソフト】

従来から行なわれているタウンホールミーティングなどの手法にも、このような観点を織り込み改善・進化が見られる。企業リーダーが社員とコミュニケーションをとる場であるタウンホールミーティングにしても、ＣＥＯが一方的に経営方針を長々と述べるだけでは社員の心に響かないし、社員がついてこない。

マイクロソフトは、月に一度、サティアＣＥＯによるタウンホールミーティングを、シアトル郊外の本社のロビーで開催しているが、この模様は、当日は参加できない社員のためにライブ中継され、世界各国の社員がネットで視聴・質問できるようになっている。しかも、ＣＥＯの後ろに大型スクリーンがあり、そこにはＣＥＯがアップで映され、その上方では、社員の書き込み・コメントが右から左に流れている。ＣＥＯの発言の最中にリアルタイムで投稿できるので、その場で社員の反応が確認できる。会社側はこのデータを分析し、社員の心に耳を傾けることができる。これにより、より効果的に社員とのコミュニケーションが促進できる。

タウンホールミーティングも、短い時間で、しかもスイートスポットを見つけて対話することが必要だ。マイクロソフトのタウンホールミーティングもＣＥＯの一方的な情報発信ではなく社員とのツーウェイコミュニケーション、つまり社員を巻き込んだ参加型のミーティングといえる。それに加え、参加した社員が他の社員のタウンホールミーティングに参加する姿勢や、仕事への取り組み・熱意、会社に対する思い・姿勢を肌で実感する機会になっている。

マイクロソフトは、社員に会社のスーパーファンになってもらうために、①マネジャーのコミュニティ、②社員行事、イベント、③エンプロイー・インフルエンサー・プログラム、④オンライン・ウェブ・エクスペリエンス、⑤社員の心に耳を傾けるシステム、の五項目に注力しているが、同社のタウンホールミーティングは、②と⑤に該当するといえる。

日本でも社員が集まり、CEOが新年や年度初めに挨拶をすることはあるが、社員は一方的に聞くだけで、双方向性のあるタウンホールミーティングとは異なる。

前述の「ピュア・トゥ・ピュア」も同様だが、アメリカ企業のこうした取り組みは、社員を重要なステークホルダーと位置づけている「社員ファースト」の表われと見ることができる。

■統合後のIC【CME】

企業統合後に社風や企業文化を統一することは重要な経営課題である。管理職が果たすべき役割は大きい。CMEグループは、北米最大のデリバティブ取引所を経営しており、先物取引、エネルギー、金属といったさまざまな商品取引を扱っている。そのため、世界で発生しているリスクなどを積極的に管理運営し、資産管理などの目的に則した多様なオプションを提供している。

同社は、ニューヨーク・マーカンタイル取引所などを次々と買収した後、カンザスシティー商品取引所も傘下に入れたが、各取引所の企業文化をいかに統一するかが大きな課題となった。

ここでも、カギとなるのは、管理職のコミュニケーション力だ。同社はまず、管理職教育を行なった。合併の背景を理解してもらい、人材配置、規制、法規などに対する質問が社員から出たときに、正しい回答をするための準備だ。管理職が社員の満足度、納得感を高めるうえで果たす役割は大きい。

対面式のミーティングも行なった。ロールプレイングを活用しながら、実際に、社員からどういった質問がくるのかをシミュレーションした。また、プレイブックという教科書のようなものを用意した。これは、質問がきたタイミングで適切な回答ができるようにまとめたものである。定例の会議で、管理職がコンテンツをプレゼンテーションできるようにコミュニケーションチームがサポートしたのだ。

また、統合後に社員が無記名で意見を言える場を設けた。無記名であるため、気軽に意見が言える場となった。このほか、定期的に社員にアンケートをとり意見を取り入れる仕組みをつくった。

また、四半期に一度、全社員が参加できる会議を開催している。事前に質問を提出することもできるし、ミーティング時にその場で質問をすることもできる。会議をオンラインで見ている社員は、質問をオンラインで投稿することもできる。管理職が促して質問が出やすい雰囲気をつくった。

買収条件がまとまった際には、全社員に向け、イントラネットでコンテンツを配信した。イントラネットによって、全社員が新しい会社になるという意識や、新しい情報を共有することができる。同時に全社員に向けて、ＣＭＥブランドをまとめた出版物も発行している。この出版物には、将来のＣＭＥブランド像などが書かれている。ビデオでのプレゼンテーション、買収した各企業のリーダーが参加した会議での新しい企業方針なども発信した。

同社は、イントラネットのソフト「ジャイブ」に、社員が各自のページを持ち、プロファイルや話題を掲載できるようになっている。

同社はまた、リンクトインエレベート（社員へ記事の投稿・シェアを促すことで、社員を介した企業ブランディングの効果を見込むプログラム）を始めた。これは、社員が自身のリンクトインアカウントに同社グループのリンクを貼り、社員のリンクトインページのリンクをクリックすれば、同社のリンクトインページに飛ぶというものである。これにより、同社のリンクトインページの閲覧数が急激に増えた。社員のページを見た人に、企業メッセージが伝わる仕組みになっている。

■社員への情報発信とCEOのビジョン浸透［マクドナルド］

マクドナルドは、社員に情報を発信する際に、事前の調査で八〇％が支持し、二〇％は反発しているとわかれば、反発をしている二〇％に時間をかけることが得策だと考えている。

社員へのコミュニケーションは、社員が価値を抱くやり方で行なう。いまは、多くの人々がSNSから情報を得ているので、マクドナルドでは、社員専用のSNS「ワークプレイス」を設けた。

オフィスでこのようなチャネルを使うことには、二つの利点がある。一つは、消費者とのコミュニケーションにSNSを活用する有効性を、社員の反応から測ることができる。二つ目は、やっていて楽しいということ。多様な意見を持つメンバーをまとめる時には、楽しみながらまとめていくとモチベーション向上にもつながる。

マクドナルドが、新しいCEOのビジョンを発表した際、本国の社員は多くがその内容を知っていたが、アメリカ以外の国の社員にはあまり知られていなかった。

インターナル・コミュニケーション部門の担当者は、新しい考え方を全社的に伝えようとすると、まず、グローバルに発信しなければいけないと考えてしまいがちだが、マクドナルドはコアメンバーだけにビジョンを教育し浸透させた。十二人のリーダーが本社に集まり、トレーニングを受けた。そして、その人たちをインフルエンサーにして、輪を広げていく形をとったのである。

そこで、ＣＥＯの直下にいる人を徹底的に訓練した。大企業のＣＥＯの直下には、幾人ものリーダーがいる。外部から見ると、リーダーたちはＣＥＯに比べ知名度が低いかもしれないが、企業内では知名度がある。社内で大きな影響力を持っているリーダーに、世界中の各拠点でＣＥＯのビジョンを伝えてもらうことから始めた。

リーダーに、「あなたは、ＣＥＯのビジョンを理解しているすばらしいリーダーである」と伝え、「部下をあなたの理解レベルまで引き上げてほしい」と指示をした。その後、各リーダーのもとにいるサブリーダーに、同じことを行なってもらい、徐々に輪を拡げていった。シャンパングラスのタワーの一番上からシャンパンを注ぎ、次第に下のグラスに流れていく様子に似ている。

ＣＥＯが就任二年目の時に、「あなた自身が、ＣＥＯのビジョンを説明できますか」という質問を社員に投げかけたところ、三九％の社員はＣＥＯのビジョンについて理解していた。その翌年、同じような質問をすると、九〇％となった。同僚間で話し合い、学習し合うことにより、浸透がはかられたのである。

■長く勤めてもらうための施策とＩＣ［スターバックス］

スターバックスのＩＣ経営の特徴は、社員のエンゲージメントを高め、魅力的で有能な人材に長く働いてもらうために、確定拠出年金や大学の学費負担など福利厚生施策を実施していることである。そのようなパートナー重視の施策の一環として社内コミュニケーション活動を実施し、それを支援しているのだ。

同社は、社員をパートナーと呼んでいる。そして、本人と会社双方から見てのパートナーである意味とは何か。それには次の三要素があると同社では考えている。

◆パートナーがスターバックスで働き、いまの職場にいることの理由が明確か。たとえば個人的に成長し、自身の個人的な目標を達成していくことができる企業・職場であること。会社のリーダーシップに共感できていること

◆健康面や教育面、確定拠出年金、福利厚生に満足しているか

◆そこにいる属性。たとえば、自身がスターバックスのパートナーであることによって出会う同僚や顧客、地域・コミュニティで、仲間であると認められているか

つまり、こうした観点から福利厚生などの施策を行なうとともに、それに関連する情報発信や、それを補佐し、役立つコミュニケーションを展開しているかである。

■人事と結びついた「360度メッセージ」［ボーイング］

ボーイングのコミュニケーション部門は、コーポレート・コミュニケーション担当と人事コミュニケーショ

ン担当から構成されている。日本企業では人事コミュニケーションという部門名は聞き慣れないかもしれないが、アメリカ企業ではＩＣと人事が結びついているケースが見られる。インターナル・コミュニケーションの目的は、社員と管理職間の適切な信頼関係を築くことであるが、アメリカの企業では人事部門の役割の一部をコミュニケーション担当が担っているといえる。人事部門が事実を淡々と発信しているのだとすれば、人事コミュニケーション担当者は、それを社員の立場に立ち、どのような影響があるのか、活用の仕方があるのか、などをわかりやすく伝えることが役割といえる。これも社員を重要なステークホルダーと意識している「社員ファースト」といえる。

ボーイングの人事コミュニケーション担当の役割は、世界中にいる十四万五千人の社員と人事関連のコミュニケーションを行なうことだ。担当は十二人。社員の福利厚生、報酬、労働組合対応、リーダーシップの開発、トレーニングなどのコミュニケーションに携わっている。

同社は情報発信を「ボトムアップ」「サイド・バイ・サイド」「トップダウン」の三つの組み合わせとしている。同社では、これを３６０度メッセージと呼んでいる。

「３６０度メッセージ」とは、社員に情報をより浸透させる手法である。たとえば、企業戦略を社員に伝えようと、人事部門が各部門の管理職に通達する。と同時に社内広報ツールを使い、全社員に伝達もする。このようにさまざまな角度から情報を、タテにヨコにナナメに伝えることである。

■エクスターナルにつなげるＩＣ［スターバックス］

スターバックスでは、パートナーが会社のストーリーを語ることでブランド構築やビジネスにつなげている。顧客は、会社から言われることではなく、自分がよく知っている人（たとえば顔見知りのバリスタや、実際に信頼している人）から話を聞きたいと思っている。パートナーが、ストーリーテラーとしての重要な役割を果たし、企業のメッセージを伝えてくれることで顧客に多くのメッセージを届けることができる。

同社は、インターナルブランドはエクスターナルにつながる、そしてそれは5つの段階をとると考えている。

第一段階：社外からは見えない「もっとも根源的なミッション」（「世の中をよくしたい」「世のため人のために働きたい」）

第二段階：「第一段階を達成するためのミッション」（人々の心を豊かにするためにおいしいコーヒーをつくる）

第三段階：「第二段階を具体化するためのオペレーション」（そのための研修や教育を行なう）

第四段階：社外から見える「顧客へのミッションの伝達」（商品サービス、ロゴ、店内の雰囲気。たとえば機械的に「いらっしゃいませ」と言うのではなく、友だちを迎えるように「こんにちは」「暑いですね」

図表4-1　ブランドとミッションの関係

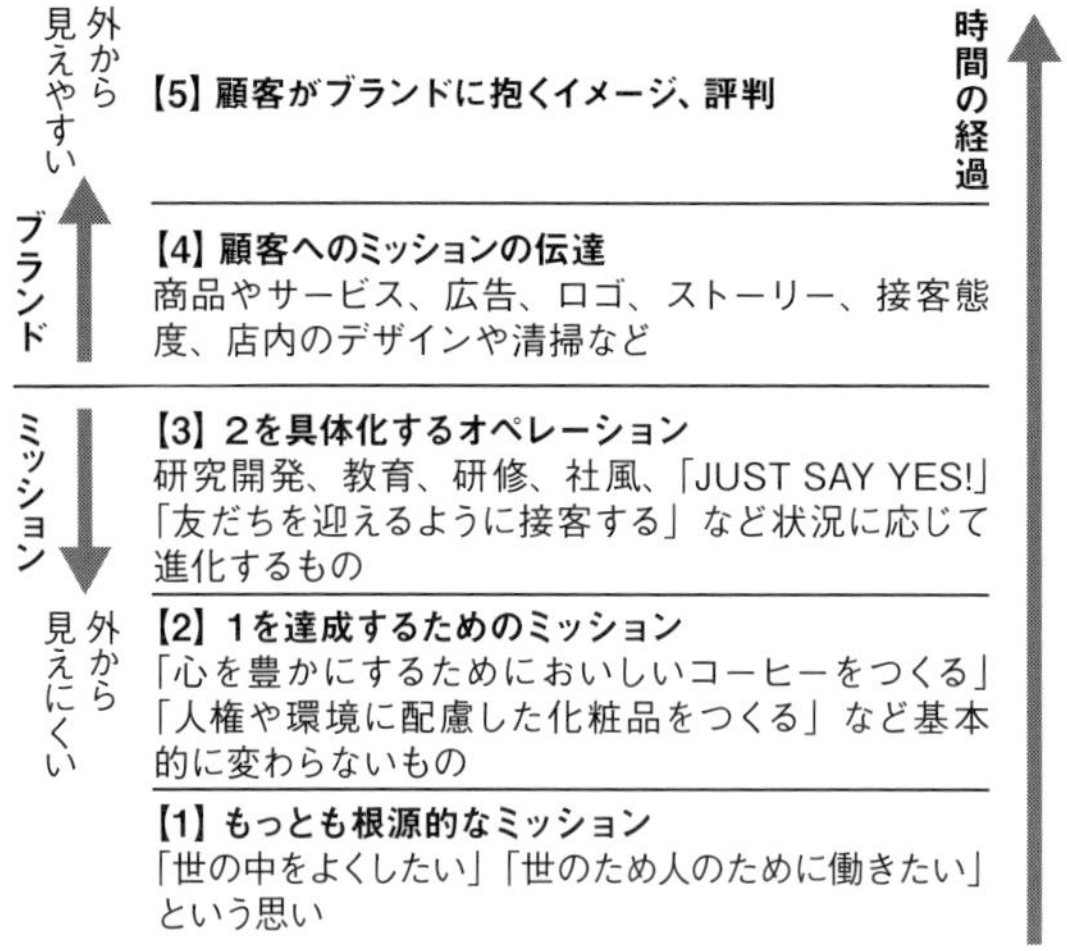

外から見えやすい
【5】顧客がブランドに抱くイメージ、評判
時間の経過
ブランド
【4】顧客へのミッションの伝達
商品やサービス、広告、ロゴ、ストーリー、接客態度、店内のデザインや清掃など
ミッション
【3】2を具体化するオペレーション
研究開発、教育、研修、社風、「JUST SAY YES!」「友だちを迎えるように接客する」など状況に応じて進化するもの
外から見えにくい
【2】1を達成するためのミッション
「心を豊かにするためにおいしいコーヒーをつくる」「人権や環境に配慮した化粧品をつくる」など基本的に変わらないもの
【1】もっとも根源的なミッション
「世の中をよくしたい」「世のため人のために働きたい」という思い

イメージをつくるのは、その下の何層かのミッション。土台がしっかりしていないのに、イメージだけを良くしようとしてもうまくいかない。

出所：岩田松雄『ブランド』（アスコム、2013年）

など、その場に合った言葉で、きちんとお客様の目を見ながら、気持ちを込めて挨拶をする）
第五段階：「顧客がブランドに抱くイメージ、評判」（その結果、顧客がイメージや評判を持つようになる）

第一段階を起点とし、最終的に第五段階につながるわけだ。しかし、社会から見えるのは、あくまで最後の二段階だけである（図表４‐１）。

■社員による情報発信【ＤＥＬＬ】【ペプシコ】

社員がソーシャルメディアによって自由に社外、社会に情報発信できる時代になった。

ＤＥＬＬは情報発信できる社員を選別・限定した。数週間の社内トレーニングののち、選ばれた社員にソーシャルメディアで情報を発信できるライセンスを与えた。資格証を持つ社員が発信することで、ネガティブ情報発信のリスクを軽減している。ペプシコも同様だ。百人程度の少数の社員に限って、ソーシャルメディア・アンバサダーになるためのトレーニングを実施し、会社が承認した内容をソーシャルメディア上で企業の代表として発言することを認めた。

これに対し、ペプシコは、イントラネット上に掲載されているニュースを社外に発信できるようシェアーボタンをつけた。つまり、だれでも発信してもいいが、発信してよい情報を限定したのだ。ペプシコの場合、六六％の社員が家族などに情報を発信するという成果を得た。

■三百五十人の専任コミュニケーター【ボーイング】

ボーイングで驚くのは、三百五十人のフルタイムのコミュニケーターがいることだ。彼らは、ボーイングのストーリーを社内ニュース発信ツール「ボーイング・ニュース・ナウ」を使い、社員に伝えている。すべてのストーリーは、三百五十人のコミュニケーターによって書かれている。「ボーイング・ニュース・ナウ」には、平均して週に十五〜二十のニュースストーリーが掲載されている。拠点ごとにニュースを検索することができ、ビデオも掲載されていて、週に十〜十五本のビデオが投稿されている。

社員には自分用のパソコンがないので、どこにいてもモバイルでボーイングの情報を見られるようになっている。

「ボーイング・ニュース・ナウ」のコンテンツは、内容によってはフェイスブックなどの外部媒体に投稿することもできる。いまは、二割ほどのコンテンツが投稿してもいいものとなっている。

このアプリケーションは、社員のエンゲージに強力な効果があり、同社内で高い評価を受けている。年に一回の社員アンケートでは、企業戦略や管理職への理解、チームのコミュニケーション促進に効果があったと回答している。

■周年事業で一層の「我が信条」浸透をめざす【J&J】

J&J（ジョンソン・エンド・ジョンソン）には、創業の精神を示す「Our Credo」（我が信条）がある。どんなに立派な理念・信条があってもそれに基づき、社員が自分の役割を自分ごと化し、行動しなければ、Our Credoも「絵に描いた餅」になってしまい意味がない。Our Credoは、「我々の第一の責任は、我々の製品およびサービスを使用してくれる医師、看護師、患者、そして母親、父親をはじめとする、すべての顧客に対するものであると確信する」と始まる。そして第二の責任が社員、第三の責任が地域社会、第四の責任が株主である。

第二の責任の社員についてｈは、こう記されている。「社員一人一人は個人として尊重され、その尊厳と価値が認められなければならない。社員は安心して仕事に従事できなければならない。待遇は公正かつ適切でなければならず、働く環境は清潔で、整理整頓され、かつ安全でなければならない」「社員の提案、苦情が自由にできる環境でなければならない。能力ある人々には、雇用、能力開発および昇進の機会が平等に与えられなければならない。我々は有能な管理者を任命しなければならない。そして、その行動は公正、かつ道義にかなったものでなければならない」。

これが、絵に描いた餅にならないように社員は議論する。たとえば、「社員を大切にする」とはどういう意味か。世界中のオフィスの照明の明るさ、スペースを一定以上にする、ということもあるだろう。「取引先を大切にする」との基準に照らし合わせた時に「今回の取引は妥当なのか」といった具合だ。このように、これまではフェイス・トゥ・フェイスで語られ議論されてきた「我が信条」だが、近年はＳＮＳを用いてより効果的に浸透されている。

同社は二〇一二年に「Our Credo」七十周年を記念した施策として、クレドをテーマとしたウェブサイトを新設し、十三万人の社員が上司・同僚とクレドをテーマとした対話を実施するとともに、対話の様子（写真、映像）をウェブサイトに掲載した。同じオフィスに上司がいない場合は、オンラインの生放送を用いて対話を進め、紙やウェブサイトで社員がクレドに署名した。

この「署名する」という行為は重要である。コミットメントを高めることができる。日本ではあまりないかもしれないが、「裏切られない」効果があるのではないか。十四ヵ月間に社員の八〇％が署名した。社員を巻

我が信条（Our Credo）

我々の第一の責任は、我々の製品およびサービスを使用してくれる医師、看護師、患者、そして母親、父親をはじめとする、すべての顧客に対するものであると確信する。顧客一人一人のニーズに応えるにあたり、我々の行なうすべての活動は質的に高い水準のものでなければならない。適正な価格を維持するため、我々は常に製品原価を引き下げる努力をしなければならない。顧客からの注文には、迅速、かつ正確に応えなければならない。我々の取引先には、適正な利益をあげる機会を提供しなければならない。

我々の第二の責任は全社員—世界中で共に働く男性も女性も—に対するものである。社員一人一人は個人として尊重され、その尊厳と価値が認められなければならない。社員は安心して仕事に従事できなければならない。待遇は公正かつ適切でなければならず、働く環境は清潔で、整理整頓され、かつ安全でなければならない。社員が家族に対する責任を十分果たすことができるよう、配慮しなければならない。社員の提案、苦情が自由にできる環境でなければならない。能力ある人々には、雇用、能力開発および昇進の機会が平等に与えられなければならない。我々は有能な管理者を任命しなければならない。そして、その行動は公正、かつ道義にかなったものでなければならない。

我々の第三の責任は、我々が生活し、働いている地域社会、更には全世界の共同社会に対するものである。我々は良き市民として、有益な社会事業および福祉に貢献し、適切な租税を負担しなければならない。我々は社会の発展、健康の増進、教育の改善に寄与する活動に参画しなければならない。我々が使用する施設を常に良好な状態に保ち、環境と資源の保護に努めなければならない。

我々の第四の、そして最後の責任は、会社の株主に対するものである。事業は健全な利益を生まなければならない。我々は新しい考えを試みなければならない。研究開発は継続され、革新的な企画は開発され、失敗は償わなければならない。新しい設備を購入し、新しい施設を整備し、新しい製品を市場に導入しなければならない。逆境の時に備えて蓄積を行なわなければならない。これらすべての原則が実行されてはじめて、株主は正当な報酬を享受することができるものと確信する。

き込み、企業理念や経営方針を社員が考え、実際に行動に移すことを促す場を企業が提供しているという点は、第1章で取り上げたオムロンのＴＯＧＡに似ているといえる。

また、Ｊ＆ＪにはＣＣＯ以下に十人のメンバーからなるコミュニケーションリーダーチームが組織されている。この十人のリーダーは各事業所（コンシューマー、医療機器、製薬）、社外広報、社内広報などセグメント分けされた役割を担う。コミュニケーション担当者は全世界で約四百人。社外とインターナル広報が半分ずつだ。インターナル・コミュニケーションに力を入れている証といえるだろう。

同社本社の地下には本格的なスタジオがあり、年間約八十本のビデオを撮影している。ここでも社員一人ひとりを大切にする同社の姿勢が表われている。というのも、社員は自分に向けたビデオが年間三本あると思えるように制作されているのだ。たとえば、医薬品を担当する東京オフィスの女性社員には、「アジア向け」「医薬部門向け」「女性社員向け」の三本のメッセージが届くといった具合だ。社員一人ひとりに向き合っているといえる。

■ビジョンを「語る」のではなく「見せる」［マクドナルド］

マクドナルドがユニークなのは、人の入っていない空っぽのビルを本社に近いシカゴに借りて、そのビルに十年後のマクドナルドの未来の姿を表現したことだ。これにより、社員が十年後のマクドナルドの世界を歩ける場所になった。世界中の社員を招待し、その空間を見せた。ＣＥＯがビジョンを語ることはいくらでもできるが、それを実際に目で見ると、インパクトが大きい。ＣＥＯのビジョンがもっとも強く全世界の社員に伝わったタイミングとなった。日本でもパナソニック等が「将来の住宅」といった展示を行なっているが、その職場バージョンといえるのかもしれない。

語るのではなく、見せる。これは、マクドナルドがつくり上げた演出である。

■模範となる社員を取り上げる［ノーザン・トラスト］

金融機関であるノーザン・トラストは、企業精神を実行に移している社員やブランド向上に貢献する社員といった、模範となる社員に焦点を当てたインターナル・コミュニケーションを展開している。

企業理念や経営方針にしても、文章で示すだけでは説得力に欠ける。身近にいる同僚の行動を具体的に見せることで「あの人のようになりたい」「あのような行動をすればいいのか」と感じ取ってもらえる。

模範的な社員を選考する方法の一つが、毎年行なう査定、評価だ。管理職が該当者と面談し、一年の評価を行なうだけでなく、部下が上司を評価したり、周囲の同僚が管理職を評価する手法が、ボーイングでも実施している「３６０度評価」である。多様性に重きをおき、性別、人種にかかわらず多様な視点を取り入れながら選考を進めていく。こうした手法を通じ、情報が人事部に入り採点がされる。次に、その情報が広報に回り、人事部と一緒に模範となる社員を決める。こうした手順を踏んだ後、コミュニケーションチームは該当の管理職と面接をする。その面接では、「部下を事業にエンゲージさせるために行なっていることは何か」と質問をする。その回答は十人十色だが、よい結果を残した人たちには何かしらのヒントが必ず存在している。

そして、模範社員の活動を多くの媒体で発信している。媒体には、ｅメールやビデオなどのデジタルなものから、フェイス・トゥ・フェイスによるアナログなものまで備えている。マガジンは電子ベースで、社内のイントラを通じ、月次更新で日常のニュースやストーリーを載せている。社員の閲覧数を計測し、人気があるコンテンツを分析している。

ヒューストンのハリケーンをテーマとしたコンテンツには注目が集まった。これは、社員が実際の現場を訪れ、車やボートで他の社員とその家族を救済したという内容だった。常に、企業の事業や戦略が、もっとも注目を集めるストーリーになるとは限らない。こうしたストーリーを共有することで、企業の課題に対し協力して改善していこうとする団結力が生まれる。

■ピュア・トゥ・ピュア［ノーザン・トラスト］

ノーザン・トラストはまた、ＣＥＯが管理職を二十人ほど入る会議室に集めて意見を出させ、それを経営に活かしている。

こうしたコミュニケーション活動を行なっているうちに、「ピュア・トゥ・ピュア」（同僚から同僚へ情報が伝わる）を重視するようになった。トップダウンではなく、同じ階層の社員の間で、情報が共有される形が多くなったという。人と人とのつながりを大事にしながら、オーガニック（自然）な形、クチコミ的な形で情報を拡めていこうと試みている。

タウンホールミーティング後、その場で出た質問や重要なポイントをまとめ、管理職に配信する。すると、質問が出てくる。たとえば、ＣＥＯから効率を上げようという施策が発表された場合、効率を上げるために自分たちの部門が行なわなければならないことは何かとの質問だ。

同僚同士でこうしたダイアローグ活動の仕組みをつくること、そして、こうした活動に全社をあげて取り組むことが、ＩＣ経営の一つといえるのではないか。

第5章
効果的な戦略実行に役立つコミュニケーション手法24
―IC経営に対応する仕組み・ツールの概要

これまでＩＣ経営の各社事例を見てきたが、従来の日本企業の広報部による社内広報活動の域を明らかに超えていることは自明である。従来の社内広報活動は、主にイントラネットや社内誌を通じた情報の伝達と共有を目的として、成果を発行や記事公開などアウトプットにおいてきた。しかしＩＣ経営においては、インターナル・コミュニケーション活動は経営戦略の効果的な実行を目的として、対面コミュニケーションを重要視しつつ各メディアの特性を活かして戦略的にＩＣツールを統合して活用する。その成果はアウトプットではなく、社員の意識や行動の変容、つまりアウトカムである。

本章では、ＩＣ経営で用いられるツールを取り上げて説明する。利用可能なツールを網羅するものではないが、実務の参考にしていただくとともに、実務に携わる方には、一度自社の持つＩＣツールを棚卸しされることをおすすめしたい。必ずしも広報部管轄のメディアだけではない。あらゆる会議体や制度、イベント、面談など対面コミュニケーションもあれば、メディア利用による間接的コミュニケーションもある。

何をどう使うかは、経営戦略から導かれるコミュニケーション戦略による。目的は何か、ミッションは何か、そのための戦術は

図表5-1　インターナル・コミュニケーション概念の差異

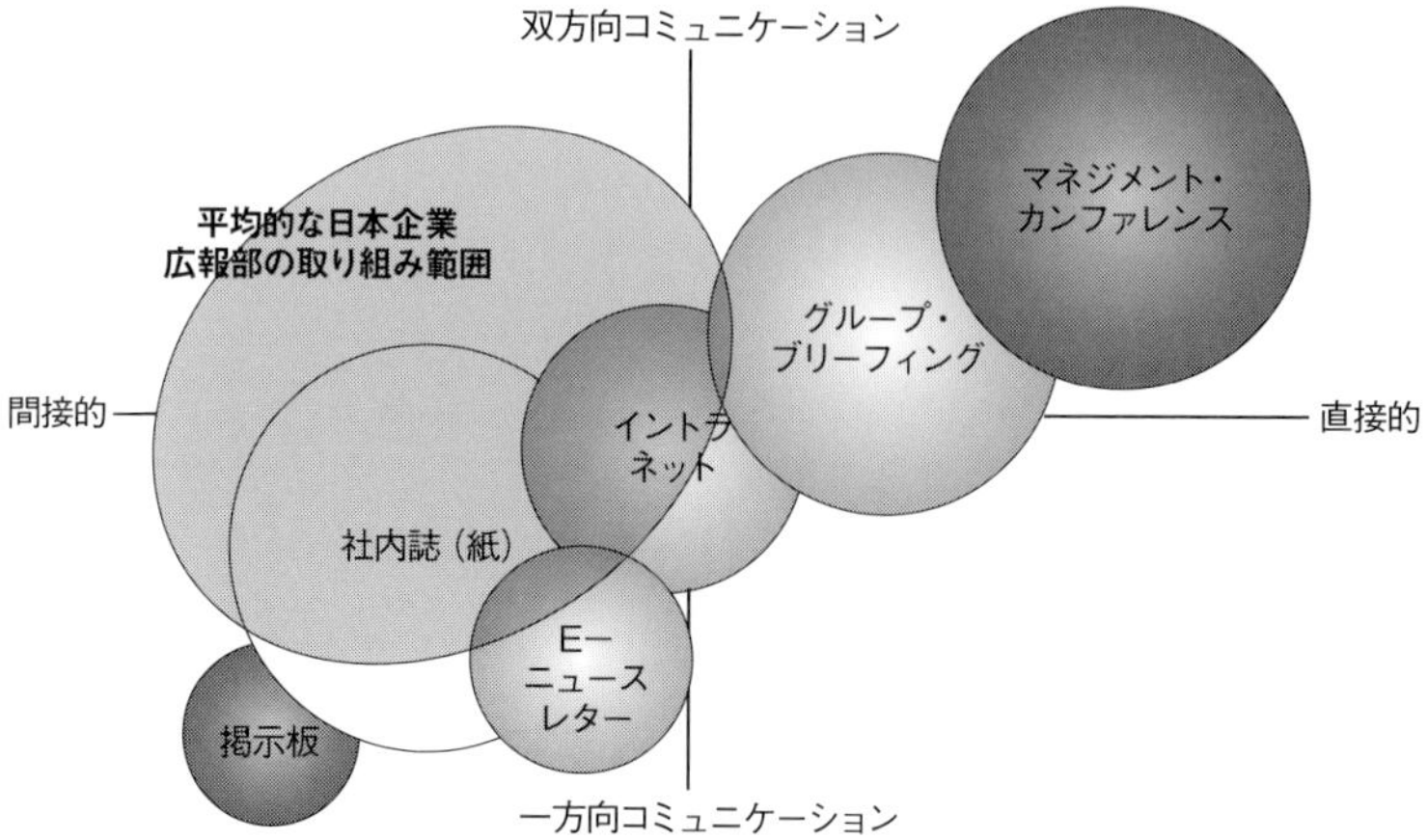

何か、ターゲットとするオーディエンスはだれか、どんなメッセージをどうデリバリーするか、どうフォローして何を効果測定するかで決まるものである。そしてそのコミュニケーション戦略や戦術も確定したものではなく、効果測定の結果、戦術やツール活用の方法も見直しを続けていくものである。

対面コミュニケーション

▼タウンホールミーティング、マネジメント・カンファレンス

近年、特に外資系の企業やＩＴ系の企業でよく見られるようになってきたのがタウンホールミーティングだ。もともとアメリカの一部の地方自治集会を模して政治家が地方の住民との対話集会として実施してきた。このスタイルに倣って大きな会場に経営陣と現場社員が集まって、対面コミュニケーションの場にしたもので、マネジメント・カンファレンスと呼ぶこともある。大企業になると実際には現場社員が全員出席することは、会場の収容人数や通常業務のオペレーション上から困難な場合が多く、管理職や幹部社員のみが招集されることも多い。またＷｅｂ会議システムやZoom、Skypeなどを利用して海外拠点や遠隔地の事業所を結んでライブ配信することもある。

社長をはじめキーとなる人物が大勢の社員と直接対面する機会になるため、議題は経営陣からの方針説明を含むことが多い。誌面記事や通達と違い、社長自ら生の声で、表情を交えて会場の聴衆に直に訴えかけるインパクトは相当大きい。

日本でも全社懇談会、総決起集会、社内説明会などの名称でトップと社員が直接、企業課題や経営方針について対面で話し合う仕組みは存在してきた。ただ、ここで陥りやすいのは一方通行の「話すだけ、説明するだけ」のセッションに終わってしまうことである。

せっかく対話を目的にする対面コミュニケーションだ。社員に直接訴えかけて経営方針を理解し、共感し、実践してもらうことを狙いとするのであれば、柔軟に対応でき、即座に応答できる双方向のメリットを活かすのがインターナル・コミュニケーションの手法である。会の運営方法次第で、質疑応答や、グループ討論が可能で、人々を巻き込むことができる。本物のオープンな対話になれば、経営陣が現場で起きている実態の理解に役立つだけでなく、参加者が経営陣に意見を聞いてもらっていることに好感を持つことにもなる。また、実際の問題を提起し、議論する機会を与えることで、チームスピリットを築き、動機づけすることもできる。

会を運営するには、主催者またはファシリテーターとしての役割を検討する必要がある。困難な問題を積極的に提起するため、または本物の討論を促すためには、事前に参加者に質問を投げかけておくことも有効だ。会の最中は、だれもがわかるようにディスカッションの要約を映し出したり、UMUなどインタラクティブな即時投票技術を利用して、参加者の関与を最大限にする工夫も施したい。

またデメリットも事前によく検討しておきたい。これだけの規模になると、組織する人、発表する人、参加する人それぞれの時間を費やすことになるので、コストが高くつく。また本社によって設定された議題は、参加者が望むものではないかもしれない。活発な質問が期待できない場合に進行をどうするか、グループ討論をはさんだり、事前に質問案を考えておいてファシリテーターから投げかけたり、会場内外からチャット機能を使って質問を受け付けることも考えておく。

一方、実際の質問に対して、経営陣の受け答えが、聞く耳を持たないことを示してしまうと、善よりも害を及ぼすかもしれない。経営陣が拒否的または攻撃的な対応をすれば、対話を閉ざすことになりかねない。これでは逆効果だ。また中間管理者は、自分の意思決定が経営陣にひっくり返されたり矛盾することになると、力を削がれた気になる可能性がある。また、いわゆる荒れた職場では、不満を感じている社員が会を乗っ取るような行動に出る可能性もある。

▼キャラバン、現場訪問、グループ・ブリーフィング

タウンホールミーティングほど大規模にせず、むしろ小規模にとどめて社長や役員が現場を巡回訪問して対話集会を開くのがキャラバン・イベントだ。西武ホールディングスの後藤社長による現場訪問、オムロンの「KURUMAZA」、ＮＴＴデータの当時の山下社長による部課長対象のビッググループセッションなどがこれにあたる。

タウンホールミーティングと比べて、より現場社員との距離感が近いのが特徴で、対話と理解を促進するのに適している。優れたコミュニケーターは、論争になるような困難な問題に取り組むために、これを利用できる。メリットは、経営陣が耳を傾けて現場の真の問題が何であるかを知りたがっている姿勢を示すことができること、現場社員は経営陣とより個人的なつながりを感じることができることだ。

ただし、経営陣が複数の現場を訪問するのは、それなりの時間がかかる。また経営陣が現場の真の問題に触れるようにするためには、現場訪問を「王室訪問」扱いしないことだ。化粧を施して良いところだけ見てもらうのでは、経営陣は現場の真の問題を経験できない。

現場訪問の議題と会の進め方を決めるにあたっては、現地のスタッフを巻き込むことが重要だ。運営側は、経営陣に現場訪問前に現地の問題点を簡潔に説明しておくとよい。また訪問中に提起された問題は、その後もフォローして、取った対策を現地スタッフに報告することを忘れないようにする。これが経営陣と現場との結びつきを強化することにつながる。

▼ストーリーテリング

方針を説明したりメッセージを伝達する際に、自分の体験した話を自分の言葉で語りかけて、聞いている人を引きつける手法がストーリーテリングである。本書の事例では、直接ストーリーテリングに言及したケースはないが、優

れた経営者が語る話は記憶に残ることが多いが、それは映画や小説の一節のようなストーリー性がある場合が多い。ハリウッド映画監督のランディ・オルソンによれば、古代以来の物語に共通の文章構造は［文章1］↓そして（and）［文章2］↓しかし（but）［文章3］↓したがって（therefore）［文章4］という形式をとるという。日本語の形式の起承転結形式とほぼ同じだが、このような形式が人々の興味を引きながら、優れた説得力を持つことになる。[*1] 物語を語り継ぐことは人類の太古の時代から行なわれてきたが、近年の脳科学の発達や研究の裏づけを得てビジネスの世界でも注目されている。

インターネット時代を迎えて情報があふれ、人々の注意力の持続時間が短くなる中で、ビジネスの世界ではより効果的にメッセージを伝え、騒音の渦巻く中で際立つことができる方法としてストーリーテリングの重要性が認識されている。人は良いストーリーに聴き入る時、脳の各部が活発に刺激され、感情が呼び起こされる。興奮、怒り、悲しみ、共感、情熱。感情を抱くことで、話をしている人と絆を感じることになる。感動的なストーリーを聞くと、オキシトシンというホルモンの分泌が増えることもわかっている。オキシトシンは、脳に安心してよいというシグナルを送る働きがあり、愛する人や信頼する人といる時に分泌されるホルモンとして知られている。これがストーリーテリングが強力で効果的な理由である。

社長がタウンホールミーティングで経営方針を説明したり、現場訪問で社員と語り合う時、あるいは職場で管理職が経営方針を噛み砕いて日々の業務に落とし込んで部下に説明する時、ストーリーテリングの手法を用いることでメッセージを強く印象づけることができる。

▼社員参加型全社イベント、社内コンテスト、表彰制度

経営理念やビジョンを体現する社員の取り組みを選定して表彰する仕組みは、企業が何を大切にしているのかを示

＊1　Randy Olson, *Houston, We Have a Narrative*, University of Chicago Press, 2015

し、社員の参画意識を高めて「自分ごと」化を促すのに有効である。オムロンの「TOGA」や西武グループの「チームほほえみ賞／大賞」「ほほえみ Factory」がその好例である。

大切なことは、単なる成果数字・業績結果ありきの表彰ではなく、社員がどういうふうに行動してほしいか、インターナル・コミュニケーションの目的に合致した価値観に基づいて表彰していることである。社員による自発的な取り組みが参加条件となるので、全社イベントとして、どれだけ多くの社員を巻き込むことができるかがカギとなる。選定の各段階で、職場やチームが応援を繰り広げ、一緒に喜びや悔しさを分かち合うことで団結も生まれ、企業文化が醸成されていく。最終的には、優秀事例を全社的に共有して理念を浸透させることが目的となるので、社内報やイントラネット、ビデオなどで特集を組んで取り上げるのが一般的だ。

受賞者に賞金の授与や人事評価を高めるなどの実質的な報奨を与えることもあるが、社員に誇りに感じてもらううえでより大切なことは、全社的にその取り組みを認知（Recognize）して褒め称えることである。

▼Good Job カード、サンクス・カード、いいね！ カード

日常的な仕事の場などを通じて社員の良い行動を褒め、感謝の気持ちをカードで伝える制度。職場の雰囲気を変えて風通しを良くするために、上司が部下に対して行うツールとして用いることが多いが、社内で相手の良いところに気づき、その思いを伝えられる社員を育む「褒める文化」を醸成するために全社員に Good Job カードを奨励する企業もある。

運用にあたっては、事前に目的・狙いと運用ルールを決め、それを全社に周知徹底することが欠かせない。何をもって良い行動とするのか、インターナル・コミュニケーション経営の観点から社員にどうなってほしいのか、その判断基準を経営理念やビジョンに照らして明白にしておくことがポイントになる。狙いによって運営ルールも変わって

くる。気持ちを伝えるコミュニケーションに重点をおくなら、手書きのカードを手渡すことにこだわる方法もある。遠く離れた人にも感謝を伝えることを広めたいならばメールやオンライン方式と併用する方法もある。また、受け取る人のエンゲージメントを高め、他の社員にも学びを得てもらいたいならば、イントラの掲示板に掲載して見える化(Recognize)し、蓄積していくことも効果的だ。

ただ導入してすぐに会社のコミュニケーションがよくなる、と期待してはいけない。なぜなら、Good Job カードは個人対個人で取り交わされるツールだからだ。まず一人ひとりが、周囲の人に関心を持ち、良い面に気づくようになり、Good Job と声をかける、あるいは感謝の気持ちを伝える。こうして自分から関わり方を変えていくことが、関係改善の第一歩になる。カードを手渡す方法ならば対面コミュニケーションも生まれる。あまり話したことのない相手でも、褒める内容のカードを渡すことで、ぐっと距離が縮まり、信頼関係につながる。カードを受け取ることで、自分が他者に貢献していることを実感でき、さらにやる気が向上する。こうした関係の向上が、少しずつ積み重ねとなって会社全体の雰囲気が良くなっていくのだ。送る人、受け取る人のカードの枚数を人事評価に結びつける考え方もあるが、純粋に感謝の気持ちを大切にして組織風土を変えたいならば、人事評価とは無関係のほうが本物である。だれでも褒められればうれしいものだ。前向きに仕事に取り組むようになる。カードを導入したらチームの一体感や親密度が向上し、結果的に仕事のレベルアップや効率化、離職率改善といった相乗効果も期待できる。この制度は、いまでは幅広い企業で導入されている。

西武グループの場合、二〇一二年十月から開始した。きっかけはグループビジョン定点調査アンケートで「職場の風通しが良くない」「上司や周囲の支援・理解がない」ことがグループビジョン実践の阻害要因となっていることが明らかになったことだった。職場の風通しを良くしてチームが全員でグループビジョンを実践できる風土を築き上げていくために、良いことを実践した部下に対して上司が素直に Good Job と声をかけるツールとして導入した。

先駆けとなったＡＮＡグループの場合、まず羽田空港でＣＳ（顧客満足）向上をめざすプロジェクトの一環として、お互いの仕事の良いところを「見る」きっかけをつくり、褒め合うことで質を高めていくために二〇〇一年にGood Job カードを導入した。その後、全グループに展開したが、二〇一四年以降に導入したイントラ掲示板機能の「Good Job Box」の設置をきっかけに、カードの使用が爆発的に増えているという。さらに二〇一五年に「ポイント制度」を導入し、メッセージをもらうと三点、送ると一点を付与し、獲得したポイントに応じて、「ダイヤモンド」「プラチナ」「ブロンズ」の三種類のバッジがもらえるようにした。またメッセージ一枚につき一円を児童養護施設支援のための物品購入などに使っている。社員意識調査では、「Good Job カードの使用が多い部署の社員は、仕事への満足度が高い」という結果も出ているという。

メディアコミュニケーション

▼イントラネット、Ｗｅｂ社内報

インターネットで用いられる技術をベースに、企業・組織内だけで利用できる、閉じられたネットワークのことで、イントラと略されることが多い。イントラネット上で運用されるシステムは、事業そのものを支える基幹システムをはじめ、情報共有に用いられるグループウェアや掲示板、手続きの進行などを管理するワークフロー、出納を管理する財務会計システムなど多岐に渡る。広義にはメッセージを伝達する電子メール、予定を管理するスケジューラなども含める。社内向けにＷｅｂを立ち上げ、WordPress などのコンテンツ管理システムＣＭＳを用いてＷｅｂ社内報で社内情報の共有をはかる場合も多い。

インターネット上で使われる技術を利用するため、比較的容易に、安価に導入することができ、さまざまな可能性がある。利用者である社員にとっては、パソコンの電源を入れるとすぐにイントラネットのポータル（トップページ）が目に飛び込んでくる。いつも必ずそこにあるイントラネットは、迅速で一貫性がある。業務システムにすぐにアクセスでき、情報が格納され、参照できる。掲示板機能を使って情報交換・共有し、討論したり社員同士の関係性を深めることができる。またWeb社内報のコンテンツは、発信したい時にすぐに掲載できる速報性があり、その内容で楽しませたり、写真やビデオで視覚的に引きつけたりして、社員の意識向上や社員エンゲージメントを高めることに適している。

インターナルコミュニケーション経営の観点からすると、狙いに応じてさまざまなコンテンツ発信ができるイントラネットは、もっとも使い勝手のよいツールになる。さらにイントラネットは、インターネットと同様に容易にアクセスログデータを収集して効果測定が可能であり、PDCAを回して改善ができる。

注意したいのは、業務上必要なマニュアル、申請用紙やシステムだけでなく、人気のある「キラーコンテンツ」を頻度よく発信していくことだ。定期的な「社長メッセージ」や「社長ブログ」「新入社員紹介」などはキラーコンテンツになる。さらにいえば、社外向けの自社ウェブサイトと同じくらい魅力的なものにするのが望ましい。要は社員がみな集まってきて、社員から信頼されるナンバーワン情報チャネルとなるニュースハブにすることだ。

一方でイントラネットは、社内でアクセスできない人がいる場合があることに留意が必要だ。アクセス権限がない人はもちろん、業務上パソコンを使わない職場もある。イントラネットでリーチできるのがどこまでの範囲なのか、実態に合わせて把握しておくことが重要だ。また、イントラネットは、利用者が情報を求めて取りにくることに依存するメディアだ。イントラにアクセスできても、実際には中身を読む時間がない人がいるかもしれない。イントラを適切で、おもしろく、魅力的で信頼できるものに保たなければ、すぐに読まれなくなってしまう。イントラは、各コンテンツのオーナーを定めて情報のメンテナンスをしていかないと、すぐに余分な情報であふれ、古い情報でいっぱいになってしまう。やがて扱いにくくなり、ナビゲートがむずかしくなり、利用者の不満が高まるだけになってしまう。

近年、特に携帯デバイスから、会社の外に出てもイントラネットにアクセス可能にすることが重要になってきている。セキュリティーの問題を解決して、利用者である社員の利便性を高めることが効率的な業務運用には欠かせない。

▼社内報雑誌、冊子

社内広報のための雑誌スタイルの社内誌。製作と頒布にはコストがかかるが、会社全体に一貫したメッセージを伝えることができる。いまなおイントラにアクセスできない、遠隔地で働く社員には第一優先の媒体となる。また時間がない社員でも、持ち歩いて休憩時間や電車内で読むことができる。

社内誌は古くから存在してきた。鐘淵紡績の「鐘紡の汽笛」が最初とされてきたが、今回のわれわれの調査から、それ以前の一九〇二年五月に、日本生命保険が「社報」を発行していることがわかった。同社はさらにその十年前の一八九二年から「浪花の音づれ」という社内誌を発行していた。内容は、経営サイドの情報、営業データ、評論など社員向け総合経済雑誌といってよいもので、ＩＣ経営の原型がすでにそこにあった。社内報と言われ始めたのは昭和三十年代で、この時代のイメージが従来の社内報として定着した。

Ｗｅｂ社内報ができても紙の社内報を共存させながら特徴を見極めて使い分けている企業もある。Ｗｅｂ社内報はその速報性がゆえに比較的フロー情報が多く、時の経過とともに古い記事は埋没してしまいがちだが、紙媒体の社内報は時間のある時にじっくり読むことができるため、中期経営計画や経営方針の発表のように全社に浸透させたい内容を特集を組んで伝えることが多い。

ただし、すべての読者に最適化するのはむずかしい。トップダウンの内容ばかりだと偏っていて信じられないと受け取る社員がいる可能性もある。社員の意見を掲載し対応することもできるが、Ｗｅｂ社内報とは違って双方向にディスカッションしたり、理解度を測る機会はない。

また紙媒体であるがゆえに取材してから制作・頒布するまでに相当な時間を要することから、情報がすぐに古くなるのが欠点だ。最近ではＱＲコードを印刷してスマホからイントラに誘導したり、スマホの拡張現実ＡＲブラウザーでかざすと追加情報を表示できるサービスも始まっていて、紙とＷｅｂの融合も試みられている。

▼告知掲示板、ポスター、デジタルサイネージ

昔からある掲示板やポスターの貼り出しは、キャンペーンや注意喚起のための指示や情報に適したインターナル・コミュニケーションのツールである。目につくので、何か他のものを読む時間がない人でも、目にとまるかもしれない。もちろん字が小さかったり、目立たないと読まれないかもしれない。決まった場所だけでなく、エレベーター内やコーヒーマシン横など、ふと立ち止まって目立つ場所に掲示するのも一考だ。

ただし会社のすべてのプロジェクトにポスターを過度に使用すると、飽きられて影響力がなくなることになる。また長いこと放っておかれたままのポスターも逆効果だ。所有者がいない場合が多いが、ポスターに「掲示期限」の日付を入れることを忘れないようにしたい。ポスターで表現できる字数は限られるので、ＱＲコードをつけたりしてイントラの詳細情報に誘導することも有効だ。

最近では、デジタルサイネージが掲示板やポスターの代用として使われ始めている。比較的簡単に製作できるので頻繁に内容を変更するのに便利だ。

▼eメール（電子メール）

ｅメールは、多数のターゲット受信者に直接、一貫して制御されたメッセージを素早く配信できるため、いまなお

インターナル・コミュニケーションの強力なツールである。費用対効果が高く、使いやすい。情報伝達・指示や認知向上に適している。

一方で、すでにさばき切れないほどのメールを受け取っていて情報過多に陥っている社員がほとんどで、行動がともなわない原因になりうることに注意したい。通常、発信する側はメッセージが読まれたかどうかは、わからない。メッセージに優先順位づけができないので、件名欄にキーメッセージを表示して目立たせたり、本文も短くシンプルに保つようキーメッセージに見出しをつけて、箇条書きを利用して文章を分割するなど工夫が必要だ。

メールはシンプルに保つことが望ましいが、人間味がなく誤解を生じる可能性もある。必要な気配りなど最小限度のマナーは必要だ。メールを送っただけでは対話や建設的な討論にはならない。きちんと返信することは関係性を維持するうえで大切な行動である。

運用にあたっては、一斉メールリストへのアクセスを管理することが必要だ。またメールは簡単に組織外の人に転送されうることも忘れないようにしたい。eメールの使い方に関しては、行動規範コードを定めたり、「社内電子メール禁止の金曜日」とする企業もある。近年、社内のチームで連絡を取る際には後述するＳＮＳのチャット機能を用いることが多くなってきた。

▼SNS

ＳＮＳは、Social Networking Service の略称である。広義には社会的ネットワークが構築できるサービスならブログや電子掲示板も含まれるが、一般的には狭義のコミュニティ型の会員サービスのことを指し、主には「ＣｔｏＣ」のサービスとして知られている。近年は社員同士のコミュニケーションにも活用されており、ビジネスユース向けのサービスも多く提供されている。

日本で利用されている代表的なものは、Facebook、Twitter、LINE、Instagram、LinkedInなどがあり、ビジネスユースでは、Teams、ChatWork、Slackなどの利用が多い。これら以外にも数多くのサービスがあるので自社のチームに最適なツールを探してみるとよいだろう。

ＳＮＳは基本的に個人間のコミュニケーションを目的としている。そのために、メッセージ送受信ができるチャットはもちろん、ユーザーの情報を参照できるプロフィールやユーザー検索、タイムライン（ウォール）などの機能でユーザー同士の相互理解を助けてコミュニケーションを促進している。似たツールとしてはイントラ（ネット）などグループウェアになるが、これらは組織の縦関係を意識した主にフォーマルな情報やコミュニケーションを取り扱う一方で、ＳＮＳは横の関係を円滑にする日常的なコミュニケーションに活用されている。

ＳＮＳ活用のメリットは、何より素早いコミュニケーションができること。インターネットにつながっていればいつでもどこでもやりとりが始められ、その場で数往復のテキストのやりとりで相談や連絡が完了できる。相手がテキストの入力中かどうかも表示されるため、その間少し返答を待つなどのコミュニケーションを円滑に進められる。さらに、グループチャットなどで複数名に一斉に送ることもでき、また文字なので記録として残しやすく、後で振り返って確認もできるため、チームでの連絡や報告の手間が格段に減るだろう。

一方でデメリットとなるのは、導入時のＩＴツールに対する心理的・物理的ハードルがあることだ。導入するツールを使い慣れていない社員が継続的に利用していくためには一筋縄ではいかない。社員のＩＴリテラシーの状態やこれまでのＩＴツール導入施策の成否の影響などで導入方法は工夫する必要がある。基本は全員の利用をめざしていく前に小さなチームから始めて、もっともリテラシーの低い人に合わせてマニュアルや成功事例を積み重ねていくのが遠回りながらも成功への近道だろう。

実際に取材を行なった飲食業界の導入事例では、ＳＮＳツールの導入でお客様とのやりとりで喜んでもらえた話や新たに導入してみたメニューや食材の感想など自由に投稿・閲覧できる場所ができ、一つの現場のみでとどまっていた情報が共有できるようになった。その結果、マネジメントやベテラン社員のみならず新入社員や中堅社員の顔も見えるようになり、一般的には離れがちな本部と現場の距離感が一気に縮まった。これらの取り組みにより、社員に理念・ビジョンが理解されて組織の隅々で実践されていることが改めて確認できただけでなく、より深い理解促進に役立っている。

ＩＣにおいて、理念やビジョンに基づいた社員の判断や行動を導くためには情報の共有や取り組みの見える化は必須であり、そのためにもＳＮＳを活用することで縦横斜めのコミュニケーションを促進し、日々実践されていく素地をつくることに大いに役立つだろう。

▼携帯電話ショートメッセージ

携帯電話のショートメッセージは、字数が限られるなどの欠点もあるが、遠隔地の社員にも確実に届くので、特にクライシス（危機対応）コミュニケーションに適している。休暇中でも重要なニュースを上層部に伝達・更新ができる。危機が発生した場合に備え、チーム全員の携帯電話連絡網があることを確認しておきたい。

ただし、過度に使用するとすぐに嫌がられるので、本当に重要で緊急を要する情報に限るべきだろう。字数の制限から、言葉足らずで略語を使用しがちだが、すべての人には理解されない可能性がある。受信者をさらなる情報源に誘導するために使用するのが適している。

▼ビデオ（ライブ、オンデマンド）、ウェブキャスト（イントラ社内放送、ウェビナー）

近年、YouTubeによるビデオ配信が爆発的に普及したことなどを背景に、ビジネスにおいてもビデオによるコミュニケーションが一般化してきた。対面コミュニケーションではないものの、次善の策としてビデオを活用するメリットは大きい。特徴は、文字情報と比較してビデオが持つその圧倒的な情報量だ。話し手の表情や間を含めて、雰囲気をそのままリアルに伝えることができ、視聴者の感情に訴えるのにもっとも適したメディアである。クリエイティブな動画は、視聴者を引きつけ、記憶に残りやすい。

イントラを通じてライブ配信すれば、上級リーダー層が、リアルタイムに一貫したメッセージを人や場所の制約なく大勢の視聴者に届けられる機会となる。ここでも対面コミュニケーションと同様に自分の経験を自分の言葉で伝えるストーリーテリングが有効な手段となる。グローバルな視聴者へCEOメッセージを伝えることができるので、コスト効率のよい方法になる。またこのビデオのライブ配信技術を活用してイントラ社内放送やウェビナー（Web研修セミナー）をする企業もある。もちろん後日、オンデマンドでビデオを視聴することも可能だ。

一方で、ビデオ自体では双方向でないということに気をつけたい。一方的な内容では企業によるプロパガンダ（宣伝）と見られかねない。ビデオ視聴後にコメントを投稿できるとか、ライブ配信なら質疑応答の時間を設けるなど、ダイアログ（対話）を促す工夫がほしい。

ビデオを使って議論を促す方法もあるが、ビデオをどのように演出して利用するか、戦略に沿って戦術を練ることが必要だ。プロパガンダと見られないためには、上層部だけでなく、職場の「実在の社員」を使って経験を語ってもらうのが有効であり、顧客の声を使うと非常に強力となる。また、ビデオの構成面からは、人物が話しているシーンだけを三十秒も見ていると飽きてしまい、見ている人を引き込むことはむずかしい。話の合間にナレーションを入れて、関連するさまざまな映像を見せてわかりやすく説明したり、話の最中にも関連する映像がインサートされているほうがイメージが膨らみやすくなる。

また特にライブ配信については、適切な技術を用いる必要があり、コストが高くつく場合がある。すべての社員が同時参加するのはむずかしく、一部のオフィスでは音声を出せない場合もある。セキュリティーの問題からモバイル端末でだれでもどこでも見られるようにするのがむずかしい場合もあることにも留意が必要である。この分野は絶えず新技術が出現しているのでＩＣ担当者はフォローしておくことが肝要となる。

本書で取り上げた事例では、たとえば西武グループはグループビジョン推進月間に各部署で視聴するビデオを毎年制作している。グループビジョンを体現する各社社員の取り組みを紹介し、社長メッセージで結ぶ内容だ。グループビジョンの理解を深めエンゲージメントを高めるために、見た人の感情を揺さぶるものに仕上がっている。

伊藤忠商事では、本社ビル十階にスタジオを一九九二年から設置しており、常駐スタッフを抱えて月に五〜七本のビデオ作品を制作し、各事業にかかわる資格情報や生活ニュースなどを提供している。社員のパソコンに流すほか、社員食堂や外苑前駅階段部分に設置してあるデジタルサイネージにも流している。また企業広告シリーズとして、コーポレートメッセージの「ひとりの商人、無数の使命」に合わせて社員を主役にしているが、広告を見た社員の共感を呼んでいる。インサイド・アウト、中から外へ、外から中へとメッセージが流れている、これもＩＣの一環である。

▼テレビ電話会議

遠隔地をテレビ電話のように映像と音声でつなぎ、ライブで双方向のコミュニケーションを可能とするシステムを用いた会議のこと。テレビ電話会議は一九九〇年代から専用のテレビ電話会議システムを用いて実施されてきたが近年、インターネット環境でビデオ配信が爆発的に普及するのと合わせて、ビジネスでもSkypeやZoomなどのサービスを利用して簡単にテレビ電話会議が行なえるようになった。多少の音声のタイムラグが発生するものの、グローバルであろうと距離を越えて何ヵ所もつながることができるため、出張いらずの費用対効果の高い方法である。

▼効果測定、社員満足度調査、定点調査アンケート

ＩＣ経営の施策の効果測定として、社員の意識や行動変容の結果（アウトカム）を、社員満足度調査などのアンケート調査を通じて経年でモニタリング分析すると有効である。ＩＣ経営においては、発信するコンテンツや情報だけでなく、社員からの受信データも重要なＩＣツールとなる。効果測定の結果、戦術やツール活用の方法も常に見直しを続けていく。アンケート調査の主管は広報部だけではなく、人事部かもしれない。ＩＣ経営においては、主管部署にかかわらず、コミュニケーション戦略に沿って各部が連携していくことが必要になる。

本書で取り上げた各社事例の中でも、西武グループは毎年グループビジョン定点調査アンケートを実施しているし、伊藤忠商事も社員満足度調査をＩＣ経営に活かしている。

あとがき

私事になるが、社内コミュニケーションの核となる社内報編集にかかわったのは、もう四十年以上昔のことになる。生命保険会社の人事課から広報課に異動になり、そこで目にしたのは、企画立案から編集・制作、さらに活版印刷所での校正作業を広報部員がすべて担う光景だった。

それが一九九〇年代になると、社内広報の仕事には社内TVの映像制作やパソコン通信に関する業務が加わり、今日ではSNSも活用されている。このような活動の広がりにより、外部スタッフとの協働作業も多く取り入れられるようになったが、働く人々が仕事や生活の問題や課題を認識し、何らかの意思決定を行なうためには「言葉」を使うことが不可欠だという点は変わることはない。

だから面談であれ、電話・印刷物・電子メール、さらには動画配信まで、企業で仕事をするうえで「言葉で行なわれるコミュニケーション」は、これからも必要とされる。というより、企業活動がグローバルに展開し、これまで以上に複雑な問題に対処し、より早く、より効率的に処理していくためには、経営者、社員、関係者、社会の人々などのステークホルダー間のよりよいコミュニケーションはもっと工夫し、効果的に行なっていかなければならないだろう。

その主役となるもの、ないしは介添役こそが「社内広報担当者」「社内コミュニケーション担当者」ではないだろうか。それが、一九九三年に、コンセプトデザイナーの佐藤修さんとの共著『企業文化と広報』（経済広報センター監修）をまとめた時の課題意識だった。四半世紀を経た今日、大企業から小規模企業に至るトップや広報担当役員などに話を聞いていくと、現在はバブル崩壊後の危機時代よりも、もっと大きな転換期にさしかかっているのではないか、だから一層、社内広報・コミュニケーションに目が向けられグローバルに通用する新たな発想や手法が求められているのではないか。そう感じざるをえない。

それは、二〇一四年の大企業二十三社の広報部長に対するヒアリング調査の際に、社内コミュニケーション改革が部門課題の二～三位に位置づけられていたことにも表われている。前述の『企業文化と広報』では、序文で「従業員を企業の一員であると同時に生活者として位置付け、社内のコミュニケーションが企業文化・風土の創造と維持にいかに重要かを論じた」と記し、考え方とその実践例を示したが、それがようやく、多くの企業に浸透してきたようだ。

＊

日本で初めて本格的な社内報を発行したのは日本生命保険[＊1]（一九〇二年）や鐘淵紡績（一九〇三年）である。日清・日露戦争前後の、新進企業の誕生が相次いだ日本の産業革命期である。そして高度経済成長期になると「社内報ブーム」が訪れ、多様な社内コミュニケーションが世間の注目を集めるようになる。一九六〇年代半ばは、新たな経済成長をめざして企業が経営革新に挑み続けていた時期であり、約三千種類もの社内報が全国で刊行されたという（『社内報活動の考え方・進め方』）。

このように見てくると、夢物語かもしれないが、「産業革命期に新たな社内メディアが登場する」という一つの仮説が導き出されるかもしれない。

ここ数年、日本社会は大きく変わりつつある。ＳＮＳの急激な普及、自動運転の車やＩｏＴの登場、シェアビジネスなどと並んで都会の光景を変えつつあるのが、外国人労働者や留学生、訪日観光客の増大である。ま

＊1　小川功編『ニッセイ100年史』日本生命保険相互会社、1989年

た、生活者が肌で感じる日頃の感覚とインターネット接続の職場空間とが、少しずつ同調し始めてきた。

＊

NTTデータの山下徹 元社長（現シニアアドバイザー）は「社長時代にやり残してきたこと」として、「もっと現場に行きたかった。社員と交流したかった。なぜなら重要な気づきは現場で働く社員から得られるものだから」と話していた。ある食品大手の広報部長は日本広報学会の研究発表大会の会場で、「最近、担当者がSNSで海外拠点と直接仕事の話をしている」と語っていた。さらに筆者は二〇一七年に、ほぼ日刊の印刷版社内報の取材を行ない、一八年にはIT企業の社員向け日刊社内報がホームページで公開された経緯について聞いた。すでに第四次産業革命が始まっていると実感している。

筆者らの推計では今日、全国約七万事業所で社内報やデジタルメディアが発行されていると思われる。いまダイナミックに変わりつつある社内広報・コミュニケーションの世界を、筆者らは「インターナル・コミュニケーション：IC」と呼び、これまでの社内広報の定義とは少々異なる意味を与えた。それは、広報部だけが取り組む話ではない。経営者を先頭に、経営企画、総務、人事・研修、CSR、広報など経営スタッフが協働してその持ち場、持ち場に対応した役割を担う活動である。この動きはまだ一部の企業で始まったばかりであり、私たちもまだ、その全容はつかめていない。しかし、IC活動を展開する企業は、いま生起しつつある経済・社会の未来に貢献すると同時に、グループ企業やステークホルダーとともに、新たな発展を追求してやまない、社員と生活者の目的共有集団といえるのではないだろうか。

＊

本書は、二〇一四年四月に立ち上げた日本広報学会「新しいコーポレート・コミュニケーション研究会」の成果を引き継ぐ「経営コミュニケーション研究会」メンバー有志による調査や討議をもとにまとめたものである。その際、各企業のトップマネジメント、役員、ならびに広報担当の方々には、ご多忙な中、取材対応および写真・図表などの資料提供、さらには複数回の確認や追加のインタビューに対し、大変積極的なご協力・許諾をいただいた。紙面の関係上、みなさまのお名前を記すことはできないが、ここに改めて深く御礼申し上げたい。

また雨宮和弘（クロスメディア・コミュニケーションズ代表取締役）、山村公一（TSコミュニケーション代表）、斎藤智文（淑徳大学経営学部教授）、白鳥和彦（産業環境管理協会地域・産業支援センター 事業支援室長）の各氏には取材にご協力いただき、また調査設計にあたっては柴田仁夫 埼玉学園大学准教授および日本広報学会理事長の小早川護 社会情報大学院大学教授にも多くの協力をいただいた。みなさまに厚く御礼申し上げる。

そして出版事情がきびしい折り、刊行をご快諾いただいた経団連事業サービスの讃井暢子 常務理事、ならびに企画から編集作業までの折々にひとかたならぬご協力をいただいた梶浦明子氏と高橋清乃氏に、心よりありがとうの言葉をお伝えしたい。

二〇一九年一月

執筆者を代表して

清水正道

参考文献

序章

Smith, L. (2008) *Effective Internal Communication*, Kogan Page

FitzPatrick, L., Valskov, K.(2014) *Internal Communications: A Manual for Practitioners*, Kogan Page

Tett, G., (2016) *The Silo Effect: The Peril of Expertise and the Promise of Breaking Down Barriers*, Simon & Schuster（土方奈美訳『サイロ・エフェクト―高度専門化社会の罠』文藝春秋、二〇一六年）

野中郁次郎、竹内弘高『知識創造企業』東洋経済新報社、一九九六年

J・ブラットン、J・ゴールド『人的資源管理―理論と実践』上林憲雄ほか訳、文眞堂、二〇〇九年

Varey, R.J., Lewis, B.R., (2000) *Internal Marketing: Directions for Management*, Routledge

日経連社内報センター編『社内報活動の考え方・進め方』日経連弘報部、一九七〇年

第1章

柴田仁夫『実践の場における経営理念の浸透―関連性理論と実践コミュニティによるインターナル・マーケティング・コミュニケーションの考察』創成社、二〇一七年

高尾義明、王英燕『経営理念の浸透―アイデンティティ・プロセスからの実証分析』有斐閣、二〇一二年

田中雅子『経営理念浸透のメカニズム』中央経済社、二〇一六年

一條和生、NTTデータほか『企業変革のマネジメント―社員の、社員による、社員のための変革』東洋経済新報社、二〇〇八年

吉田忠裕『脱カリスマの経営』東洋経済新報社、二〇〇三年

吉田忠裕『YKKの流儀 世界のトップランナーであり続けるために』PHP研究所、二〇一七年

第2章

清水勝彦『戦略と実行』日経ＢＰ社、二〇一一年
杉山尚子『行動分析学入門―ヒトの行動の思いがけない理由』集英社新書、二〇〇五年
中原淳、長岡健『ダイアローグ 対話する組織』ダイヤモンド社、二〇〇九年
小谷賢『日本軍のインテリジェンス なぜ情報が活かされないのか』講談社選書メチエ、二〇〇七年
角田識之『月曜日の朝が待ち遠しくてワクワクする職場の話』あさ出版、二〇一七年
田中隆之『総合商社―その「強さ」と、日本企業の「次」を探る』祥伝社新書、二〇一七年
伊藤忠商事株式会社社史編集室編『伊藤忠一〇〇年』一九六九年
宇佐美英機「伊藤「本部旬報」について」（『滋賀大学経済学部附属史料館研究紀要』第４６４６号、二〇一三年）
丹羽宇一郎『心 クリーン・オネスト・ビューティフル』毎日新聞出版、二〇一六年
丹羽宇一郎『人は仕事で磨かれる』文春文庫、二〇〇八年
坂本光司『日本でいちばん大切にしたい会社６』あさ出版、二〇一八年
杉山尚子『行動分析学入門―ヒトの行動の思いがけない理由』集英社新書、二〇〇五年
寺岡寛『社歌の研究―もうひとつの日本企業史』同文舘出版、二〇一七年
Shimizu, M. (2018) The history of internal cmmunications in Japanese companies, *Public Relations in Japan*, Routledge
Covey, S.R., (1989) *The Seven Habits of Highly Effective People*, Fireside（ジェームス・スキナー訳、川西茂訳『7つの習慣』キング・ベアー出版、一九九六年）
Nayar, V., (2010) *Employees First, Customers Second*, Harvard Business Review Press（穂坂かほり訳『社員を大切にする会社―5万人と歩んだ企業変革のストーリー』英治出版、二〇一二年）
Cutlip, S., Center, A., Broom, G., (2006) *Effective Public Relations, 9th*, Prentice Hall（日本広報学会監修『体系パブリック・リレーションズ』ピアソン・エデュケーション、二〇〇八年）
Barsade, S., O'Neill.O. A., (2016) Manage Your Emotional Culture, *Harvard Business Review*, January-February 2016（有賀裕

子訳「「情緒的文化」は業績にも影響を与える 組織に必要な感情のマネジメント」『DIAMONDハーバード・ビジネス・レビュー』二〇一六年七月号）

第3章

野中郁次郎、竹内弘高『知識創造企業』東洋経済新報社、一九九六年

リクルートマネジメントソリューションズ組織行動研究所『日本の持続的成長企業――「優良＋長寿」の企業研究』東洋経済新報社、二〇一〇年

杉田浩章『リクルートのすごい構〝創〟力 アイデアを事業に仕上げる9メソッド』日本経済新聞出版社、二〇一七年

企業広報戦略研究所『戦略思考の魅力度ブランディング』日経BP社、二〇一八年

第4章

Jacoby, S.M. (2005) *The Embedded Corporation: Corporate Governance and Employment Relations in Japan and the United States*, Princeton University Press（鈴木良始訳、伊藤健市訳、堀龍二訳『日本の人事部・アメリカの人事部―日米企業のコーポレート・ガバナンスと雇用関係』東洋経済新報社、二〇〇五年）

岩田松雄「ブランドは自然と溢れ出るもの」（経済広報センター『経済広報』二〇一三年十二月号）

経済広報センター「米国におけるグローバル企業のインターナルコミュニケーション調査」経済広報センター、二〇一七年

経済広報センター「米国における企業広報のトレンドと最新事情」経済広報センター、二〇一八年

佐桑徹、江良俊郎、金正則『新時代の広報―企業価値を高める企業コミュニケーション』同友館、二〇一七年

第5章

Tench, R., Yeomans, L., (2009) *Exploring Public Relations, 2nd*, Prentice Hall

Holtz, S. (2003) *Corporate Conversations: A Guide to Crafting Effective and Appropriate Internal Communications*, Amacom（林正

監訳、佐桑徹訳、浦中大我訳『実践 戦略的社内コミュニケーション―社員に情報をいかに伝えるか』日刊工業新聞社、二〇〇五年）
Olson, R., (2015) *Houston, We Have a Narrative: Why Science Needs Story*, University of Chicago Press

あとがき

佐藤修、清水正道『企業文化と広報』日本経済新聞社、一九九三年
小川功編『ニッセイ一〇〇年史』日本生命保険相互会社、一九八九年

初出原稿

本書に掲載した企業事例三社（オムロン、西武ホールディングス、ＮＴＴデータ）および考察は、下記の論文および寄稿に大幅に加筆修正したものである。

清水正道「日本企業のインターナル・コミュニケーション―トップ主導で相互交流・対話型」（経済広報センター『経済広報』二〇一六年八月号）
池田勝彦「日本企業のインターナル・コミュニケーション―経営理念浸透活動におけるトップの直接対話」（経済広報センター『経済広報』二〇一六年九月号）
中村昭典「日本企業のインターナル・コミュニケーション―社員参加型の継続的な仕組みで理念を具体化」（経済広報センター『経済広報』二〇一六年十月号）
柴山慎一「日本企業のインターナル・コミュニケーション―進化が求められる広報の役割」（経済広報センター『経済広報』二〇一六年十一月号）
柴山慎一「「対話」「報奨」の仕組みで社内の組織課題に立ち向かう」（宣伝会議『広報会議』二〇一七年八月号）
清水正道、山村公一、斎藤智文、雨宮和弘、北見幸一「グローバル経営とインターナル・コミュニケーション―日本企業２３２３

社の現状と課題」（日本広報学会『広報研究』１９１９号、二〇一五年）
柴山慎一、清水正道、中村昭典、池田勝彦「先進事例にみる日本企業のインターナル・コミュニケーション―理念・ビジョンの浸透プロセスにおける「自分ごと」の重要性」（日本広報学会『広報研究』２２２２号、二〇一八年）

著書『親子就活』（アスキー新書、2009年、単著）、『雇用崩壊』（アスキー新書、2009年、共著）、『伝える達人』（明日香出版社、2007年、単著）。

北見幸一（きたみ・こういち）東京都市大学都市生活学部准教授、社会情報大学院大学客員教授　**担当：第3章（第1節、第2節）**

北海道大学准教授、電通PR部長を経て、2017年より現職。博士（経営学）。MBA（経営学修士）。PRSJ（日本パブリックリレーションズ協会）「PRアワードグランプリ」部門最優秀賞（2014年、15年）、日本マーケティング学会「ベストペーパー賞」（17年）。日本広報学会常任理事（17年〜）。

著書『広報・PR論』（有斐閣、2014年、共著、日本広報学会教育・実践貢献賞）、『企業社会関係資本と市場評価』（学文社、2010年、単著、日本広報学会優秀研究奨励賞）、The current situation of corporate public relation in Japan, *Public Relations in Japan*（Routledge、2018年）ほか。

佐藤浩史（さとう・ひろし）　**担当：第3章第3節**

2005年東京藝術大学美術学部先端芸術表現科卒業。卒業後、グラフィック・Webを中心にデザイナー・ディレクターとしてマーケティング・広報・ブランディングに従事。17年より社会情報大学院大学広報情報研究科修士課程在学。現在はフリーランスのコミュニケーションデザイナーとして活動。

佐桑徹（さくわ・とおる）一般財団法人経済広報センター常務理事・国内広報部長　**担当：第3章コラム、第4章**

1981年慶應義塾大学経済学部卒業。経団連、東京新聞経済部記者を経て、98年から経済広報センター。環太平洋大学客員教授。明治大学客員研究員。産業教育で文部科学大臣賞を受賞。

著書『図解でわかる部門の仕事 改訂版広報部』（日本能率協会マネジメントセンター、2004年、編著）、『実践戦略的社内コミュニケーション』（日刊工業新聞社、2005年、共訳）、『広報PR&IR辞典』（同友館、2006年、編集委員）、『広報・PRの効果は本当に測れないのか？』（ダイヤモンド社、2007年、共訳）、『ウェブ時代の企業広報』（同友館、2008年、編著）、『新時代の広報』（同友館、2017年、共著）ほか。

池田勝彦（いけだ・かつひこ）コンサルタント　**担当：第1章第3節、第5章**

1984年慶應義塾大学文学部卒業、86年にアメリカ留学、91年New York University, School of Journalism修士課程修了。91年テレビ朝日ニューヨーク支局にて報道ディレクター。2007年に帰国、株式会社ソフィアにて現職。IABC（International Association of Business Communicators）会員、IABCジャパンチャプターVPコミュニケーションズ。日本広報学会会員、経営コミュニケーション研究会副主査。

執筆者略歴

■編著

清水正道（しみず・まさみち）CCI 研究所代表、筑波学院大学客員教授

担当：序章、第１章コラム、第２章（第１～３節、第５節、コラム）、第３章第４節

1973 年横浜国立大学経済学部卒業。富国生命、日本能率協会を経て、2002 年より淑徳大学国際コミュニケーション学部助教授・教授、12 年同大学経営学部教授。この間、経済産業省・環境省等委員、日本広報学会常任理事・理事長、日本パブリックリレーションズ協会理事・監事などを歴任。14 年から経営コミュニケーション研究に従事。

著書『企業文化と広報』（日本経済新聞社、1993 年、共著）、『コーポレート・コミュニケーション戦略』（同友館、2002 年、共著）、『広報・広告・プロパガンダ』（ミネルヴァ書房、2003 年、共著）、『CSR マネジメント』（生産性出版、2004 年、共著）、『CC 戦略の理論と実践』（同友館、2008 年、共著）、『環境コミュニケーション』（同友館、2010 年、単著、日本広報学会学術貢献賞）、『人にやさしい会社』（白桃書房、2013 年、共著）、『戦略思考の広報マネジメント』（日経 BP コンサルティング、2015 年、監修）、『渋沢栄一に学ぶ「論語と算盤」の経営』（同友館、2016 年、共著）、『広報・PR 概説』（同友館、2018 年、共著）、『広報・PR 実践』（同友館、2018 年、共著）、The history of internal communications in Japanese companies, *Public Relations in Japan* (Routledge、2018 年）ほか。

■執筆

柴山慎一（しばやま・しんいち）社会情報大学院大学教授

担当：第１章（第１節、第２節、第４節）

1980 年慶應義塾大学経済学部卒業、87 年慶應義塾大学大学院経営管理研究科修了、日本電気を経て野村総合研究所。2005 年野村総合研究所広報部長、12 年 NRI データアイテック社長、15 年 NRI みらい社長。17 年より現職。この間、日本パブリックリレーションズ協会理事資格制度委員長、日本広報学会監事、同理事、事業構想大学院大学客員教授などを歴任。

著書『コーポレートコミュニケーション経営』（東洋経済新報社、2011 年、単著）、『広報・PR 概説』（同友館、2018 年、共著）、『広報・PR 実践』（同友館、2018 年、共著）、『実践バランス・スコアカード－ケースでわかる日本企業の戦略推進ツール』（日本経済新聞社、2001 年、共著）。

中村昭典（なかむら・あきのり）名古屋経済大学経営学部教授　**担当：第２章第４節**

1984 年リクルートで人材採用のソリューション開発、求人情報誌『とらばーゆ』エリア版編集長などを務めた後、99 年から教育の世界へ。2013 年名古屋大学大学院工学研究科コミュニケーションデザイン室准教授、16 年カナダ・ブリティッシュコロンビア大学客員教授などを経て現職。17 年より日本広報学会理事。

人を活かし組織を変える
インターナル・コミュニケーション経営《けいえい》
ー経営と広報の新潮流

編著者◆
清水正道
著者◆
柴山慎一、北見幸一、中村昭典、佐桑徹、池田勝彦、佐藤浩史

発行◆2019年2月20日 第1刷

発行者◆
讃井暢子

発行所◆
経団連出版
〒100-8187 東京都千代田区大手町1-3-2
経団連事業サービス
URL◆http://www.keidanren-jigyoservice.or.jp/
電話◆[編集]03-6741-0045 [販売]03-6741-0043

印刷所◆平河工業社

Printed in JAPAN, 2019
ISBN978-4-8185-1807-0 C2034